# 리더십
# 볼륨을
## 조절하라

**The Versatile Leader**
**Make the Most of Your Strengths Without Overdoing It**



## 리더십 볼륨을 조절하라

초판 1쇄 발행 2009년 11월 18일
지은이 봅 캐플랜 · 롭 카이저
옮긴이 송영학 · 최태준
펴낸이 김건수

펴낸곳 김앤김북스
출판등록 2001년 2월 9일(제12-302호)
주소 서울시 중구 수하동 40-2번지 우석빌딩 903호
전화 (02) 773-5133 l 팩스 (02) 773-5134
E-mail knk@knkbooks.com

ISBN 978-89-89566-47-2  03320

# 리더십 볼륨을 조절하라

핵심 인재가 갖추어야 할 균형잡힌 강점의 리더십 전략

**밥 캐플랜 · 롭 카이저** 지음

송영학 · 최태준 옮김

김앤김북스

# contents



## | 1부 |
## 리더십 개발의 치명적 맹점: 지나친 강점의 위험성

리더십에 대해 일반적으로 알려진 것과, 대부분의 회사에서 리더를 평가하는 방식 사이에는 어떤 단절이 존재한다. 이 책의 1부는 이러한 간과된 점들을 점검하고 그것을 바로잡는 방법을 제안한다. 주로 설명으로 이루어질 1부는 이 책의 토대를 세우는 부분이다.

| **2부** |

## 리더십 개발의 열쇠 : 상반되는 리더십들의 균형

리더십의 구조는 단선적이지 않다. 그것은 상반되는 리더십들이 하나의 쌍을 이루는 구조로 되어 있다. 이러한 리더십 쌍들 중에서 두 가지가 리더십 효과성 측면에서 가장 중요하다. (1) 강압적-허용적 리더십, (2) 전략적-운영적 리더십.




| **3부** |

## 리더십 편향성의 교정

3부에서는 지나치거나 부족한, 또는 이 두 가지가 모두 결합된 형태의 편향성을 고치는 방법을 제시한다. 7, 8, 9장은 모두 리더십 개발 작업을 이루는 외적/행위적 측면과 내적/인성적 측면에 대해 설명한다. 한편 마지막 결론에서는, 상반되는 요소들 간에 유연한 균형을 이루는 리더십의 이상적인 모습을 좀 더 심도 있게 고찰한다. 이는 대부분의 리더들이 도달할 수 있는 목적지는 아닐지라도 발전을 위한 방향이 되어줄 수는 있을 것이다.

# 한국의 독자들에게

한국의 독자들을 만날 수 있게 되어 기쁘게 생각합니다.

대부분의 관리자들은 상반되는 리더십 유형들 중에서 자신이 선호하는 한 쪽으로 기울어져 있습니다. 동양철학의 음양적 관점에서 리더십을 본다면 음양이 조화를 이루는 것처럼 상반되는 유형의 리더십 모두에 능한 관리자는 없습니다. 가령 "강압적" vs. "허용적" 또는 "전략적" vs. "전술적"이라는 상반되는 리더십에서 리더들은 어떤 측면은 너무 약한 반면 어떤 측면은 너무 강한, 또는 어떤 측면은 아직 발달이 덜 된 반면 어떤 측면은 지나치게 발달되어 있는 것을 봅니다. 이는 모든 관리자들이 겪는 문제이자 기회이기도 합니다.

안타깝게도 리더십 개발은 음양이 조화를 이루는 것과 같은 균형의 개념을 기반으로 구축되어 있지 않습니다. 관리자들은 그들의 균형 감각 또는 균형 감각의 부재에 대해 평가 받지 못하고 있습니다. 따라서 그러한 불균형을 바로잡는 데 필요한 도움도 얻지 못하고 있습니다.

이 책은 이러한 리더십 분야의 공백을 채우기 위해 리더십을 상반되는 두 가지 요소들의 쌍으로 정의하고, 관리자들이 이 두 가지 요소들간의 유연한 균형성(versatility)을 갖추고 있는 분야는 무엇이고 개발해야 할 분야는 무엇인지 결정하는 방법을 제공하고자 합니다. 이것이 이 책을 쓴 우리의 첫 번째 목적입니다.

우리의 두 번째 목적은 강점 중심의 리더십 개발의 허점을 지적하고 그 허점을 보완하는 데 있습니다. 예를 들어, 관리자들에게 그들의 강점에 대해 주의를 기울이게 하는 것은 좋은 일입니다. 하지만 관리자가 지나치게 많이 발휘하는 강점에 대한 주의를 환기하지 않으면서 강점만을 지적하는 것은 너무 단순할 뿐 아니라 잘못된 정보를 제공하는 것이기도 합니다. 또한 관리자가 그러한 장점을 보완하는 반대적 리더십을 경시하고 있지는 않은지 알려주지 않으면서 장점만을 북돋는 것은 더 심각한 문제를 야기할 수 있습니다. 단호한 리더들은 보통 사람들의 참여를 이끌어내는 리더는 아닐 경우가 많습니다.

이 책에서 설명하는 다면평가도구와 리더십균형지수(Leadership Versatility Index®)는 관리자들의 강점은 물론 그들이 지나치게 사용하는 강점을 평가하도록 도와줍니다. 또한 그들의 편향성도 평가해줍니다. 이 도구의 독창성 덕분에 우리는 특허를 받기도 하였습니다.

여기에 제시된 많은 아이디어와 기법들은 시니어 관리자들과 나눈 우리 회사의 연구 및 컨설팅에서 나왔습니다. 사실 이것들은 필자가 1980년대에 창의적 리더십센타(Center for Creative Leadership)에서 보낸 경험들에 기초하고 있기도 합니다.

이 책은 크게 3부로 구성되어 있습니다. 1부에서는 일반적인 리더십 개발 관행의 문제점과 그것을 보완하는 방법을 고찰합니다. 2부에서는 상반되는 두 가지 요소가 하나의 통일체를 이루는 리더십 원리에 대해 살펴보겠습니다. 그리고 3부에서는 한 쪽으로 지나치게 치우치는 리더십의 편향성을 바로잡기 위해 어떻게 해야 하는지 방법론을 설명할 것입니다.

이 책이 한국에서 활동하는 관리자들과 이들의 성장을 돕는 우리와 같은 전문가들에게 유용한 책이 되길 바랍니다.

밥 캐플랜, 롭 카이저

이 책을 접하면서 많은 사람들이 또 하나의 리더십 책이 필요한가라는 의문점을 던질 수 있을 것이다. 리더십은 진부한 주제일지도 모른다. 최근 들어 미국 발 금융위기로 인한 경기침체로 인하여 전 세계적으로 많은 기업들이 어려움을 겪으면서 구조조정을 하고 있다. 그러면서 한편으로는 그 어느 때 보다 리더십의 중요성과 조직원의 능력개발이 강조되고 있다. 어려운 세계 경제 여건 하에서 삼성, LG 등 일부 기업들은 탁월한 업적을 시현하고 있다. 그들이 선전하는 이면에는 그 동안 다른 기업들에 비해 경영진이 조직원들의 잠재능력 개발에 강한 의지를 갖고 노력을 경주해 왔다는 사실이 있다.

조직의 관점에서 볼 때, 요즘처럼 급변하고 경쟁이 심화되는 글로벌 환경 속에서 조직 구성원들의 잠재능력을 개발하여 경쟁력을 키우는 과제는 매우 중요하다. 이러한 이유로 리더십 개발을 위한 책들이 많이 출간되고, 아울러 리더십 교육훈련 프로그램 개발을 위해 많은 기업들이 고민하고 있는 것이다. 특히, 근래에 들어서 조직 구성원의 잠재 능력을 개발하기 위한 대안으로서 코칭 리더십에 대한 관심이 많아지고 있다. 그러나 이러한 리더십 개발 노력과 기대치 사이에는 갭(gap)이 있을 것이다. 이러한 간극을 채워줄 수 있는 하나의 해결책으로 『리더십 볼륨을 조절하라(The Versatile Leader)』를 추천한다.

사람들은 자기개발을 위하여 자신의 강점보다는 약점을 보완해야 한다고 생각하여 부정적 측면에 초점을 둔다. 정신분석학자인 프로이드의 영향을 받은 리더십 분야도 그 동안 리더 개개인의 긍정적 측면보다는 부정적인 측면에 초점을 두어왔다. 리더십 개발 프로그램과 평가도구들을 보면 일반적으로 리더의 긍정적 측면보다는 부정적 측면에 초점을 둔다. 이러한 접근방법에 대한 대안으로 최근 들어 우리나라에서도 마커스 버킹엄의 『강점에 집중하라』와 마틴 셀리그만의 『긍정 심리학』이 소개되었다.

그리고 조직개발 분야에서도 미국 케이스 웨스턴 리저브 대학의 데이비드 쿠퍼라이더의 Appreciative Inquiry(AI/긍정 탐색) 개념이나 미시간 경영대의 킴 캐머론의 Positive Organizational Scholarship(POS)과 같이 조직의 효과적 변화를 위해 긍정적 측면에 초점을 두는 새로운 연구 그룹이 형성되고 있고 이러한 긍정적 접근방법이 리더십 개발에도 응용되고 있다.

연구결과에 의하면 탁월한 리더들은 공통적으로 자기 자신이 어떤 사람인지, 즉 자신의 리더십 유형이나 행동 패턴에 대해 정확히 잘 인식하고 있다. 효과적인 리더십 개발은 자기인식을 정확히 하는 것에서부터 시작한다. 리더십 개발 교육과 관련하여 역자들이 오랜 기간 경험한 바에 의하면 많은 관리자들이 자신이 선호하는 리더십 유형에 지나치게 많이 의존하면서 적절한 균형을 잃는다는 점이다. 또 하나는 많은 사람들이 자신이 갖고 있는 강점들을 제대로 인식하지 못하여 자신을 저평가한다는 점이다. 특히 이 문제는 많은 기업이 관심을 갖고 있는 창의적 이노

베이터로 육성하는 데 주요 걸림돌로 작용하고 있다.

요즘 관심을 많이 끌고 있는 강점에 초점을 두는 접근 방법은 자기 개발 영역에 많은 기여를 해왔지만 강점도 지나치게 사용하다 보면 약점이 될 수 있다는 점을 간과하고 있다. 예를 들어 기존의 다면평가도구들은 이점을 간과하고 있다. 이 책의 저자들은 이러한 점을 보완하기 위해서 어느 특정 리더십 유형이나 스킬을 지나치게 많이 사용하는지 아니면 부족하게 사용하는지를 측정하여 그것에 기반한 리더십 개발의 시사점을 도출한다. 저자들은 리더십을 4가지 유형으로 나누고 이러한 유형들을 주어진 상황에서 음양이 조화를 이루는 것처럼 적절하게 균형적으로 구사하는 유연하고 탄력적인 리더가 되어야 한다고 강조한다.

그러면 왜『리더십 볼륨을 조절하라』인가? 본서의 저자들은 리더십 분야의 전문가로서 리더십 개발의 현안을 누구보다도 잘 알고 있다. 리더십 교육기관으로 세계적 명성을 얻고 있는 창의적 리더십센터 (CCL/Center for Creative Leadership)에서 80년대 CCL의 리더십 교육프로그램의 기초를 놓는 데 일익을 담당한 캐플랜과 리더십 분야에 많은 연구 논문을 발표하고 있는 카이저는 기존의 리더십 평가도구 및 프로그램의 한계점을 누구보다도 잘 알고 있다. 그들은 대부분의 리더십 평가도구 및 프로그램이 부정적인 측면에 초점을 두거나 지나치게 강점을 강조하는 문제점을 보게 되었다.

그들이 개발하고 특허 받은 리더십균형지수(Leadership Versatility Index®)는 리더 개개인이 자신의 강점을 적절히 활용하고 있는 부분과 지나치게 많이 사용하거나 적게 사용하는 부분을 쉽게 파악할 수 있게 해주는 유용한 지표로서 훌륭한 리더가 되기 위해 무엇(what)을 어떻게(how) 해야 하는지에 대한 답을 제공해 줄 것이다.

본서에는 저자들의 다양한 경험들이 사례를 통해 농축되어 있기에 관리자, 리더십 개발 담당자, 운동 코치로 활동하는 사람들에게 좋은 지침서가 될 것이다. 특히 비즈니스 코치들에게는 그 동안 코칭을 어떻게 할 것인지 기법에 대한 안내서들은 많았지만 무엇에 대해 코칭할 것인지에 대한 것이 부족했는데 그러한 니즈를 충족시켜줄 수 있을 것이다. 그리고 자기개발 및 리더십에 관심이 있는 모든 사람들에게도 유용한 안내서가 될 것이다. 이 책은 가볍게 읽어 넘기기 보다는 숙독하고 반추한다면 보다 나은 리더가 되는데 많은 도움을 줄 수 있을 것이다. 좋은 책을 한국의 독자들에게 소개할 수 있어서 기쁘고 진심으로 일독을 권한다.

송영학, 최태준

# 리더십 분야가
# 간과해왔던 것과 새로운 통찰

내 마음을 가로지르는 기억과 주의, 감각들이 일으키는 천 번의 우연한 사고들이 내 결과물에 나타난다. 하지만 이 모두가 나의 일부임이 분명할진 저, 내 약점, 내 강점, 내 게으른 반복, 내 열광, 내 어둠과 내 빛이 내 손끝을 떠난 모든 것에서 항상 알아볼 수 있기 때문이다. ‐ 폴 발레리

처음에 나는 리더십 분야가 간과해 온 점을 발견하고자 한 것은 아니었다. 나는 리더들의 개발을 가까이에서 돕는 과정에서 이 책의 근간을 이루는 몇 가지 점들을 발견하게 되었다. 지난 25년 동안 나는 리더십이라는 드라마의 장막이 순간 걷혀 올리는 것처럼 이따금씩 약간의 깨달음을 얻을 수 있었다. 내가 관찰한 것들은 대부분 모두가 훤히 볼 수 있는 것들이었으나 그것들의 중요성은 간과되었다. 아마 이것이 바로 모든 발견이 밟게 되는 과정일 것이다. 1860년 대통령 선거 캠페인에서 에이브러햄 링컨은 뉴욕시 연설의 포문을 다음과 같이 열었다.

오늘 저녁, 제가 얘기하게 될 사실들은 대체로 오래되고 익숙한 것들입니다. 제가 그것을 사용하는 방식에 딱히 새로운 것도 없습니다. 혹

여나 참신함이 있다면, 그 사실들을 제시하는 방식과, 거기에 따라 나올 추론과 관찰에 있을 것입니다.[1]

　운 좋게 나는 이 책까지 쓰게 된 단순한 진실들에 도달할 수 있었다. 그러나 순전히 우연만은 아니었다. 나는 주요 기업들의 CEO를 포함하여 좀 더 일을 잘하고자 하는 시니어 리더들을 직접 접할 수 있는 예외적이면서도 부러워할 만한 기회들을 얻을 수 있었다. 처음에는 창의적 리더십 센터(Center for Creative Leadership, CCL)에서, 그리고 지금은 우리들의 회사에서, 나와 내 동료들은 오랫동안 개별 리더들에 대한 면밀한 평가를 실시했다. 먼저 우리는 조사 대상자나 우리들의 마음에 조사 결과의 유효성과 신뢰도에 대한 조금의 미혹도 남지 않도록 충분히 데이터를 모은다. 그런 다음 폭넓게 펼친 그물망에 핵심적인 포획물만 남도록 체계적으로 데이터를 줄여나간다. 이후 우리는 우리의 컨설팅 고객이 변화를 위해 노력하는 동안 그의 곁에 머물면서 무엇이 성공을 부르고 무엇이 그렇지 않은지를 직접 관찰한다. 모든 컨설팅은 비공식적인 조사의 기능도 겸하게 된다. 개인적으로 나는 배우고 발전하는 것, 그리고 다른 사람들도 배우고 발전하도록 돕는 것보다 더 만족스러운 일을 알지 못한다.

　여기에 보고된 리더십 분야에서 간과되어 온 점들은 리더들이 효과적인 리더가 되는 데 도움이 될 수도 있었던 잃어버린 소중한 기회를 나타낸다는 점에서 중요하다. 나는 단순히 그것들을 메모해두거나 동료들과 가볍게 얘기를 나누기만 한 것이 아니다. 각각의 경우에 대해 나는 생각을 발전시켰고, 뭔가 실제적인 것으로 바꾸었다. 또한 리더들이 그들의 업무 수행을 좀 더 잘 읽어낼 수 있는, 관리 업무의 현실에 좀 더 진실하게 다가가는 방식을 생각해냈다. 이는 기존의 지배적인 전통에서 벗어난 최첨단의 평가도구를 포함한다. 나는 또한 리더들이 실제로 더 발전할 수 있도록 자극을 주거나 자유롭게 하도록 (채찍과 당근을 제공하는 방식으로) 평가 결과를 사용하는 참신한 방법들을 생각해냈다. 리더십 개발은 한 개인을 A 지점에서 B 지점으로 이동시키는 것과 같다. 이 책에 설명된 모든 실천은 리더들에게 그런 움직임을 만들어낼 수 있는 보조 수단을 제공한다.

### 작은 깨달음

어떤 패턴이 시야에 들어오기 시작할 때는 보통 뭔가 의미심장한 순간들이 있다. 나는 15년 전의 한 피드백 세션을 기억한다. 그 때 나는 무언가를 너무 많이 하는 것이 너무 적게 하는 것만큼이나 문제라는 생각이 들었다. 동료가 "사실상의 자연력(elemental force)"을 지녔다고 묘사한 한 임원과 함께 그에 관한 평가 보고서를 검토한 후, 나는 "당신은 힘(force)입니다. 그것도 주목할 만한 힘이지요."라는 말로 그의 평가 내용을 요약했다. 나는 그의 약점을 이전에는 전혀 시도하지 않았던 방식으로 설명하였다. "문제는 이따금씩 당신의 힘이 지나치게 강압적일 때가 있다는 것입니다." 이후 나는 지나치게 사용된 강점을 측정할 수 있는 평가도구가 현재 시중에서 사용되고 있는 것이나 심지어 창의적 리더십 센터가 배포했던 내 자신의 평가도구에도 없다는 사실을 깨달았다.

과도하게 사용된 강점이란 개념은 나의 차기 조사방법인 리더십균형지수(Leadership Versatility Index)를 구성하는 원칙이 되었다. 나는 그 도구를 고안하고 실전에 투입했다. 이후 롭 카이저와 나는 그것을 완성시켜 세상에 내놓았다. 그 도구 덕분에 우리는 통계적 연구도 실시할

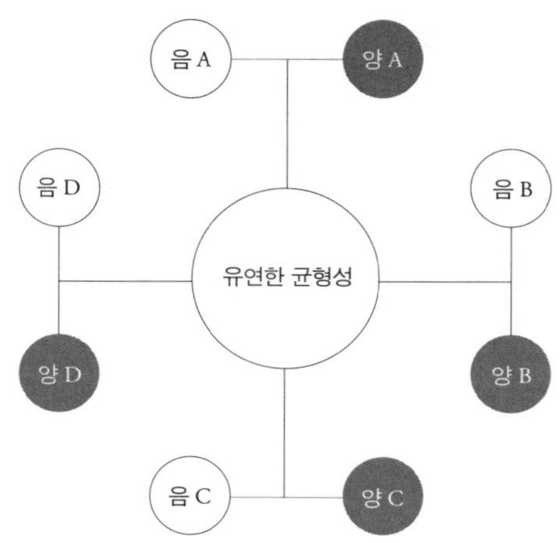


수 있었다. 여기에서 얻은 예쁜 종모양의 커브와 놀라운 산점도(scatter plots)로 이루어진 결과물은 이 책의 개념적 프레임워크를 형성하였다.

10년 전인가? 피드백의 가치는 비판에만 있는 것이 아니라는 생각을 하게 된 때가 기억난다. 릭 프리드(Rick Freed) 씨의 피드백 세션을 준비하면서 나는 그의 평판이 너무 좋아 사실상 흠잡을 것이 없다는 사실을 알고 무척이나 당혹스러워했다. 나는 "내가 할 일은 아무 것도 없구나."라고 생각했다. 그런데 내가 할 일이 아주 많다는 것이 드러났다. 자신의 능력에 대한 그의 이해도가 현실보다 한참이나 뒤처져 있었기 때문이었다. 이에 따라 우리의 평가과정은 그에게 자신의 현실을 따라잡는 기회가 되었다. 그리고 놀랍게도, 그것은 (그렇지 않아도 뛰어난) 그의 업무 능력을 더 높은 단계로 향상시켜준 돌파구가 되었다. 이건 전혀 과장해서 하는 말이 아니다.

릭 프리드 씨 덕분에 나는 뛰어난 리더들의 재능을 가장 늦게 알아보는 사람이 바로 본인일 때가 많다는 사실을 알게 되었다. 다년간 나는 자신이 특정 영역에 강점을 가지고 있다는 사실을 뒤늦게 알게 된 리더들이 이를 마치 어느 더운 날 시원한 음료수 마시듯 반기는 것을 보고 매우 당연하게 여겼다. 그러나 좀 더 현명해진 지금, 나는 여기서 발전을 위한 또 하나의 원동력을 본다. 리더십 개발의 많은 부분은 강점을 가라앉히는 데 있다. 리더십 개발 업무의 절반은 강점 부분과 관련된다.

릭 프리드는 일종의 필명이다. 8장에서 자세히 다루게 될 그의 이야기는 한 리더의 경험에서 주로 가져왔다. 그러나 전부 다 가져온 것은 아니다. 이 책에 이름이 실린 모든 케이스들은 다 만들어낸 것들이다. 대략 비슷한 프로필을 지닌 사람들의 가슴과 머리, 팔다리를 모아 한 명의 가상적 인물을 만들어내는 것이다. 개별 리더들의 실명을 사용하고 싶은 마음만큼이나 내가 하고 싶지 않은 것은 그들의 프라이버시를 침해하거나, 이 과정에서 그들을 어떤 방식으로든 다치게 하는 것이다.

여기에 언급된 두 가지 깨달음처럼 서로 공통점이 없는 별개의 깨달음들은 먼 길을 돌아 결국 이 책으로 이어졌다. 누구든지 관심을 보이는 사람에게 내 새로운 아이디어에 대해 얘기하는 것에서부터 시작하여, 그것을 관리자들에게 비공식적으로 테스트해보기도 하고, 체계적인 연구와 신중한 정식화 과정을 거쳐 발표하기도 하였으며, 실제로 리더십 개발 프로그램에 투입하여 사용하고 논문도 쓰는 동안, 생각들은 점점 형태를 갖춰나갔고 무럭무럭 발전하면서 이 책의 토대를 마련해 주었다.

지난 몇 년간 롭 카이저는 나와 함께 프로젝트를 진행하며 이 책과 리더십균형지수라는 결실을 맺었다. 비록 내가 그 원형을 개발하긴 했지만, 이후 그와 나는 함께 이 도구의 개념적 프레임워크를 강화시켰고, 질문지 항목을 고쳐 나갔으며, 피드백 보고서를 쇄신했다. 그는 또한 이 도구를 뒷받침하는 통계 분석을 실시했고 (이에 대해서는 부록을 참조하라.)

내가 이 책의 리더십 및 리더십 개발 모델을 구체화하도록 도와주었다. 그러나 이 책의 주요 아이디어는 내게서 나온 것이기 때문에, 잘했건 못했건 이 책의 목소리는 내 것인 셈이다.

## 핵심 개념

이 책의 핵심 개념은 상반되는 요소들간의 유연한 균형성을 의미하는 versatility이다. ('versatility'는 라틴어에서 'turn easily'를 의미하는 어원에서 왔다. 이는 변통이 자유로움, 다재다능함을 의미하는데 여기서 저자는 음양이 조화를 이루는 것처럼 리더가 상반되는 리더십 요소들에 있어 어느 한 쪽에 편향됨이 없이 주어진 상황에 맞게 균형을 이루는 것의 의미로 사용한다. 'balance'가 정적인 균형의 의미를 내포하고 있는 반면에 'versatility'는 역동적이고 유연한 균형의 의미를 내포하고 있다. - 옮긴이) 그러나 이 개념은 일반적으로 사용되는 다재다능의 의미와는 몇 가지 점에서 차이가 존재한다.

첫째, 유연한 균형성(versatility)은 보통 한 가지 또는 또 다른 소질(aptitude)을 불러내는 능력과 함께, 폭넓은 레퍼토리로 이해된다. 나는 유연한 균형성에 좀 더 제한적인 의미를 부여함으로써 리더들에게 요구되는 것과 그들이 잘못하는 것이 무엇인지 설명하고자 한다.

이러한 개념에서 폭넓은 레퍼토리는 서로를 보완해주는 한 쌍의 소질들로 이루어진다. 소질들을 상호 보완적인 쌍(pair)의 구조로 만드는 이유는 인간에게 알려진 모든 상호보완성의 경우에 리더들은 그 중 어느 한 쪽 측면만을 편애하는 경향이 강하고, 쌍구조가 이를 뚜렷이 부각시켜 주기 때문이다.(**그림 P.1**을 보라.) 우리가 효과적인 리더십에 있어 가장 중요하다고 여긴 쌍들이 무엇인지는 잠시 미뤄두기로 하고 일단, 상반되는 요소들간의 유연한 균형의 개념을 "음양"의 조화로 나타내보았다.

둘째, 유연한 균형성은 중요하다고 여겨지는 두 측면의 기초적 특성들을 모두 포괄하는 것으로 정의된다. 이 책은 다음에 나올 두 개의 주요 리더십 쌍에 기초하고 있다.

셋째, 이런 의미에서 '유연한 균형성'의 뜻은 그 일상적 의미에서 또 다시 달라진다. 이는 단순히 모든 주요 리더십 쌍들의 양 측면을 충분히 가지는 것뿐 아니라 가지지 않는 것, 더 정확히 말해, 양 측면 중 어느 하나를 너무 과도하게 사용하지 않는 것도 포함한다. 그러나 이것의 성패는 리더십에 관한 이전의 결론과는 다른 무언가에 달려있다. 즉, 리더들이 각 측면들을 얼마나 활용하고 있는지, 너무 많이 혹은 적게 활용하고 있지는 않은지 정확히 읽어낼 수 있어야 하는 것이다.

넷째, 쌍 개념의 리더십 역량들을 능숙하게 활용하기 위해서는 두 가지 조건을 충족해야 한다. 하나는 어느 한 쪽에 너무 많은 가치를 부여하고 다른 한 쪽을 경시하는 경향이 있을 때, 각각의 쌍을 공평하게 대하는 법을 배워야 한다. 두 번째 조건은 리더가 각각의 쌍에 대해 자신이 어떻게 생각하고 어떻게 행동하는지 스스로 알고 있어야 한다.

이러한 상반되는 요소들간의 유연한 균형성의 개념으로부터 직간접적으로 이 책에서 다루게 될 리더십 평가 및 리더십 개발의 실천을 위한 몇 가지 시사점들이 도출된다. 그 주요 시사점들은 다음과 같다.


**1. 강점을 지나치게 사용하는 것은 그 부분이 부족한 것만큼 이나 문제가 될 수 있다.** 이에 대한 해답은 당신의 강점을 적절히 조절하여 너무 많이 사용하는 것을 피하는 것이다. 이를 위해서는 당신이 지나치게 하는 것이 무엇인지를 찾아내는 것부터 시작해야 한다. 그러나 사실상 모든 표

준적인 리더십 평가도구들은 과잉 사용된 강점이 아니라 부족한 것들만 포착하도록 만들어져 있다.

2. 당신의 강점과 그 효과를 알라. 리더들이 자신의 강점을 과용하는 주된 이유는 그것을 과소평가하기 때문이다. 종종 그들의 계량기는 스위치가 꺼져 있다. 그들은 시간당 55마일로만 간다고 생각하지만 실제로는 제한 속도를 넘어서 가고 있다. 자신의 강점을 최대한 활용하는 것은 물론 많은 도움이 되지만, 실제로 이렇게 하기란 말처럼 쉬운 일이 아니다.

3. 강점을 과잉 사용할 경우 보통 그것을 보완하는 기술이나 특성은 밀려나게 된다. 이 경우 해법은 서로 반대되는 아이디어를 동시에 생각하는 것이다. 즉, 양 측면의 힘을 모두 이용하는 것이다. 당신의 리더십이 어떻게 편향되어 있는지 아는 것은 많은 도움이 되지만, 놀랍게도 리더들의 편향성을 식별하도록 고안된 평가도구는 거의 존재하지 않는다.

이 책은 세 가지 파트로 구성되어 있다. 1부는 주로 설명으로 이루어져 있는데, 이 책의 토대를 만든다.

CHAPTER 1 음량 조절기를 떠올려라. 당신의 강점을 지나치게 사용하지 말라.
CHAPTER 2 "거울아, 거울아..." : 지나친 점도 살펴보라.
CHAPTER 3 당신의 강점을 알라
CHAPTER 4 마인드의 효과: 리더십 심리 게임

2부는 상반되는 요소들이 하나의 쌍을 이루는 두 가지 리더십을 설명한다. 이 두 가지 리더십은 리더십 효과성 측면에서 결정적인 중요성을 갖고 있다.

CHAPTER 5 강압적 - 허용적 리더십: 두 리더십의 힘
CHAPTER 6 전략적 - 운영적 리더십: 두 리더십의 힘

3부에서는 지나치거나 부족한, 또는 이 두 가지가 모두 결합된 형태의 편향성을 고치는 방법과 수단을 제시한다. 7, 8, 9장은 모두 리더십 개발 작업을 이루는 외적/행위적 측면과 내적/인성적 측면에 대해 설명한다.

CHAPTER 7 과잉 행동을 억제하는 방법
CHAPTER 8 과소 행동을 강화하는 방법
CHAPTER 9 과잉 행동과 과소 행동의 통합적 해결

마지막으로 결론에서는, 상반되는 요소들간의 유연한 균형성을 갖춘 이상적인 리더십의 모습을 발전시킨다. 이는 리더들이 도달하도록 노력해야 하고 또 도달할 수 있는 방향을 제시해줄 것이다.

CHAPTER 10 다방면으로 유연한 균형성을 갖춘 리더

이 책은 나와 내 동료들에게서 직접 컨설팅을 받는 것 다음으로 좋은 컨설팅이라 생각해도 무방하다. 우리가 다년간 사용하고 다듬어온 혁신적인 모델과 기법들을 시험해볼 수 있는 기회인 것이다. 당신은 이 책

을 당신뿐 아니라 다른 사람들의 발전을 돕는 데에도 사용할 수 있을 것이다. 어느 경우든, 이 책의 의도는 당신에게 진지한 도움을 제공하는 것이다. 이 책은 행동적 차원과 인성적 차원의 발전 모두에 관해 도움을 제공한다. 이 책의 접근법은 리더의 행동에서부터 애초에 그러한 행동을 초래한 "왜곡된 사고"와 "유발점"의 과정까지 살펴보는 것이다. 그러나 이 책은 치료요법이 아니다. 이 책은 리더십의 실용 심리학을 향해 내딛는 하나의 발걸음이 되고자 한다.

이 책은 또한 모든 종류의 리더십 전문가들을 위한 자원을 제공하고자 한다. 여기서 전문가란 리더십 개발 프로그램을 고안하고 운영하는 트레이너는 물론, 리더십 코치이건 인력개발 전문가이건 개별 관리자들에게 컨설팅을 담당하는 누구든지 포함된다. 또한 한 발 물러서서 리더들을 상대하는 전문가들(가령 인재 관리 및 업무 관리 시스템을 담당하는 인력개발 전문가, 리더십 평가도구를 설계하는 테스트 및 측정 전문가, 그리고 리더십 연구자 등)도 포함된다.

나는 이 책이 내가 통상적으로 함께 일해 온 기업의 관리자들뿐 아니라, 비영리 사회복지 단체의 관리자나, 공무원, 또는 회의를 주재하는 장관, NGO의 대표 및 대학 학장 등 각계각층에서 리더 역할을 맡고 있는 누구에게든 도움이 되었으면 한다.

# 1부

# 리더십 개발의 치명적 맹점
## 지나친 강점의 위험성

리더십에 대해 일반적으로 알려진 것과, 대부분의 회사에서 리더를 평가하는 방식 사이에는 어떤 단절이 존재한다. 이 책의 1부는 이러한 간과한 점들을 점검하고 그것을 바로잡는 방법을 제안한다. 주로 설명으로 이루어질 1부는 이 책의 토대를 세우는 부분이다.

## CHAPTER 1

# 음량 조절기를 떠올려라
## 당신의 강점을 지나치게 사용하지 말라

"인간은… 자신의 재능을 어느 정도 두려워해야 한다. 초월적 재능은 인간의 힘을 너무 많이 소진시켜서 그를 절룩거리게 만든다." -랠프 월도 에머슨

"인간을 어떤 한계와 경계에도 가둘 수 없도록 엄습하는 것은 영혼인가? 아니면 머리인가?" -로버트 프로스트

여러분은 모두 비생산적인 극단을 향해 치닫는 리더들을 본 적이 있을 것이다. 합의를 구하는 과정을 너무 중시하느라 의사결정을 너무 느리게 만들 때도 있고, 의욕적인 마음이 앞서 방향을 계속해서 바꿀 때도 있으며, 고품질에 대한 열정으로 세세한 것에 집착하기도 하고, 다른 이에 대한 세심한 배려가 쓸데없는 친절이 될 수도 있으며, 추가로 좀 더 멀리 치고 나가려던 욕심 때문에 조직 전체의 에너지가 소진되는 경우도 있다. 그러나 어찌된 일인지 지나치게 사용된 강점은 리더들은 물론, 리더십을 평가하거나 개발하는 전문가들에게조차 약점만큼 주의를 끌지 못한다.

흔히 사용되는 구절인 "강점과 약점"이란 말에 대해 생각해보자. 약점이라 함은 강점이 없다는 말이다. 그렇다면 지나치게 사용된 강점은

여기에서 어디에 위치하는가? 언어에 나타나는 이러한 아리송한 위치는 리더십 개발에서 그것이 차지하는 미약한 위치에 상응한다. 대부분의 현대 조직에서 리더들은 그들이 지나치게 많이 사용한 부분보다는 적게 사용한 것에 대해 평가받고 도움 받을 확률이 훨씬 높다.[1] 먼저 지나치게 사용된 강점의 긍정적인 점과 부정적인 점에 대한 공간을 마련하는 것에서부터 시작해보자. (**그림 1.1**)

내가 잘 아는 재능 있는 고위 관리자의 사례에 대해 생각해보도록 하자. (사실 그는 여러 사람의 특징을 하나로 모아놓은 가상의 인물이다.)

## 다방면에서 모범인 리치 스파이어의 사례

리치 스파이어 씨는 온몸에서 "리더"의 면모를 풍긴다. 그는 "리더"라는 말이 비즈니스 세계에서 의미하는 모든 것을 가지고 있다. 단순히 관리자가 아니라 리더 말이다. 그는 대규모의 전략적 변화를 앞에서 진두지휘하는 사람이자, 빠르게 성장하는 대기업 기술부문의 대표로서, 서로 연관된 놀라운 강점들을 갖추고 있다.

첫째, 그는 훌륭한 전략적 두뇌를 가지고 있다. 그는 지극히 지적이고, 앞으로 다가올 몇 년 동안 큰 기회가 어디서 나타날지 알아내는 데 탁월하다. 그는 또한 자신의 사업 분야 및 산업 내에서 탄탄한 지위를 갖추고 있다. 한 동료는 그에 대해 이렇게 평한 바 있다. "리치의 놀라운 점은 사업이 어떻게 돌아가는지, 부분들을 어떻게 맞추면 잘 돌아가는지 너무나 잘 안다는 것이다. 그는 또한 전체 산업이 가는 방향을 판단하고 그것에 근거하여 훨씬 더 전략적 차원에서 사업을 바라볼 줄 아는 매우 탁월한 능력을 지녔다. 그래서 그는 회사를 어떻게 포지션 해야 하는지 잘 알고 있다."

둘째, 그는 대범한 움직임이 필요할 때 망설이는 법이 없다. 그에게 위험 회피자라거나 중요한 의사결정을 내리는 데 느리다고 비난할 사람은 아무도 없을 것이다. 그렇다고 그가 성급한 것도 아니다. 그의 주요 결정들은 신중하게 고려된 것들이다.

셋째, 그는 시장에서 회사의 장악력을 강화시킬 수 있는 자신의 비전과 앞을 내다보는 혁신적 아이디어들로 사람들을 고양시키는 재능을 가지고 있다. 그의 주변 사람들은 CEO가 그를 "비상한 커뮤니케이션 능력, 엄청나게 명확한 사람"이라 부른 것과 관련해 칭송을 아끼지 않았다. 그는 특히 청중들 앞에서 뛰어났다. CEO는 그가 "한 무리의 사람들 앞에서 진두지휘하는 능력"이 뛰어나다고 칭찬했다. 리치보다 두 단계 아래 있는 어떤 부하직원은 그의 프레젠테이션 기술에 대해 다음과 같이 칭찬했다. "그는 훌륭한 연설가이다." 그의 선구적인 리더십의 또 다른 측면으로는 그가 자신이 보는 바를 단순히 두루뭉술하게 설명하는 것이 아니라, 그의 스탭의 말을 빌자면, "충분한 색채와 형태를 가미하여 설명함에 따라 사람들이 그 비전에서 자신의 부분을 명확히 파악할 수 있도록" 한다.

누군가 리치 스파이어의 팀에 관해 청하지도 않은 칭찬을 보내왔다. "분명 그의 강점은 지성과 전략적 사고, 근면, 회사의 성공에 관한 헌신, 커뮤니케이션 능력, 리드하는 사람이 되고자 하는 욕망이다."

넷째, 그는 타고난 리더이다. 그 중 일부는 그가 주변사람들도 느낄 수 있는 강렬한 동물적 에너지의 소유자라는 점이다. 누군가는 "그의 눈이 춤을 춘다."고 말한다. 풍부한 리더로서의 존재감을 타고난 가운데, 그는 아무 말을 하고 있지 않을 때조차 뭔가 전류가 흐르는 것처럼 강렬한 기운을 풍긴다. 그의 오래된 부관은 그에 대해 이렇게 말한다. "그는 존재감이 크고 많은 파워를 내뿜는다. 사람들은 그 힘에 반응한다." 리치는 자연스럽게 리드 역할을 맡는다. 어떤 게임이 진행될 때 그는 공이 자신의 손 안에 있길 원한다. 그의 부관은 그가 "뛰어난 설득자"라며 말을 이어간다. "그는 당신에게 어떤 것이든 팔 수 있다. 단순히 제품이나 서비스뿐 아니라 자신의 관점과 아이디어도 말이다. 그는 설득력이 매우 강한 사람이다."

다섯째, 그는 단지 전략만 짜는 것이 아니라 실제로 영향력을 발휘하는 선수이다. 그는 전략이 실천으로 바뀌도록 끝까지 주의를 기울인다. 다른 부서를 운영하는 동급자도 그의 장점을 인정할 수밖에 없었다. "우리의 의견이나 접근법에 차이가 존재함에도 불구하고, 그는 우리 회사가 발전하기 위해 필요한 변화의 원동력이다. 간단한 명령으로 그는 자기 부서의 시장 전략을 완전히 바꾸었고, 연구개발 방향도 상업적 측면에 훨씬 더 집중하도록 바꾸었다." 그의 리더십 평가에 참여한 사람들은 모두 그가 업무 이행에 편향적이라고 믿었다. 한 부관은 이렇게 말했다. "그는 추진력을 가진 사람이다. 그는 일이 일어나도록 만들고 사람들에게 그를 따르도록 만든다. 그는 실패를 모르고 그러므로 실패하지 않는다."

나름대로 재능을 가지고 있는 다른 이들도 그에 대해 전반적으로 칭찬 일색이었다. 그의 스탭 중 어떤 이는 이렇게 말했다. "지난 25년간 내가 만나온 중역들 중 그는 최고의 중역 중 한 사람이다." 다른 이는 이렇게 말했다. "그는 내가 아는 누구보다 많은 잠재력을 지녔다. 지능, 본능, 경험, 전략적 통찰력 등 그는 엄청난 재능을 지녔다. 그는 문제를 완벽하게 포착한다. 또한 사람을 다룰 줄 안다. 그리고 그의 카리스마적인 외모는 이 모든 것을 담아낸다."

이렇게 훌륭한 그림에 오점이라는 것이 있을 수 있을까?

리치 스파이어의 직속 부하 중 한 명은 다음과 같이 말한다. "가끔 정말 사람들에게 영감을 불러일으키고 최선을 다해 일하게 만드는 능력을 지닌 리더를 만날 때가 있다. 리치는 사람들이 바로 그런 특별한 노력을 기울이도록 만들고 그것이 좋은 것이라고 느끼게 만들 수 있는 사람이다."

### 리치 스파이어의 맹점

리치에게는 단 두 가지의 약점이 있을 뿐이다. 그리고 그들은 모두 강점을 지나치게 발휘한 것에서 비롯된다. 그 중 하나는 타고난 리더들에게서 흔히 나타나는 문제인데, 너무나 기꺼이 권력을 휘두르는 것의 단점에 노출된다는 것이다. 두 번째는 그의 대범한 전략적 행동 성향이 회사의 수용력을 초과한다는 것이다.

리치 스파이어에게 권력이 따라오는 것이 자연스러운 일이듯이, 그는 그것을 너무나 자유롭게 사용한다. 이것의 좋은 점은 그가 강력한 리더라는 점이다. 그리고 이것은 나쁜 점이기도 하다. 회의에서 그는 자신의 입장을 너무 빨리 밝혀버린다. 그는 다른 사람들이 먼저 의견을 제시하도록 허용하는 방법을 아직 터득하지 못했다. 그의 스탭 중 한 명은 이렇게 말한 바 있다. "그의 기본적인 자세는 상대방이 리드 자리를 빼앗기 전까진 자신이 리드 역할을 맡는 것이다."

쉽게 예상해볼 수 있듯이, 그의 과도하게 강압적인 방식은 팀과 회사 직원들에게 기를 펴지 못하게 하는 효과를 미친다. 부하직원 중 한 명은 "그는 자신의 독재적인 스타일 때문에 전체 이야기를 다 듣지 못하는데, 이는 자신이 이미 해답을 알고 있다고 가정하기 때문이다."라며 우려를 표했다. 물론 그의 팀 멤버 중 일부는 그의 "스타일"에 적응한 사람들도 있다. 그들은 그를 대하는 방법을 터득했다. 그들은 사실적 자료를 제시하면 그의 마음을 바꿀 수 있다는 사실을 알아냈다. 그가 매우 비판적인 자세를 보일 때에도 그것을 사적으로 받아들이지 않는 방법을 배웠다. 그러나 모두가 그렇게 운이 좋은 것은 아니다. 리치로부터 두 단계 밑에 있는 어떤 이는 이렇게 보고했다. "사람들은 그의 강한 개성을 상대할 만한 강한 개성을 보유하고 있지 못하거나 그를 잘 알지 못할 경우, 그냥 조용히 구석에 앉아있는 경향이 있다." 리치와 일대일로 대면한 자리일 경우엔, 그의 팀에 있는 너무나 명민하고 분명한 사람조차도 말 그대로 입이 얼어붙어 버렸다.

놀랍게도 이는 맹점이었다. 리치는 자신의 파워와 효과를 망각하고 있었다. 그처럼 자신의 개인적 권력에 무던히도 애를 쓰는 사람이 그 점에 무디다는 것은 믿기 어려운 일이 아닐 수 없다. 이따금씩 누군가 이 점을 지적할 때에도 그는 그것과 자신을 연관시킬 수 없었다. 어린 시절 자라온 배경 때문에, 그는 사실 그와 반대되는 점을 우려하고 있었다. 그는 자신이 충분히 강력하지 않을까봐 걱정스러웠다.

대범한 행동들에 관해 말하자면 리치는 항상 큰 파장을 불러일으키고, 거창한 기여를 하고 싶어 했다. 리틀 리그와 대학 야구 선수 시절 내내 그는 항상 담장을 넘기는 타격을 시도했다. 홈런은 그에게 스릴을 안겨 줬다. 그는 박수를 받으며 베이스를 도는 일을 사랑했다. 그는 안타를 치는 선수가 아니었다. 1루에 있는 팀 동료를 득점 포지션으로 옮기기 위해 희생 번트를 치는 것은 그의 레퍼토리에서 완전히 빠져있었다. 그는 자신이 삼진 아웃된 적이 많다는 것과 좀 더 평균 타율을 높이기 위해 다른 방식으로 공을 칠 수도 있었다는 사실을 인정한다. 그러나 그는 이를 기꺼이 포기하고자 했다.

40대에 접어든 지금도 이와 똑같은 승부 본능이 그의 리더십을 떠받친다. 그는 회사의 시장에서의 포지션을 약간 향상시키는 것만으로는 만족스럽지 않다. 그는 빨리 앞으로 나아가길 원한다. 그는 크게 이기길 원한다. CFO는 이렇게 말했다. "리치는 공격적인 움직임을 통해 영토를 점령하길 원한다. 비전을 가지는 것은 유용하지만 그는 좀 더 신중한 방식으로 실행에 옮길 필요가 있다." 역사가 폴 케네디는 이러한 과도한 확장이 제국들이 멸망하게 된 주요 원인이라고 지적한다.[2] CFO는 그것을 이렇게 표현한다. "그의 비전은 우리의 내적 역량을 능가했다. 그의 전략이 포괄하는 범위는 우리가 가진 벤치 역량(bench strength)으로 실행하기에는 너무 광범했다."

이것도 맹점이 아닐 수 없었다. 비록 그는 자신이 선택한 CFO를 존경하긴 했지만, 그의 전략적 야망에 대한 CFO의 염려를 진지하게 고려해보는 것에는 어려움을 느꼈다. 그는 성장 산업에서 공격적인 확장주의자가 되는 것에 어떤 잘못이 있을 수 있는지 상상할 수 없었다.

이것이 바로 그의 두 가지 맹점이 모여 회사를 위험에 처하게 만드는 지점이다. 가령 그는 너무 낙관적으로 생각함으로써 CFO의 반대에도 불구하고 중요한 예측 오차를 만들어냈다. 이 경우 CFO의 반대는 충분히 발언되지 못했다. 리치의 강력한 개성과 거창한 영향력을 향한 왕성한 식욕 앞에서 그의 팀 멤버 중 일부는 그에게 영향을 미치고자 하는 노력을 아예 포기해버렸다. 그것이 불가능한 일이여서 그랬다기보다는 단지 그럴 가치가 없을 뿐이었다. "이 사람에게 계속 반대를 제기하기에는 너무나 많은 감정적 에너지가 소비된다. 그리고 그렇게 해도 그는 어차피 듣지 않을 것이다." 그들은 양손을 내저으며 이렇게 말한다.

## 과잉 행동의 다양한 면모

공적 시선으로부터 멀리 벗어나려 애쓰는 공적 인물이든 중간 관리자든 간에, 리더의 지위에 있는 사람들은 무언가를 지나치게 많이 하는 것으로 악명이 높다.

역사적 인물 중 유럽의 거의 전 지역을 제패한 뛰어난 장군 나폴레옹의 사례를 들어보자. "위대한 명성은 큰 소음과 같아서 그 크기가 커질수록 더 멀리 들린다."라는 신념에 사로잡힌 그는 그만둬야 할 때를 알지 못했다. 결국 프랑스인들은 외쳤다. "Assez de Napoleon! (나폴레옹이라면 이제 지긋지긋하다!)"[3]

문학에서는 『모비딕』의 에이허브 선장이 심각한 과잉 행동의 사례를 제공한다. 소설 초반부에 삼등 항해사 스터브는 배의 선장인 에이허브에게 밑에서 잠든 사람들을 배려해달라고 정중하게 요청한다. 에이허브가 갑판을 걸어 다닐 때마다 그의 상아로 된 의족이 끊임없이 또각또각 하는 소리를 만들어내기 때문이다. 에이허브는 이 합리적인 요청을 묵살하고 욕설을 퍼붓는다. "내려가, 이 개자식아!"

어안이 벙벙해진 스터브는 용감히 이에 맞서려 한다. "저는 그런 말에 익숙지 않습니다. 선장님, 저는 듣기 거북합니다."

에이허브는 욕설을 퍼부으면서 이제 그에게 매우 사납게 돌진한다. 그러자 스터브는 어쩔 수 없이 물러날 수밖에 없었다.

갑판 밑으로 내려간 스터브는 인간으로서의 존엄성을 회복하고자 한다. "도대체 나에게 무슨 문제가 있나? 내가 내 다리로 제대로 서 있는 건가? 저 늙은이와 상대하려니 내가 다 이상해지는군!"



이 일화는 한 항해사가 어느 중요한 문제에 관해 에이허브에게 영향력을 행사하려 했을 때 일어난 세 개의 격정적인 충돌 중 첫 번째이다. 이 과정에서 에이허브는 매번 자신의 위치를 고수하고 자신의 권한을 보호하는 일을 지나칠 정도로 잘 수행해냈다. 두 번째와 세 번째 에피소드에서는 사안이 점점 더 중요해지는데, 이번에는 일등 항해사 스타벅이 극단으로 가려는 선장을 열심히 말린다.

비즈니스의 세계에서도 악명 높은 사례가 적지 않다. 타이코 인터내셔널에서 CEO를 지낸 바 있는 데니스 코슬로브스키는 반복적으로 윤리적 또는 법률적 선을 넘나들었다.

이 글을 쓰고 있을 당시, 그와 마크 스와츠(前CFO)는 모두 22건의 중절도 및 기타 고소에 관해 유죄임이 밝혀졌다. 이 중에는 이사회의 승인을 받지 않은 채 자신들에게 1억 4300만 달러를 지급하도록 한 일도 포함되어 있었다. 그들은 돈을 벌겠다는 평범한 동기를 매우 왜곡된 방향으로 가져갔다.

# 효과적인 리더십: 결핍과 과잉을 피해가기

이처럼 과잉 행동은 생사와 관련될 만큼 매우 중요한 문제임에도 불구하고, 어찌된 일인지 리더십 수행에 있어서는 잃어버린 아이와 같이 취급된다. 업무 수행에 관한 좀 더 간단하고 실용적인 사고방식은 이 문제를 위한 여지를 만들어준다. 이 관점에서 업무를 잘 수행한다는 것은 주어진 리더십을 상황에 맞는 수준, 즉 너무 낮지도 너무 높지도 않은 적절한 수준으로 맞추는 것을 의미한다. 어떤 사람은 핸드폰이나 기내 또는 레스토랑에서 이야기할 때 항상 너무 큰 소리로 말하곤 한다. 반면 어떤 사람들은 사람이 많이 참여한 회의석상이나, 자동차 소음이 있는 곳에서 말할 때조차 언제나 한결 같이 부드럽게 이야기한다. 그들의 말을 듣기 위해서는 신경을 곤두세워야 한다. 효과적인 화자는 그들의 목소리가 동료나 관중들이 듣기에 너무 크지도 작지도 않도록 목소리 크기를 조절할 줄 안다.

음량을 제대로 맞춘다는 개념은 사실상 리더십의 여러 면에 적용해 볼 수 있다. 예를 들어 디테일을 중시하는 것, 큰 그림에 초점을 두는 것, 지시적이 되는 것, 영향을 미치는 것에 개방적인 것 등에 적용할 수 있다. 볼륨을 조절한다는 개념은 아리스토텔레스로까지 거슬러 올라간다. 그는 생각과 행동에 있어 훌륭하고 바람직하며 효과적인 것은 결핍과 과잉의 중간지점일 때라고 주장했다.[4] 아리스토텔레스에게 도덕적인 의미에서 선하거나 또는 무언가를 잘 한다는 의미에서 좋은 것이란 전혀 정적인 것이

**한 관리자는 다음과 같이 말했다. "과잉 사용된 강점이 약점만큼이나 무능할 수 있다는 생각은 내게 많은 도움이 된다. 즉, 강점을 지나치게 사용하는 것은 일을 잘하지 못하는 것이다."**

아니었다. 『윤리학』에서 그가 진술하듯 중간 지점이나 적당량이란 것은 상황에 따라 변화하는 개념이다. 그것은 움직이는 과녁인 것이다. 리더십을 수행함에 있어서도 계속해서 어떤 특성을 당시 상황에 맞는 수준으로 조절해나가야 한다. 즉, 리더십이라는 해협을 끊임없이 항해해나가기 위해서는 한편에서는 결핍의 여울을 피해가고 다른 한편에서는 과잉의 바위를 피해가야 하는 것이다.

아리스토텔레스의 교훈은 모든 것에서의 절제라는 개념으로 잘못 오해되었다. "중용 또는 황금 비율(golden mean)"로 널리 알려진 이 개념은 그의 사고에 대한 심각한 오독이자 모욕이다. 그가 필요하다고 주장한 것은 상황에 적절하게 대응하는 반응이었다. 즉, 상황에 따라서는 볼륨을 극도로 키우는 것이 적정량일 수도 있다는 것이다. 아이가 공을 따라 차가 다니는 도로에 뛰어드는 것을 보고 저 가슴 깊숙이에서 소리를 내지르는 어머니는 아리스토텔레스의 충고를 완벽하게 따르고 있다고 할 수 있다.

모든 것을 다 내거는 것이 유일한 길일 경우도 많다. 리치 스파이어의 상관은 그가 "사업 위기에서 모든 책임을 졌다"고 칭찬했다. 상황이 요구할 경우에는 커다란 희생이 바람직할 때도 하다. 이 경우 불가피한 손실이 가혹하게 막대할 수도 있다. 마키아벨리는 왕자에게 만일 도시 국가를 혼란에서 구해내는 데 필요한 것이 힘이라면 그것을 사용하라고 충고한 바 있다. 그는 반드시 불가피한 경우에는 해악을 저질러도 된다는 신념을 가지고 있었다. 어떤 면에서든 너무 극단으로 치달았을 경우에는 그것이 극한 상황이라 할지라도 문제가 생긴다. 필요한 손실이 아닐 경우라거나, 필요한 것보다 훨씬 더 많은 비용을 지불한 경우가 여기에 해당한다. 아무리 극단적 상황이라 할지라도 올바른 선을 지키는 것은 우리 모두에게 남겨진 의무이다.

아무 것도 아닌 일로 끊임없이 아이에게 소리치는 부모는 극단으로 치달은 것이다. 이와 마찬가지로 리치 스파이어도 우리와의 회의 자리에서 고백했다. "내가 전력으로 뛰어드는 것은 내게 한 가지 속도밖에 없기 때문입니다." 여기서 핵심은 당신의 행동이 한 가지 모드에만 고정되는 것을 피하는 것이다. 부모에게 놓인 과제가 필요할 때에만 아이에게 언성을 높이는 것이듯, 리더로서 당신에게 주어진 과제는 핵심적인 리더십 자질들에서 습관적으로 함량 미달 되는 것과 마찬가지로 극단으로 치닫는 경향을 피하는 것이다.

## 과잉 사용된 강점의 평가 및 교정: 리치 스파이어의 맹점은 계속된다

리더십 개발 과정은 리더들의 과잉 행동을 체크해줄 수 있어야 한다. 리더십 평가에서 중요한 지표들의 수치가 위험할 정도로 올라가 있는지 표시해주길 기대하는 것은 지나친 바람일까? 결국 고혈압과 마찬가지로 어떤 것을 너무 많이 하는 것도 침묵의 살인자인데 말이다. 그러나 표준적인 평가도구들은 우리가 가진 보통의 상식과는 신기하게도 전혀 거리가 멀어 과잉을 포착해내는 데 실패한다.[5]

리더십에 관한 이처럼 기본적인 사실이 어떻게 리더를 선택하고 그들의 업무 수행을 평가하며 좀 더 분발해야할 영역을 확인하는 데 사용되는 공식적 평가 시스템에서 누락하게 되었을까?[7] 이러한 생략에 대한 설명은 부분적으로는 순전히 기계적이다. 평가도구에서 가장 많이 사용되는 등급 척도는 과잉사용을 알아내도록 설계되어 있지 않다.[8] 가장 흔한 평가도식으로, 얼마나 자주 혹은 어느 정도인가를 묻는 빈도수의 경우를 살펴보자.

빈도수 척도를 사용한 360도 다면평가 조사에서 리치 스파이어는 "관리자로서의 권력에 편안함을 느낀다"라는 항목에서 매우 높은 점수를 받았다. 그것은 그에 대해 무엇을 말해주는가? 그가 그것을 많이 한다는 사실이다. 그러나 그가 지나치게 많이 한다는 사실은 말해주지 않는다. 이와 마찬가지로, "사업을 성장시킨다"라는 항목에서도 그는 등급 척도의 최고점을 기록하는데, 이것도 그가 그 기능을 잘 수행한다는 인상만을 남겨줄 뿐이다. 리치 스파이어는 권력을 사용하고 전략적 목표를 설정하는 문제와 관련해서는 잘 드러나지 않는다. 평가도구는 그를 어둠 속에 남겨둔다.

그것이 이 척도 유형의 한계이다. 가장 높은 등급, 가령 5는 많이 하는 것과 너무 많이 하는 것을 구분하지 않는다. 이장의 마지막 부분에 있는 예시 1.1은 이 등급 척도와 함께 또 하나 널리 사용되는 등급 척도를 자세히 비교한다.[9]

빈도수라는 등급 척도를 사용한 질문지를 통해 피드백을 받았다면, 5나 그에 가까운 점수를 받은 항목들을 살펴보고, 그 중 그것을 "많이" 하는 것이 "지나치게 많

롭 카이저와 내가 MIT의 ≪Sloan Management Review≫[6]에 출간한 최근 논문을 읽은 한 관리자는 다음과 같이 말해 나를 놀라게 했다. "당신의 글을 처음 읽었을 때는 심란했다. 강점을 과잉 사용하는 부분이 그러했다. 우리 매니저들은 리더십 개발에 매우 많은 시간을 할애하지만, 과잉 사용된 강점에는 거의 아무런 시간도 들이지 않는다. 섬뜩했다. 진짜로 그랬다. 나는 스스로에게 다짐했다. 해야 할 일이 있노라고…"

이”하는 것을 의미할 수도 있는지 자문해보라. 어떤 관리자들에게 이는 마인드를 바꾸는 연습과 같다. 그들은 높은 빈도수에 대해 그런 식으로 생각해본 적이 없다. 그들은 왠지 5번이 수우미양가에서 수와 같다고 말하는 시각을 견지하게 되었다. 왜 아니겠는가? 2나 3이 나쁜 점수를 의미한다면, 5와 같은 높은 빈도수는 좋은 점수를 의미하는 것이 논리적이지 않은가? “조직의 목표를 완수하기 위해 사람들을 열심히 재촉한다”라는 항목에서 5점 만점을 받은 한 개인은 “이 항목에서 10점을 받으면 행복하겠다! 높은 점수가 왜 문제인지 전혀 이해할 수 없다”고 주장했다. 그녀의 부하직원들은 이를 다르게 볼 수도 있다. 그녀는 그들에게 불가능한 요구를 주문한 적이 있는가? 또는 모두가 그녀처럼 행동하기를 바라지는 않았는가?

관리자들뿐 아니라 리더십 평가 및 개발 전문가들도 부지불식간에 이 흔하디흔한 등급 척도에서 높은 점수를 받을수록 좋은 것이라는 암묵적 가정을 따르는 것을 보면 흥미롭다.

과잉을 탐지해내지 못하는, 이 아무도 주목하지 않는 실패는 다른 무언가를 암시한다. 즉, 과잉 사용된 강점이란 개념이 관리자들의 리더십을 평가하고 개발하는 공식적 모델 및 방법에 아직 뿌리를 내리지 못했다는 증거이기 때문이다.


## 편향성, 또 다른 형태의 과잉


당신의 레퍼토리에 있는 모든 과잉마다 그에 상응하는 결핍이 존재할 수 있다. 처음에는 둘 사이의 연결점이 잘 보이지 않을 수도 있으나, 당

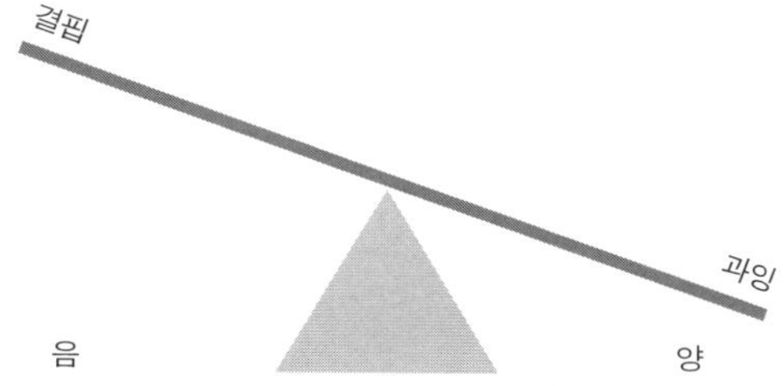

신의 뒤를 한 번 돌아보라. 한 가지를 너무 많이 하면, 마치 시소처럼, 그와 반대되거나 상보적인 것을 너무 적게 하고 있을 수 있다. 이것이 과잉을 내포하고 있는 편향성(lopsidedness)의 모습이다. (**그림 1.2**를 보라.)

이 편향성은 또 다른 형태의 과잉이다.

"보충하다(complement)"의 어원은 "채우다"에서 나왔다. 보충적 기능은 상대방의 빈 부분을 채우는 것이다. 그래서 이것들이 합쳐져 전체를 이룬다. 한 쪽에서의 과잉이 가져오는 문제는 그것이 종종 반대쪽의 희생을 동반한다는 사실이다.

리치 스파이어는 단순히 전략적인 차원에서 지나치게 공격적인 것만이 아니다. 그는 전략적 리더십의 상대 개념인 운영적 리더십, 즉 조직이 급속한 성장을 소화할 역량을 갖추고 있는지 확인하는 작업을 소홀히 했다. 앞서 나는 그의 CFO가 전략적 근거를 포착해내는 그의 본능에 대해 얘기하는 것을 인용한 바 있다. 그는 이렇게 말했다. "폭넓은 시야를 가지는 것은 유용하지만 우리는 신중한 방식으로 실행에 옮겨야 한다. 그래야 잠깐 반짝이고 사라지는 빛이 되지 않는다." 리치는 자신의 전략적 야망에 너무 사로잡힌 나머지 실행과 역량 문제를 시야에서 놓치고 말았다. 전자는 그의 마음에 큰 글씨로 새겨진 반면 후자는 그의 마음

에 작은 글씨로 저 먼 발치에 조그맣게 나타났다고 하는 것이 정확한 표현일 것이다. (표1.1을 보라)

리치는 또한 강압적-허용적 리더십 대립 쌍에서도 편향성을 보인다. 권력 사용에 있어 지나치게 행동했던 그는 다른 사람들이 그에게 영향을 미치는 것을 어렵게 만들었다. 그가 내뿜는 지적인 힘과 카리스마, 개인적 힘이 모여 그와 대화하는 많은 사람들에게 그들의 입장을 고수하는 것을 매우 어렵게 만들었다. 그의 팀원 중 한 명은 이렇게 말한다. "그는 자신의 입장을 너무 빨리 내세운다. 그러면 그때부터 사람들은 그들의 사고를 좀 더 진척시키는 것이 아니라 그와 같은 의견이 되길 바라게 된다. 그러므로 만약 그가 자신의 의견을 숨길 수 있다면 더 좋을 것 같다. 특히 그를 잘 모르는 사람들과 함께 있을 땐 더욱 그러하다. 하지만 비단 이 문제를 넘어 그는 질문하는 능력도 훨씬 더 향상시킬 필요가 있다. 다른 사람에게 자신의 생각을 말하는 대신 상대방이 생각하는 바를 이끌어내는 능력 말이다. 그 일은 어떻게 되어가고 있는지, 당신의 생각은 어떤지, 우리의 접근 방법은 무엇이 되어야 하는지 등 여러 가지 질문이 있을 수 있다. 여기서 접근법은 '같이 생각해봅시다'와 '나는 당신이 이렇게 해야 한다고 생각하네'의 대결구도로 나뉜다." 하지만 다른 이들의 잠재력을 지켜주거나 그들에게 무대를 만들어주는 것은 그에게 최고 관심사가 아니었다. 그리고 설상가상으로 그는 자신이 얼마나 강력한지에 대해 모르고 있었다.

| 과잉 | 그에 상응하는 결핍 |
| --- | --- |
| • 전략적으로 지나치게 확장적임<br>• 상대방을 너무 밀어붙임 | • 성장에 대한 조직의 수용력과 한계를 등한시함<br>• 다른 사람이 그에게 영향을 미치는 것이 어려움 |

리치 스파이어의 편향성은 사실 1990년대 엔론(Enron)의 고위 간부들의 경우와 비교해보면 무색해진다. 물론 그들의 과잉과 그에 동반된 결핍들은 사내 견제 시스템의 부재와, 통제 메커니즘을 발동시키지 못한 최고 경영진들의 무능력에 의해 더욱 악화된 것이긴 하지만 말이다.[10] 예를 들어,

• 제프리 스킬링은 무역업무 책임자로 출발하여 엔론의 대표가 된 인물로, 선구적이긴 했으나 결국 실패로 끝난 모험주의자였다. 그는 엔론은 물론 석유 및 가스 산업 전체를 바꿔내는 사업 계획안을 세웠으나, 그것을 실행하는 능력은 전혀 고려하지 않았다. 그의 뛰어난 이론은 현실과 부딪히자 처참히 무너졌다.

• 레베카 마크는 재능 있고 매력적이며 엄청나게 성실한 시니어 매니저로서 엔론 인터내셔널의 수장 역할을 맡으면서 개발도상국과 수송 관로 및 발전소 건설 계약을 맺는 등 지나치게 자신감 넘치는 태도를 보여주었다. 그녀의 낙천주의는 한계를 몰랐고, 시간이 흐름에 따라 불안정한 지역에서의 큰 거래에 대한 결정을 점점 더 사실과 분석보다는 직감에 의존하여 내리게 되었다.

만일 켄 레이 사장이 스킬링이나 마크의 고삐를 잘 붙잡아줄 수만

있었다면 엔론은 그들과 같은 과도한 시니어 매니저들의 편향성을 이겨 낼 수도 있었을 것이다. 그러나 그 자신도 편향적인 인물이었던 레이는 점점 더 유명인 행세를 하느라 회사를 등한시했다. 그리고 그는 사람들에게 안 된다고 말할 때의 불편함을 견디기보다는 엄청나게 후한 보수를 줘버려 해결하는 것을 선호했다. 그래서 스킬링은 거래에서 장기 계약의 수익을 계약이 성사된 시점에 회계장부에 기입하는 방법을 도입했다. 그리고 마크는 자신과 팀에게 적지 않은 비율의 프로젝트 예상수익을 계약이 성사되는 즉시 지불하도록 하는 보상 구조를 사용했다. 엔론 인터내셔널이 이 거래에서 저 거래로 서둘러 뛰어다니느라 바빠서 계약 성사 이후의 후속 작업을 소홀히 한 것은 놀라운 일이 아니다.[11]

최고운영책임자인 리치 킨더는 규율과 실행에 중점을 두며 실수에 엄격한 사람으로서, 그 자신도 편향적이긴 하지만, 레이의 빈틈을 채우고 주변 사람들의 과열된 야망에 방지책 역할을 했다. 그러나 킨더는 레이가 그를 CEO로 승진시키지 않기로 결심하자 회사를 떠났다.

리치 스파이어나 엔론의 경우처럼 편향된 리더들의 사례는 넘쳐난다. 게다가 조사 결과 우리는 관리자층에서 편향성을 보여주는 경우가 많다는 통계적 증거도 발견할 수 있었다. 이에 대해서는 이 책의 5장과 6장에서 자세히 살펴보게 된다.

이렇게 도처에 편향성이 만연하는 데도 불구하고 리더들은 이에 대해 평가받지 못하고 있다. 이는 과잉행동이 평가받지 못하는 것과 마찬가지 이유 때문이다. 표준적인 평가도구들은 편향성을 알아내도록 설계되어 있지 않은 것이다. 이 외에 다른 이유도 있다. 이는 다음 장에서 다룰 예정이다.

# 유연한 균형성, 편향성의 이면

표준적인 평가 방법으로 측정하지 못하는 것에는 편향성의 바람직한 이면인 유연한 균형성도 있다. 유연한 균형성이란 필요시 상반되는 리더십의 덕목 중 이쪽 측면에서 저쪽 측면으로 자유롭게 바꾸는 능력을 의미한다. 이는 두 가지 차원이 모두 훌륭하고 바람직하며 필수적이라고 인식하는 것을 의미한다. 직장 생활과 개인적인 삶은 둘 다 모두 중요하다. 충분한 정보와 신중한 분석에 기반하여 결정을 내리는 것과 적시에 결정을 내리는 것은 둘 다 모두 중요하다. 사고의 리더가 되는 것과 다른 이들이 그러한 리더십을 발휘하도록 조건을 만들어내는 것은 둘 다 모두 매우 바람직하다. 유연하게 균형적이라는 것은 상황에 맞게 각 측면을 적정량만큼 이끌어내는 것이다.

유연한 균형성을 갖춘 리더를 구분짓는 것은 그들이 서로 상반된 덕목들 사이에 모순을 겪지 않는다는 점이다. 그들은 그것을 음과 양으로 바라본다. 그들은 경우에 따라 양쪽 중 어느 측면도 자유롭게 사용할 수 있고 또 실제로 그렇게 한다.

다방면으로 유연하게 균형적인 것은 다양한 리더십 대립 쌍들에서 두 측면 모두에 효과적으로 기능하는 것을 의미한다. 이 책의 목적상 이 리더십 덕목의 쌍에는 두 가지가 있다. 전략적 및 운영적 리더십 쌍과 강압적 및 허용적 리더십 쌍이 그것이다. **그림 1.3**에 나와 있는 "테이블 모델"이 제시하듯, 당신의 행동이 이 두 가지 쌍의 두 측면 모두를 공평하게 대한다면, 이는 그것이 단단한 개인적 기반을 가지고 있기 때문이다.

**리더십은 농구와 같다. 최고의 선수는 양 손 중 어느 손으로도 농구골대에 공을 넣을 수 있다.**

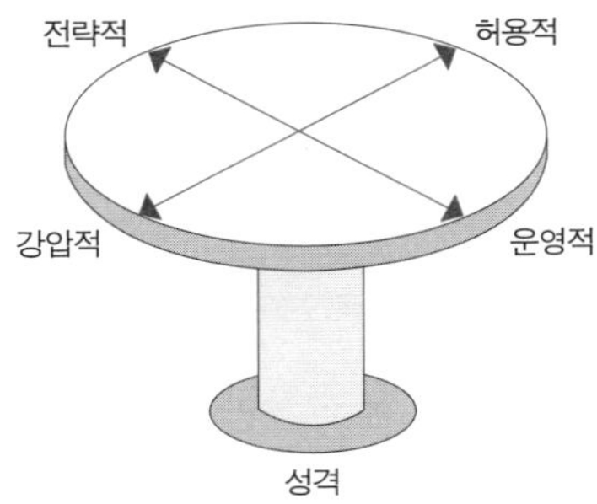



기반이 단단하지 못할 경우 테이블의 표면은 한쪽으로 기울어지게 된다.

F. 스콧 피츠제럴드의 말을 인용하자면, 일류 리더를 나타내는 표지는 두 가지 상반된 생각을 동시에 견지하면서도 제대로 기능할 수 있는 능력이다. 이를 실제에 적용해보면, 이렇게 변증법적인 방식으로 지적 사고를 유지할 수 있는 것은 두 가지 생각 중 어느 한 가지에 과도한 무게를 두지 않는 것, 그리고 그쪽으로 당신의 강점을 지나치게 사용하지 않는 것의 문제로 귀결된다. 이를 위해서는 많을수록 좋다는 사고방식의 유혹에서 벗어날 필요가 있다.

현재 상태에서 리치 스파이어와 같은 리더들은 많을수록 좋다는 개념을 암묵적으로 장려 하고 있다. 표준적인 평가도구가 그를 위해 할 수 있는 최선이란 그의 결점을 알아내는 것뿐이다. 그의 재능이 어떻게 과잉 사용된 강점으로 바뀔 수 있는지를 알아내기 위해서는 다른 방법을 찾아야 한다.

• • •
## 리더십 향상을 위한 팁

**주요 사항**

1. 지나치게 사용된 강점은 많은 리더들의 문제이다. 과잉 사용된 강점은 약점만큼이나 업무 수행에 있어 문제를 야기한다.

2. 과잉 사용된 강점은 간과된다. 또 다른 형태의 과용인 편향성도 마찬가지이다. 대부분의 평가도구들은 과잉 사용된 강점이나 편향성을 감지해내는 방법을 가지고 있지 않다.

3. 당신의 회사는 부지불식간에 리더들에게 다다익선의 사고방식을 장려하고 있을 수 있다. 과잉 사용된 강점을 평가하는 방법, 즉 과잉을 억제하는 수단을 수행 평가 시스템에 도입시키지 않음으로써 회사는 의도치 않게 지나치게 행동하는 리더들과 결탁한다.

4. 음량 조절을 생각하라. 여기서의 핵심은 너무 세게 또는 너무 약하게가 아니라 적절한"음량"을 얻는 것이다.

5. 상반되는 양 측면간의 유연한 균형을 추구하라. 폭넓은 레퍼토리를 갖추는 것을 넘어 유연한 균형을 이루는 것은 주어진 리더십의 음과 양 모두에 강한 것을 의미한다. 가령 사람들의 감정에 민감하게 반응하면서도 직설적일 수 있다. 두 가지 다 잘하는 것은 좋은 일인 반면, 이 중 어느 한 가지만 잘 하는 것은 별로 좋지 않다.

**생각해볼 질문들**

1. 당신은 몸소 체험하여 얻은 방법에 지나치게 의존하다가 그것들이

더 이상 상황에 맞지 않는 경우까지 가곤 하는가?

2. 다면평가에서 높은 점수가 나온 것들을 다시 한 번 살펴보자. 이 중 당신이 그 분야에서 지나치게 행동하는 사실을 감춰주는 것이 있는가?

3. 당신은 "얼마나 많이" 또는 "얼마나 자주"라는 척도로 등급을 매기는 리더십 설문조사지에 답하면서 낮은 점수는 나쁘고 높은 점수는 좋은 것이라고 가정하는 자신을 깨달은 적이 있는가?

4. 당신은 부족하지 않기 위해 노력하는 만큼이나 지나치지 않기 위해서 노력하는가?

5. 당신은 똑같은 기회를 주는 관리자인가? 당신은 각 직원들의 과잉 행동에 대해 합당한 주의를 기울이는가?

# 예시 1.1 등급 척도와 평가 척도

표준적인 평가도구가 리치 스파이어의 심각한 과잉 행동을 얼마나 잘 포착해내는지 살펴보도록 하자.

평가도구가 과잉 행동을 식별해내는 능력은 등급 척도에 달려있다. 가장 흔히 사용되는 척도 중 하나인 빈도수 척도는 일반적으로 아래에 보는 것처럼 "1"에서 "5"로 나뉘어 있다.

| 1 | 2 | 3 | 4 | 5 |
|---|---|---|---|---|
| 전혀 | 이따금씩 한 번 | 가끔 | 꽤 자주 | 항상은 아니지만 매우 자주 |

이 척도를 사용하여 가장 기본적인 관리자의 기능인 "입장을 취한다"라는 항목에서 리치 스파이어를 평가해보자. 아마 틀림없이 그의 직장 동료 중 대부분은 "5"와 같은 높은 점수를 주었을 것이다. 여기서 문제는 "5"가 우리에게(또는 그에게) 말해주는 것이 무엇인가 하는 점이다. 이 평가는 단지 그가 입장을 취할 때가 많다는 것만 말해줄 뿐, 지나칠 정도로 많이 취하는지는 말해주지 않는다. 이 척도의 최고 점수인 5는 오해를 불러일으킬 소지가 있다. 만약 이 척도가 더 높은 빈도까지 담아냈더라면 어땠을까? 이 척도는 의도하지 않았을지라도 많을수록 좋다는 암묵적 가정을 함으로써 실수를 저지른다.

이번에는 아래에 나타난 또 하나의 널리 사용되는 평가 척도를 살펴보자.

| 1 | 2 | 3 | 4 | 5 |
| --- | --- | --- | --- | --- |
| 효과가 없음 | 약간 효과있음 | 효과적임 | 매우 효과적임 | 뛰어남 |

이 척도에서 리치는 "입장을 취한다"라는 항목에서 아마 낮은 점수, 예를 들어 "2"를 받았을 것이다. 여기서 또 문제는 이 점수가 무엇을 말해주는가이다. 단지 그가 별로 잘 하지 못한다는 사실만을 말해줄 뿐, 그가 잘 하지 못하는 이유가 그 행동을 극단으로 가져가기 때문이라는 것은 말해주지 못한다. 이 때 낮은 점수는 애매모호하다. 그것은 그가 그 행동을 충분히 하지 않는 것을 의미할 수도 있고 너무 많이 하는 것을 의미할 수도 있다.

이 표준 척도들 중 과잉 행동을 포착해내는 것은 없다. 놀랍게도 이는 리더십 분야 전체에도 적용되는 사실이다. 관리자 개인의 강점과 약점을 찾기 위해 던진 질문지 스타일의 그물은 이런 종류의 물고기를 잘 잡아내지 못한다. 한편 리더십 평가는 등급 척도의 한계를 극복하는 방법들을 가지고 있다. 부정적인 언어로 된 항목들, 가령 "마찰을 일으키는"이나 "단기 결과에 지나치게 집중함" 등은 과잉행동 문제를 포착하기는 하나 주먹구구식 방법이다. 언어적 묘사도 과잉을 포착해낼 순 있지만 이도 조직적인 방식으로 이루어지는 것은 아니다.

## CHAPTER 2

# "거울아, 거울아…"
## 지나친 점도 살펴보라

"큰 보폭을 취하는 자는 제대로 걸을 수 없다." -프랑수와 줄리앵

20년전 만 하더라도, 리더들은 연간 수행평가 외에 다른 사람들이 그들을 바라보듯 자기 자신을 바라볼 수 있는 체계적인 방법을 갖지 못했다.[1] 오늘날은 다면평가(360-degree feedback, 이는 인풋이 대상자를 둘러싼 모든 주변 동료들로부터 나오는 것에서 이름을 얻었다.) 덕분에 많은 회사의 관리자들이 피드백 부족 상태에서 피드백 홍수의 상태로 이동하게 되었다. (업무 관리 시스템, 리더십 개발 프로그램, 전문 코칭 등) 이제 문제는 그들이 얻는 인풋이 과연 얼마나 완전하고 정확한가이다. 리더십 평가 및 개발에 관한 활동이 성장함에 따라, 그것은 기술을 개념화하는 표준적인 방식(소위 말하는 역량 모델이 그것이다)과 그 역량 모델의 관점에서 독해하는 방식을 중심으로 형태를 갖추게 되었다. 이러한 패턴은 이후 이 분야가 그것을 벗어나서 바라보는 것을 어렵게 할 만큼 상투적인 관습으로 변해갔다. 그리고 이것은 다음과 같은 두 가지 생략을 초래했다.

　1. 리더들은 항상 지나치게 행동하지만 기존의 평가도구들은 아무리 심각한 과잉이라도 이를 파악하지 못한다.

　2. 쌍을 이루는 리더십 기능들에서 리더들은 습관적으로 어느 한 가지 측면을 지나치게 많이 하거나 다른 측면을 지나치게 적게 하지만, 이러한 편향성에 대해서는 평가받지 않는다. 현재 상용되는 도구들은 과잉을 보지 못할 뿐 아니라, 역량들을 한 번에 한 가지씩만 측정함에 따라 이와 상보적이면서 리더십에 필수적인 역량들도 포착하지 못하고 있다.

## 엘라 솔로의 피드백 보고서

엘라 솔로 씨에게 무슨 문제가 있는 것은 아니었다. 그녀가 컨설팅을 요청한 것은 그 때문이 아니었다. 지금의 회사에서 지난 몇 년간 그녀가 거쳐간 업무들과 현재 업무에서 그녀는 매우 훌륭한 기록을 보이고 있다. 그녀의 상관은 이렇게 말한다. "분명 그녀는 지금의 업무적 성공과 회사에서의 존경을 얻기 위해 많은 일을 잘 해냈다."

그녀는 자신의 모든 경력을 영업 분야에서 보냈다. 2년 전 그녀는 자신이 성장했던 곳과 다른 사업 분야로 옮기면서 승진했다. 그 새로운 사업은 오랫동안 시장에서 지배적 위치를 누려왔으나 최근 새로운 경쟁자의 등장으로 위협받고 있었다. 그 결과 그녀는 이윤이 침식당하지 않도록 해야 한다는 압력을 많이 느꼈다. 집중력과 열정이 대단히 높은 사람이었던 그녀는 그러한 도전을 환영했고 그녀의 팀과 시니어 경영진들은 그녀의 능력을 신뢰했다. 외향적인 인물이었던 그녀는 일을 달성하기 위해 팀과 일치단결하는 성향을 보여주었다.

**그림 2.1 엘라 솔로의 역량 프로필**

| 역량 | 평가자 | 매우 적다 — 어느 정도 — 자주 — 많이 — 매우 많이 | 점수 |
| --- | --- | --- | --- |
| 사업 지식 | 본인 | | 3.8 |
| | 모든 직장 동료 | | 4.5 |
| | 상관 | | 4.6 |
| | 동료 | | 4.4 |
| | 직속 부하직원 | | 4.6 |
| 전략적 사고 | 본인 | | 3.7 |
| | 모든 직장 동료 | | 3.8 |
| | 상관 | | 4.0 |
| | 동료 | | 3.8 |
| | 직속 부하직원 | | 3.6 |
| 기업가 정신 | 본인 | | 3.6 |
| | 모든 직장 동료 | | 4.1 |
| | 상관 | | 4.3 |
| | 동료 | | 3.9 |
| | 직속 부하직원 | | 4.3 |
| 결과 지향성 | 본인 | | 4.3 |
| | 모든 직장 동료 | | 4.7 |
| | 상관 | | 4.7 |
| | 동료 | | 4.8 |
| | 직속 부하직원 | | 4.7 |
| 행동 편향성 | 본인 | | 4.4 |
| | 모든 직장 동료 | | 4.6 |
| | 상관 | | 4.8 |
| | 동료 | | 4.5 |
| | 직속 부하직원 | | 4.7 |
| 사후 점검 | 본인 | | 4.1 |
| | 모든 직장 동료 | | 4.0 |
| | 상관 | | 4.2 |
| | 동료 | | 4.0 |
| | 직속 부하직원 | | 3.8 |
| 권한 위임 | 본인 | | 3.5 |
| | 모든 직장 동료 | | 3.8 |
| | 상관 | | 3.7 |
| | 동료 | | 4.1 |
| | 직속 부하직원 | | 3.6 |
| 참여 | 본인 | | 3.5 |
| | 모든 직장 동료 | | 4.0 |
| | 상관 | | 4.2 |
| | 동료 | | 4.1 |
| | 직속 부하직원 | | 3.7 |

그녀의 업무 수행에서 발생한 문제들은 그녀가 리드 역할에 대해 취한 일관되지 않은 태도에서 비롯되었다. 그녀는 한 직책에서 다음 직책으로 옮겨갈 때 발생하는 고전적인 문제에 사로잡혀, 리드에 대한 자신

의 접근방법을 제대로 갖추지 못했다. 엘라는 뭔가 잘못되었다는 것은 알았으나 그것이 무엇인지 좀 더 분명히 알길 원했다.

지금으로부터 딱 일 년 전, 새로운 역할을 맡게 된 지 몇 개월이 지난 시점에 그녀는 회사에서 자체적으로 실시한 다면평가를 받았다. 이 조사는 외부 컨설팅 회사에 의해 개발된 것이었다. 이 평가도구는 1부터 5까지 나오는 전형적인 빈도수 척도를 사용했다. 이 등급 척도를 사용한 평가도구에서 평가를 받은 관리자들도 알다시피, 이 등급 척도의 문제는 대부분의 점수가 3.25에서 4.25 사이에 분포된다는 것이다.[2] 엘라의 경우 110개 항목 중 96개 항목(87%)이 이 범위 내에 분포했다. 8개 주요 기술에 대해 그녀의 동료들이 내린 가장 낮은 점수는 3.6이었고 가장 높은 점수는 4.7이었다. **그림 2.1**에서 보듯, "결과 지향성"과 "행동 편향성"에서 받은 높은 점수와 "권한 위임"에서 받은 중간 정도의 낮은 점수를 제외하고 그녀의 프로필은 그다지 눈에 띄지 않는다. 그녀는 이 조사 결과에서 별다른 도전과제를 발견하지 못했다.

## 과잉을 감지해내는 한 가지 방법

좀 더 유연하게 균형적이고 싶다면 그 첫 번째 단계는 당신의 리더십을 거울에 비춰보는 것이다. 그 거울은 결핍뿐 아니라 과잉도 비추도록 설계되어야 한다. 그러한 평가도구를 설계하는 방법 중에 롭 카이저와 나는 강점의 과잉을 나타낼 수 있는 등급 척도를 채택하였다. 이 척도는 영국의 전래동화 〈골디락스와 곰 세 마리〉에 등장하는 금발의 소녀 골디락스(Golilocks)의 원칙에 따라 작동한다. 이 동화에서 여주인공 골

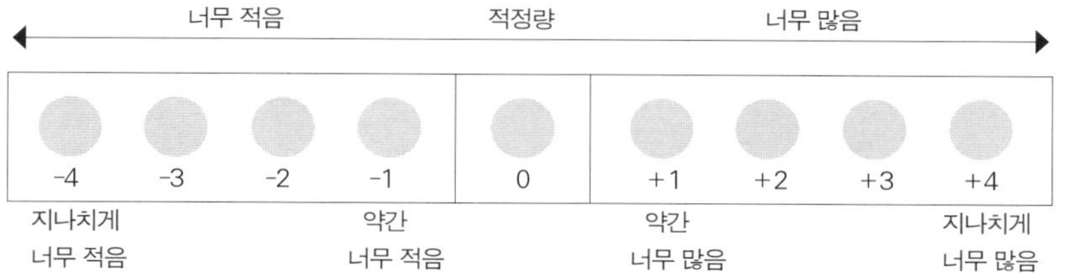





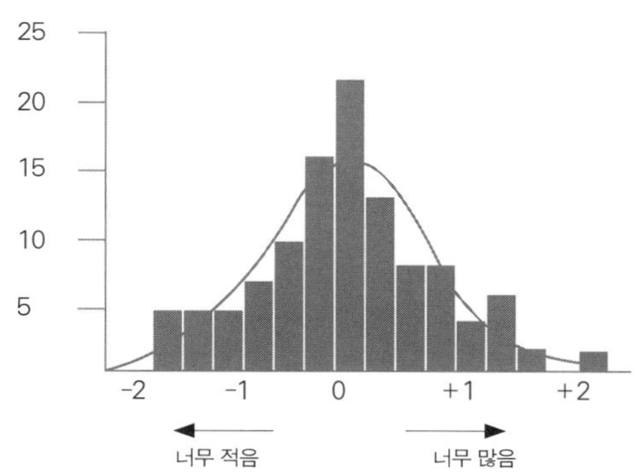



디락스는 곰이 끓인 세 가지 종류의 스프, 즉 뜨거운 것, 차가운 것, 적당한 것 중에서 적당한 온도의 스프를 먹고 기뻐한다. (**그림 2.2**를 보라)

이 척도가 어떻게 작동하는지 알기 위해 **그림 2.3**에서 약 백 명 정도의 관리자들이 "자신의 입장을 분명히 알린다"항목에서 받은 점수 분포도를 한 번 살펴보자.[4]

보다시피 이 장치는 너무 많이 하는 매니저와 너무 적게 하는 매니저, 그리고 적

**"나는 왜 지나치게 빨리 달리려 하는가? 그건 내가 충분히 빨리 달린다고 생각하지 않기 때문이다." – 시니어 관리자**

정량을 하는 매니저들을 판별한다. 그렇다면 이 척도가 효과가 있다고 말하는 것은 올바르다.

이 정도만 수정해도 과잉 사용된 강점을 포착해낼 수 있다.[5] 그러나 편향성도 평가하는 거울을 만들기 위해서는, 두 번째 특징이 필요하다.


## 편향성을 감지하기 위해 필요한 것


리더들에게서 편향성을 포착해내려면 평가도구가 리더십 기술을 쌍으로 배열해야 한다. 즉, 리더십에 대한 기본 컨셉이 두 가지 측면으로 구성되어야 하는 것이다. 당신은 앞과 뒤 모두에서 리드할 줄 알아야 한다. 강압적이면서도 허용적인 리더가 되어야 하고, 전략적 기술과 운영적 기술을 모두 적용할 수 있어야 한다. 하지만 리더십을 개념화하는 문제에 있어서는, 목록으로 나열하는 방식이 관리자들의 사고를 지배하는 것처럼 보인다.

한 무리의 관리자들에게 "효과적인 리더십이란 무엇이라 생각하십니까?"라고 물어보았더니 마치 팝콘이 튀듯 즉각적으로 대답들이 튀어나왔다. 그 대답들은 다음과 같았다. "비전을 창조하라." "결과 지향적이어야 한다." "소통해야 한다." "입장을 취해야 한다." "전략을 행동으로 전환해야 한다." "귀 기울여 들어야 한다." "사람들의 길을 가로막아서는 안 된다." "사실에 근거해야 한다." "사람들을 보살펴야 한다." "스태미나가 있어야 한다." "가정들에 의문을 가져야 한다." "틀에서 벗어난 사고를 해야 한다." 이는 매우 완벽하고 훌륭한 리스트이다. 그러나 이 중 쌍으로 진술된 항목은 단 하나도 없다는 사실을 주목하라.

이렇게 강의 시간에 작성한 리스트나 기존의 평가도구에 실린 리스트들은 단선적이고 일차원적이며, 하나 다음에 다른 하나를 나열하는 방식으로 되어 있다. 전형적인 "역량들"의 집합은 비전이나 사업에 관한 지식, 재무적 통찰력, 커뮤니케이션 기술, 대인관계에 관한 기술, 인력 개발, 결과 지향성 등으로 이루어지곤 한다. 이러한 리스트에 실린 범주들에 반대하는 것은 아니다. 여기서 문제는 그 구조에 있다. 이와 같은 리스트는 현실을 존중하지 않는다. 사실상 리더십에 관한 모든 진실에는 그와 반대되는 동등한 진실이 존재한다. 역량 리스트는 관리자들이 작성한 리스트가 놓치는 점을 어김없이 놓친다. 그것들은 한 가지 능력만을 선호할 뿐, 그 능력을 보완하는 중요한 보완 능력을 결여한 리더가 한 발로 걷는 사람과 같다는 사실을 포착하지 못한다.

만일 와슨과 크릭이 계속해서 단일 나선 구조를 가정했다면, 그들은 DNA의 구조를 절대 발견해내지 못했을 것이다. 수년에 걸친 조사 끝에, 그들은 두 개의 끈으로 된, 즉 이중 나선으로 이루어진 모델을 시도했고, 마침내 돌파구를 찾아냈다. 이와 마찬가지로 리더십 모델이 노아의 방주 원칙, 즉 모든 것은 쌍으로 존재해야 한다는 원칙에 따라 구성되지 않는다면, 리더들은 절대 두 가지 측면이란 관점에서 편향성 또는 유연한 균형성에 대해 평가받지 못할 것이다.

편향성을 평가하기 위한 두 가지 요구조건을 모두 충족시키기 위해 롭 카이저와 나는 "리더십균형지수(Leadership Versatility Index, LVI)"를 개발했다. 우리

'균형(balance)'이란, 관리자들이 항상 사용하는 단어인데, 원래 두 개의 납작한 접시로 이루어진 저울을 가리키는 말이었다. 하지만 그것이 가진 정적인 특성 때문에 나는 이 책에서 "균형"이란 말 대신 "유연한 균형성(versatility)"이란 말을 사용하고자 한다.

는 1994년부터 컨설팅 및 리더십 개발 프로그램에서 이 지수를 사용해왔다. 이 지수는 리더십 특성들을 상반되는 쌍으로 구성하고 과잉행동을 측정한다.[6] 엘라 솔로의 경험은 이와 같은 장치가 어떻게 작동하는지에 대해 구체적인 예시를 제공한다.

이 도구에 대해 알 수 있는 또 다른 방법은 독자가 직접 작성해보는 것이다.

단, 주의사항이 있다. 아무리 훌륭한 진단도구라도, 질문지 형식의 등급만으로는 부족하다는 것이다. 이 양적 데이터는 그것이 만든 뼈대에 입힐 언어적 살을 필요로 한다. 즉, 점수를 매긴 동료들로부터 실제로 코멘트를 들어봐야 하는 것이다. 또한 이 평가로부터 뭔가 혜택을 얻기 위해선 단지 보고서의 내용만으론 부족하다. 당신의 상관이나 인력개발 전문가, 또는 일종의 리더십 전문가 등 다른 사람과 함께 데이터를 검토해보면서 뭔가 의미 있고 실천 가능한 것을 추출해내는 것이 중요하다.


## 엘라 솔로의 과잉과 편향성


회사 중역의 역할에 맞게 변화하고 발전하려는 의지가 매우 강한 엘라는 LVI(리더십균형지수)를 통해 피드백을 얻고 싶다고 했다. 두 명의 상관과 다섯 명의 동료, 그리고 여덟 명의 직속부하들에게 그녀에 대한 평가서를 작성하도록 했다. 그리고 그 평가를 보충하기 위해 이들에게 5개

**표2.1 엘라 솔로의 강압적 및 허용적 리더십 평가 결과 동료들이 표시한 "너무 적음"과 "너무 많음"의 수**

| | 강압적 | | | 허용적 | |
|---|---|---|---|---|---|
| | 너무 적음 | 너무 많음 | | 너무 적음 | 너무 많음 |
| 1f. 주도권을 쥔다 | 0 | 10 | 1e. 다른 사람에게 권한을 부여한다 | 15 | 0 |
| 2f. 참견한다 | 0 | 12 | 2e. 사람들의 문제처리 방식을 신뢰한다 | 13 | 0 |
| 3f. 도전적인 목표를 세운다 | 5 | 2 | 3e. 기꺼이 시간을 내준다 | 1 | 1 |
| 4f. 사람들에게 책임을 묻는다 | 7 | 2 | 4e. 사람들이 일을 완수하지 못해도 이해한다 | 6 | 3 |

주의: 응답자들은 엘라의 리더십을 한 번에 한 항목씩 체크했다. 상호보완적인 항목(가령 1f에서 "주도권을 쥔다."와 1e에서 "다른 사람에게 권한을 부여한다."처럼)의 결과들은 이후 피드백 보고서에서 나란히 배치되었다. 또한 여기서는 각 항목의 설명글도 짧게 축약되어 있다. 전문은 3장에서 다룰 예정이다. 그리고 3장에서는 엘라의 결과에서 그녀가 너무 적게 하는 것과 너무 많이 하는 것의 정도, 그리고 그녀가 "적정량"으로 하는 것, 즉 그녀의 강점을 보여줄 것이다.

의 주관식 질문 항목을 주고 코멘트를 쓰도록 했다. 이 양적 그리고 질적 데이터의 결과를 요약하면 다음과 같다.[7]

## 엘라의 과잉

표 2.1을 쓰윽 훑어보는 것만으로도 엘라가 처음 두 가지 강압적 리더십 행동을 지나치게 많이 한다는 것을 알 수 있다. 그녀에게 등급을 매긴 15명의 직장 동료 중, "주도권을 쥔다" 항목에서는 10명이, 그리고 "참견한다" 항목에서는 무려 12명이 그녀에게 너무 많이 한다는 등급을 주었다. 이 항목들 중 그녀가 너무 적게 한다고 대답한 사람은 단 한 사람도 없었다. 단, 이 표에 나타난 수는 빈도수 즉, 그녀의 동료들이 각 조사 항목에서 그녀가 너무 적게 하거나 너무 많이 한다고 등급을 매긴 횟수이다.

## 강압적 그리고 허용적 리더십에 대한 엘라의 편향성

주도권을 쥐는 것과 타인에게 권한을 부여하는 것 사이의 고전적 구분에 대해, 엘라 솔로는 그 누구보다도 분명한 편향성의 사례를 보여준다. "주도권을 쥔다"에서 대부분이 그녀에게 너무 많이 한다고 점수를 준 것처럼, "다른 사람에게 권한을 부여한다" 항목에서는 15명 전원이 너무 적게 한다고 점수를 줬다. (표 2.1 최상단부의 쌍을 보라.) 한편 조사과정에서 동료들은 각 항목을 한 번에 하나씩 체크했고, 이후 보고서를 작성할 때 이를 쌍으로 정리한 것이다.

엘라는 두 번째 쌍에서도 매우 비슷한 결과를 얻었다. 거의 모든 사람이 그녀에게 "참견한다" 항목에서 "너무 많이 한다"고 등급을 매긴 반면, "다른 사람의 문제 처리 방식을 신뢰한다" 항목에서는 "너무 적게 한다"고 등급을 매겼다. 이 처음 두 가지 강압적 및 허용적 항목 쌍에서의 결과는 매우 극명한 편향성의 그림을 보여준다.

이러한 등급을 설명하는 코멘트들을 요약하면 다음과 같다. 그녀의 직속상관은 이렇게 쓴다. "그녀는 팀원들의 일에 너무 많이 관여한다. 내가 보기에 그녀의 부하들은 스스로 자기 역할을 진행하도록 권한을 부여받지 않았다고 여길 것 같다." 직속 부하에게서는 다음과 같은 대표적인 코멘트가 나왔다. 그녀가 "세부사항에 관심을 쏟는 것에 긍정적인 측면도 있지만, 회사 중역으로서 다른 사람에게 권한을 위임하는 능력은 핵심적이다. 모든 항목에 일일이 신경 쓰는 것은 불가능하기 때문이다. 그러므로 엘라는 권한을 위임하는 부분에 좀 더 신경을 써야 한다."

이는 분명 지나치게 강압적이고 타인에게 거의 권한을 부여하지 않는 리더를 나타내지만, 그녀가 모든 항목에서 그런 것은 아니다. 세 번째와 네 번째 항목 쌍에서는 처음 두 항목 쌍에서의 패턴이 나타나지 않는다. 사실, 강압적 측면에 대한 점수는 완전히 달라진다. 그녀는 "도전적인 목표를 세우는 것"과 "사람들에게 책임을 묻는 것"을 지나치게 적게 하는 것이다.

그렇다면 이렇게 서로 다른 패턴이 나타나는 것을 어떻게 설명해야 하는 걸까? 알고 보니 그녀는 자신에게는 너무 큰 짐을 지우는 반면, 스탭들에게는 너무 적게 기대한다는 사실이 드러났다. 한 스탭은 이렇게 말했다. "그녀는 자신의 직원들에게 충분히 기대하지 않는 것 같다." 그녀의 측근 중 한 명도 이러한 문제에 대해서 같은 생각을 갖고 있었다. "그녀는 자기 자신에게는 지나치게 엄격한 반면 스탭들에게는 엄격함이 부족하다." 지위가 올라간 여느 관리자들이 그러하듯, 그녀도 낮은 지위에서 통하던 것을 아직도 사용하면서 성공의 공식이 바뀐 사실을 깨닫지 못하고 있었다.[8]

### 전략적 그리고 운영적 리더십에 대한 엘라의 편향성

여덟 가지 전략적 및 운영적 항목에 대한 엘라의 결과도 이와 마찬가지로 직설적이다. (**표2.2**를 보라.) 가령 10명의 동료들이 그녀에게 "장기적 전략에 집중한다"라는 항목에 대해 너무 적게 한다고 대답한 반면, "단기적 결과에 집중한다"에서는 같은 수의 동료들이 너무 많이 한다고 대답했다. 결과를 완수하는 그녀의 검증된 능력은 훌륭한 강점이지만, 이것이 지나쳐 단기 결과에 집중하는 것으로 이어졌다. 리더로서의 신뢰성이 조직의 분기별 실적에 일정부분 달려있는 것은 맞지만, 단기 실적에 대한 추구는 전략에 대한 주의를 희생하면서 이루어졌다. 그것은 심지어 그녀의 문서 검토 습관에도 반영되어 있다. "나는 전략적 가치가 큰 대단한 서류들보다는 운영과 관련된 메모들을 주로 읽는다."

**표2.2 엘라 솔로의 전략적 및 운영적 리더십 평가 결과: 동료들이 표시한 "너무 적음"과 "너무 많음"의 수**

| | 전략적 | | | 운영적 | |
|---|---|---|---|---|---|
| | 너무 적음 | 너무 많음 | | 너무 적음 | 너무 많음 |
| 1s. 장기적 전략에 집중한다 | 10 | 1 | 1o. 단기적 결과에 집중한다 | 0 | 10 |
| 2s. 큰 그림을 그리고 폭넓게 사고한다 | 8 | 1 | 2o. 디테일 지향적이다 | 4 | 8 |
| 3s. 기업가적 마인드를 가지고 있다 | 5 | 2 | 3o. 고객의 즉각적 니즈에 집중한다 | 0 | 5 |
| 4s. 영감을 통해 사람들에게 비전을 설득한다 | 11 | 0 | 4o. 사람들의 활동을 계속 점검한다 | 9 | 1 |

"사람들의 활동을 계속 점검한다" 항목에서 그녀가 매우 낮은 점수를 받은 것도 그녀의 팀원들에게 충분히 기대하지 않는 것과 일맥상통한다는 점에 주목하라.

우리는 이제 사내 다면평가가 놓친 점이 무엇인지 알게 되었다. 가령 "결과에 대한 욕구"와 "행동 편향적"에서 그녀가 얻은 높은 점수는 그녀가 그 영역을 너무 많이 한다는 사실을 가리고 있었다. 그리고 사내 조사에서 그녀가 가장 낮은 점수를 받은 항목이 "전략적 사고"와 "권한을 위임함"이긴 했지만, 그것들이 상위 3위 안에 있었다는 사실은 문제 발견에 거의 도움이 되지 못했다. 또한 역량 평가는 그녀가 너무 많이 하는 것(가령 "행동 편향적"처럼)과 거의 신경 쓰지 않는 것("권한을 위임함") 사이의 연결고리를 찾아내지 못했다.

### 엘라의 강점

엘라의 편향적이지 않은 강점을 말해주는 점수는 무엇인지 궁금해

할 분이 계실 것이다. 그녀는 "기꺼이 시간을 내준다. 사람들이 도움을 필요로 할 때 이에 반응한다"에선 매우 좋은 점수를 얻었다. (표2.1) 15명 중 2명을 제외한 모든 사람이 그녀가 이에 대해 적절한 양을 수행한다고 평가했다. "고객의 니즈를 만족시키는 것에 집중한다"에서의 점수도 꽤 좋다.

언뜻 보기에는 그렇지 않게 보일 수도 있지만, 주도권 장악과 관련한 두 가지 항목에서 그녀가 얻은 점수도 강점을 나타낸다. 분명 그녀는 그러한 능력을 소유하고 있고, 모든 관리자가 그런 능력을 갖고 있지 않다는 것은 분명한 사실이다. 문제는 그녀가 그것을 너무 많이 사용하기 때문에 그것에 대해 충분한 신임을 얻지 못한다는 점이다. 하지만 그것은 분명 부정할 수 없는 자산이다. 단기 결과와 디테일에 대한 그녀의 집중력도 마찬가지이다. 비록 그녀가 무분별한 사용으로 오명을 씌우긴 했지만 거기에 "긍정적인 측면도 있다"고 말한 부하직원의 말을 떠올려보라. 문제는 그녀가 이 강점들을 사용하는 방식이다.

### 강점과 결핍 및 과잉의 지도

그녀와 함께 피드백 보고서를 검토한 후 나는 피드백 이후 곧바로 목표 설정으로 이어지던 이 분야의 표준적 관행으로부터 일부러 벗어났다. 대신 나는 우리가 정기적으로 하듯, 원 자료와 실천 계획 사이를 연결하는 다리를 놓기 위해 잠시 가던 길을 멈춰 섰다. 엘라와 나는 그녀의 강점과 그녀의 결핍 및 과잉 리스트를 두 개의 축과 바퀴살(hub-and-spoke) 모형의 지도로 바꿔보았다.[9] 이 지도를 그릴 때 가장 어려운 점은 허브가 되는 중심, 즉 그 통합적 도약을 알아내는 작업이다. 그녀와 나는 강점 리스트를 토대로 "사업에 대해 잘 알고 결과를 얻어내는, 활기차고

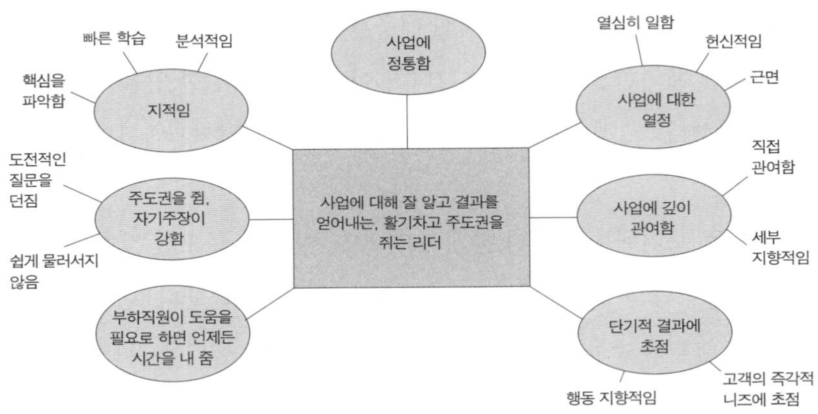




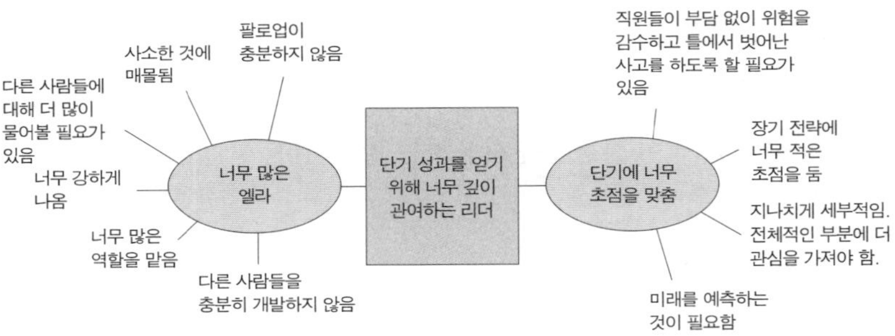


주도권을 쥐는 리더"라는 개념을 추출했다. 그리고 결핍 및 과잉 리스트는 "단기성과를 얻기 위해 너무 깊이 관여하는" 리더로 압축했다. **그림 2.4** 와 **그림 2.5**에 나와 있는 두 지도는 함께 모여 엘라가 일상적 단기 계획들의 실행에 완전히 몰두하느라 (1) 전략적 문제에 대한 시야를 놓치고 있을 뿐 아니라, (2) 직원들이 필요로 하는 자율성마저 앗아가고 있다는 사실을 분명히 보여준다.

# 강력한 명확성

엘라의 리더십 분석이 그녀에게 이처럼 분명하게 제시된 적도, 리더십을 재조정할 필요성이 이처럼 뚜렷하게 드러난 적도 없다. 그녀는 이제 과도하게 개발된 단기적 지향성이 장기적 관점에 대한 무관심을 야기했으며, 너무 많은 것을 떠안는 것이 스탭들의 역량을 제한하고 자신에게 과도한 짐을 부과했다는 사실을 알 수 있었다. 이러한 그녀의 업무 스타일이 그녀가 낮은 지위에 있을 때는 얼마나 잘 통했는지 몰라도, (심지어 그 당시에도 그리 좋은 영향만 미쳤던 건 아니다), 고위급 매니저로서 점수를 얻기 위해서 그녀는 자신의 접근방법을 조정할 필요가 있다는 것을 깨달았다. 그러한 깨달음은 강력한 것일 수는 있으나 그 자체로 그녀에게 행동의 단계로 이동시켜주지는 못할 수도 있다. 다음 장에서 볼 수 있듯이, 변화를 재촉할 만큼 명확히 알기 위해서는 그녀를 그런 방식으로 행동하도록 이끈 것이 무엇인지 이해할 필요가 있었다.

우연의 일치인지 몰라도 엘라는 최근 태극권을 시작했는데, 잘 하고자 하는 욕심이 이 전혀 다른 활동에서도 오히려 방해가 되고 있다는 사실을 발견했다. 태극권의 물 흐르는 듯 한 움직임을 만들기 위해 긴장하다보면 그녀의 목은 앞으로 쏙 튀어나와 있었다. 그녀의 선생님은 그녀에게 이렇게 말했다. "너무 잘하려고 하니까 몸이 뻣뻣해지는 겁니다. 유연성이 부족해요. 너무 긴장하면 물 흐르듯 몸이 흐를 수 없어요." 선생님은 제대로 하고자 하는 엘라의 욕구를 칭찬하면서 긴장을 풀도록 격려했다. "서두르면 몸이 너무 앞으로 기울어지게 되요. 몸의 중심으로부터 리드하세요. 앞으로 움직일 때는 일직선을 이루면서 균형을 잡고 있어야 합니다. 단단한 동시에 부드러운 상태를 유지하는 거

죠."10 업무에서든 여가활동에서든 엘라는 아직 개발할 부분이 많이 남
아있었다.

## 리더십 향상을 위한 팁

**주요 사항**

1. 리더십 분야는 지난 수십 년 간 리더들의 과잉을 평가하지 않고 버텨왔다. 지금은 그동안 사람들의 시선을 피해온 이 명백한 생략을 반드시 바로잡을 때이다.

2. 과잉과 편향성을 감지해내는 평가도구를 만드는 데 필요한 것은 로켓을 만드는 과학이 아니다. 과잉을 포착하기 위해서는 너무 많음을 고려하는 등급 척도만 있으면 충분하다. 한편, 편향성을 평가하기 위해서는 리더십의 요구조건을 상호보완적인 쌍의 개념으로 정의하는 도구가 필요하다.

3. 너무 많음이나 너무 적음이란 형태로 진행된 피드백은 당신이 더 나아지기 위해 무엇을 해야 하는지 분명하게 만들어준다. "나는 X를 너무 많이 하고 있어. X를 좀 줄여야 해." "나는 Y를 너무 적게 하고 있어. Y를 좀 더 늘려야 해."

4. 과잉에도 좋은 면이 있다는 점을 주목하라. 15명의 동료 중 무려 10명이나 엘라 솔로와 같은 사람에게 너무 많이 "주도권을 쥔다"고 평가할 때는 분명 문제가 심각해 보인다. 하지만 모든 이가 주목하는 그녀의 과잉에는 강점이 숨어 있다. 그리고 모든 리더가 그 능력을 소유하고 있는 것은 아니다. 극단적인 행동은, 특히 그것이 당혹스럽거나 절망스러울 경우에는 그 속에 숨어있는 강점을 보지 못하도록 한다.

5. 당신의 감독자나 인력개발 또는 리더십 개발 전문가와 함께 평가 보

고서를 검토해보라. 시간을 내어줄 용의가 있는 숙련자는 (a) 흐릿할 수도 있던 그림의 초점을 명확히 잡아주고, (b) 걱정스러운 부분을 제대로, 즉 너무 가볍지도 너무 크게 확대해서 보지도 않도록 도와주며, (c) 글로 된 내용을 생생하게 이해할 수 있도록 해주고, (d) 개선의 노력에 활기를 불어넣어줄 수 있다.

**생각해볼 질문들**

1. 다른 사람들이 당신을 어떤 점에서 지나치게 행동한다고 생각하는지 알고 있는가?
2. 팀원이 당신을 실망시키는 행동을 할 때, 그것이 사실 그 사람의 강점, 예를 들면 세세한 것에 대한 꼼꼼함에서 비롯되었을 가능성에 대해서도 고려해보는가?
3. 팀원에게 그의 과잉을 보여줄 수 있는 방법을 찾아낸 적이 있는가? 이는 동료들에게 "이 사람이 어떤 행동을 줄이면 좋겠습니까?"라고 묻는 것처럼 간단한 것일 수도 있다. 4. 팀원들의 다면평가 결과에 대해 도움을 주기도 하는가? 피드백을 발전과 동일시하지 말라.

## CHAPTER 3

# 당신의 강점을 알라

"위대한 재능을 가진 사람은 드물다. 그리고 그러한 사람이 자신의 재능을 발견하는 일도 드물다." -괴테

지난 몇 년간 강점에 초점을 맞추는 움직임이 생겨나기 시작했다. 이들의 주장은 다음과 같다. "성과 중심의 문화에서 우리는 그동안 리더가 가진 기술 중 잘못된 점에 전적으로 지나친 강조점을 둔 나머지, 잘 하고 있는 것들을 소홀히 해왔다. 그러니 리더의 강점을 고려하고 그것을 최대한 활용하는 일에 훨씬 더 많은 신경을 쓰도록 하자."[1]

물론 유효한 말이지만, 이 주장은 강점도 지나칠 수 있다는 사실을 간과하고 있다. 그러니 이 운동의 주요 주창자가 단지 강점만을 알아낼 뿐, 그 강점 중 지나치게 사용되는 것에 대해서는 전혀 알려주지 않는 도구를 사용한다는 것은 놀라운 일이 아니다.[2]

강점 운동을 비롯한 리더십 분야가 놓치고 있는 또 다른 문제는 많은 리더들이 자신의 강점을 과소평가한다는 사실이다. 그들이 얼마나 강한지를 제대로 평가하지 않는 것은 그들의 행동에 심대한 효과를 미친다. 그 예를 엘라 솔로의 사례에서 살펴보도록 하겠다.

# 엘라 솔로: 강점을 과소평가하는 것의 효과

엘라와 논의하던 중 그녀가 자신이 가진 강점보다는 약점을 훨씬 더 마음에 두고 있다는 사실을 알게 되었다. 그녀는 자신이 이미 자기 비판적이라는 사실을 알고 있었지만, 그것이 그녀의 리더십이나 앞으로의 업무 향상에 미치는 영향에 대해선 잘 모르고 있었다. LVI (리더십균형지수)에서 그녀가 스스로에게 매긴 점수는 시사하는 바가 크다. 그녀가 매긴 등급은 다른 사람들이 매긴 등급과 같은 방향을 나타내긴 했지만 (그녀는 대체로 무엇이 문제 영역인지는 알고 있었다) 좀 더, 어떤 경우에는 훨씬 더, 극단적이었다. **그림 3.1**과 **3.2**에 나온 몇몇 항목들에서 그녀는 스스로에게 +3과 -3을 줬는데, 이는 다른 사람들이 좀처럼 선택하지 않는 점수들이었다. 이 책에는 실리지 않았지만 LVI 보고서 전문 중 어떤 항목들에서는 심지어 +4와 -4를 주기도 하였다.

이러한 패턴은 효과성에 관한 평가에서도 마찬가지였다. 그녀와 동료들에게 그녀의 전반적인 효과성에 대해 10점짜리 척도에서 점수를 매기도록 하였다. 이 척도에서 10점은 "매우 뛰어남"을, 5점은 "적절함"을 의미했다. 평균적으로 그녀의 동료들은 7.5점을 주었다. 이는 우리와 함께 일한 시니어 리더들이 받은 평균 점수와 비슷했다. 반면 그녀는 자신에게 4점 초반 대를 줬다. 이는 확실한 낙제 점수일 뿐 아니라, 평균값의 표준편차와 비교해 볼 때 현저히 낮은 값이다. 전체적인 효과성에 관한 우리의 10점짜리 척도에서 동료보다 1점 정도 낮게 스스로를 평가하는 관리자들은 보통 자신을 과소평가한다는 뜻이다. 격차가 2점 이상 날 땐 엄청나게 과소평가한다는 뜻이다. 엘라의 자기평가에 나타난 3.5점의 차이는 엄청난 불일치일 뿐 아니라 그녀가 자기 자신과 자신의 리더십을

바라보는 방식에 대해 뭔가 근본적인 것을 나타낸다.[3]

엘라는 LVI 피드백 결과는 기꺼이 받아들이면서도, 자신에 대한 가혹한 과소평가의 의미는 즉각적으로 깨닫지 못하고 있었다. "내가 내 자신에 대해 매우 높은 기대를 가지고 있다는 것은 압니다." 그녀는 이렇게 말한다. 자신이 스스로에게 매긴 점수가 다른 사람들이 매긴 것보다 낮다는 사실은 그녀에게 전혀 놀랍지 않다는 말이다. 그런 점에서 그 간극은 그녀에게 아무런 교훈도 남기지 않았다. 교훈이 생기기 위해서는 또 한 번의 대화가 필요했다. "내가 내 강점보다 약점에 더 많은 무게를 둔다는 것은 사실입니다." 그녀는 불공평한 감정적 무게의 분배가 그녀에게 엄청난 압박을 주고 있으며, 지나치게 잘 해야 한다는 강박을 만들어낸다는 사실을 깨닫기 시작했다. 그것이 바로 그녀가 부하직원들의 일에 끼어들어 그들의 일을 하게 된 이유였다. 결과에 대한 긴장을 지나칠 정도로 하게 된 이유도 이 때문이었다. 다시 말해, 그것이 바로 그녀의 표현을 빌자면 그녀가 "지나치게 속도를 낸" 이유였다.

자신에 대한 과소평가와 자신의 행동 사이의 연결성을 스스로 발견하도록 돕기 위해 나는 그녀에게 만약으로 시작하는 일련의 질문들을 던졌다. 먼저 "만약에 스스로를 심각하게 과소평가하는 관리자가 있다고 칩시다. 이것이 그 관리자에게 어떤 효과가 있을 것 같습니까?"라고 묻자 그녀는 이렇게 대답하였다.


"더 열심히 일하겠지요."

"자신에게 훨씬 더 많은 것을 요구하게 될 것입니다."

"스스로 자책하기가 더 쉬워질 것입니다. 그녀는 속으로 '더 잘할 수도 있었는데'라고 생각할 거예요."

"충분히 실력발휘를 하지 못할지도 모릅니다."

"그리고 행동 지향적이 될 것입니다. 하루에 20시간씩 일할지도 모르
지요."


이들은 모두 그녀에게도 해당되는 말이다! 한 발 물러서서 바라보
자 그녀는 스스로를 과소평가하는 것의 다양한 효과를 이해할 수 있게
되었다.

이전 장에서 **그림 2.4**와 **그림 2.5**에 나온 그녀의 긍정적인 점과 부정적
인 점은 모두 같은 동전의 양면이었다. 이 동전의 양면은 그녀가 자신의
긍정적인 점과 부정적인 점에 대해 갖는 감정적 태도를 통해 연결되어
있었다.

그렇다면 자신의 강점을 모르는 리더들은 자신의 강점에 대해 어떻
게 반응할까? 그것을 지나치게 많이 하는 것이다. 하지만 이것이 가져오
는 왜곡 효과에 이것만 있는 것은 아니다.


## 자신의 강점에 대한 무지가 가져오는 왜곡 효과


관리자들이 스스로에 대해 가장 자주 과소평가하는 점은 무엇일까?
여러 명의 관리자들에게 이 질문을 물어보았더니 그들은 매우 훌륭
한 답변들을 제공했다. 권력, 대인 기술, 전략적 능력, 프레젠테이션 능력
등이 그것이다. 지적 능력을 제시하는 이는 드물었다. 이 능력은 내 컨설
팅 경험에 비추어볼 때 지적인 시니어 관리자들이 보지 못하는 부분이
다. 회사 내에서의 트레이드마크가 지적인 리더십이었던 사람 중 한 명

**그림 3.1 강압적 - 허용적 리더십에 대한 엘라 솔로의 평균 평가점수**

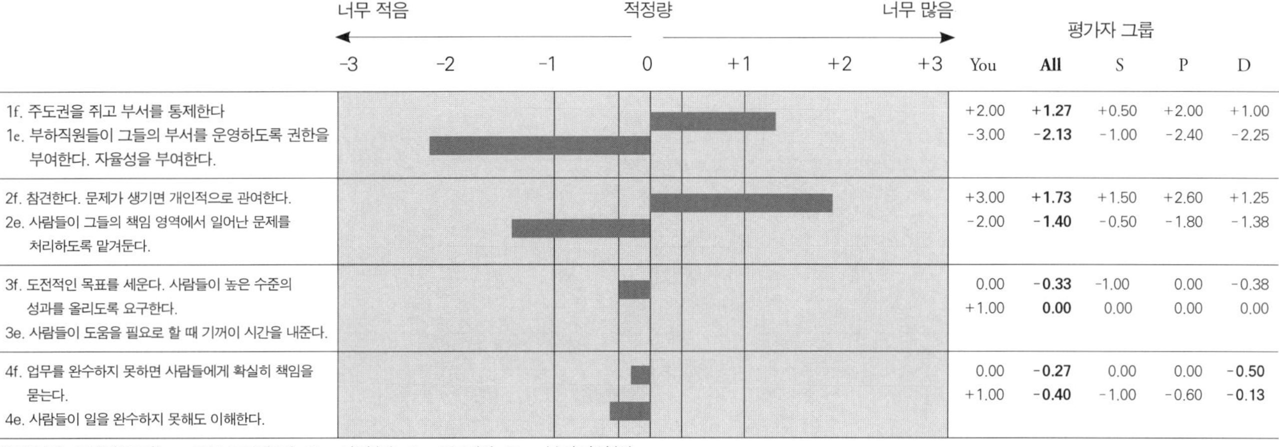



| | -3 | -2 | -1 | 0 | +1 | +2 | +3 | You | All | S | P | D |
|---|---|---|---|---|---|---|---|---|---|---|---|---|
| 1f. 주도권을 쥐고 부서를 통제한다 | | | | | | | | +2.00 | **+1.27** | +0.50 | +2.00 | +1.00 |
| 1e. 부하직원들이 그들의 부서를 운영하도록 권한을 부여한다. 자율성을 부여한다. | | | | | | | | -3.00 | **-2.13** | -1.00 | -2.40 | -2.25 |
| 2f. 참견한다. 문제가 생기면 개인적으로 관여한다. | | | | | | | | +3.00 | **+1.73** | +1.50 | +2.60 | +1.25 |
| 2e. 사람들이 그들의 책임 영역에서 일어난 문제를 처리하도록 맡겨둔다. | | | | | | | | -2.00 | **-1.40** | -0.50 | -1.80 | -1.38 |
| 3f. 도전적인 목표를 세운다. 사람들이 높은 수준의 성과를 올리도록 요구한다. | | | | | | | | 0.00 | **-0.33** | -1.00 | 0.00 | -0.38 |
| 3e. 사람들이 도움을 필요로 할 때 기꺼이 시간을 내준다. | | | | | | | | +1.00 | **0.00** | 0.00 | 0.00 | 0.00 |
| 4f. 업무를 완수하지 못하면 사람들에게 확실히 책임을 묻는다. | | | | | | | | 0.00 | **-0.27** | 0.00 | 0.00 | -0.50 |
| 4e. 사람들이 일을 완수하지 못해도 이해한다. | | | | | | | | +1.00 | **-0.40** | -1.00 | -0.60 | -0.13 |

약어설명  All(검은 바) = 모든 동료(15), S = 상관(2), P = 동료(5), D = 부하직원(8).

주의. 우리의 표준치(norm)와 통계 조사에 따르면 -0.33과 +0.33사이의 점수는 강점을 나타낸다. -1.00과 -0.33(또는 +0.33과 +1.00) 사이의 점수는 잠재적인 문제를 나타내고, -1.00 이하 및 +1.00 이상의 점수는 중대한 문제를 일으키는 영역이다. 이 가이드라인은 보고서 중간에 나와 있다.

**그림 3.2 전략적 – 운영적 리더십에 대한 엘라 솔로의 평균 평가점수**

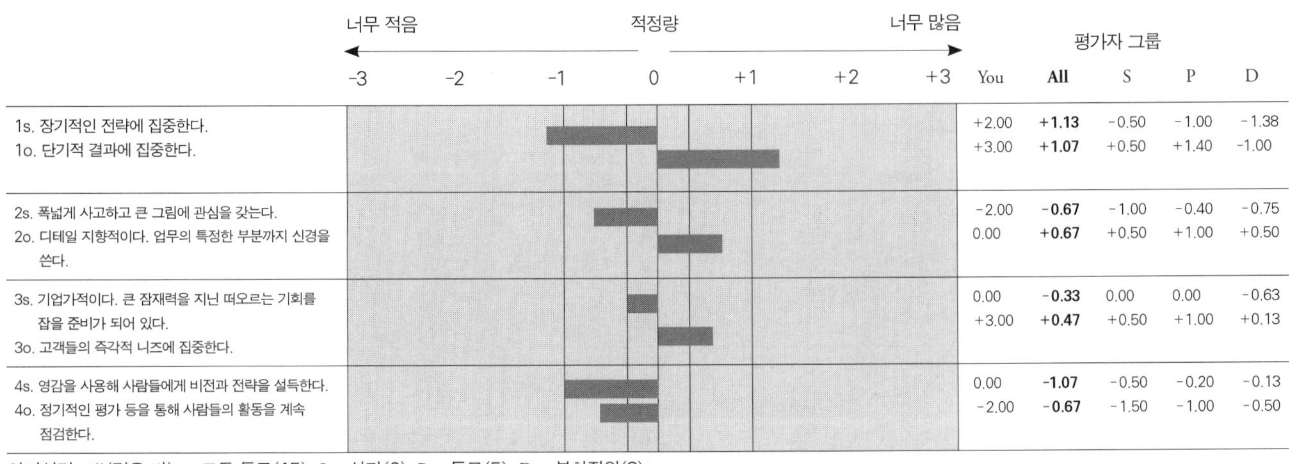


| | You | All | S | P | D |
|---|---|---|---|---|---|
| 1s. 장기적인 전략에 집중한다. | +2.00 | +1.13 | −0.50 | −1.00 | −1.38 |
| 1o. 단기적 결과에 집중한다. | +3.00 | +1.07 | +0.50 | +1.40 | −1.00 |
| 2s. 폭넓게 사고하고 큰 그림에 관심을 갖는다. | −2.00 | −0.67 | −1.00 | −0.40 | −0.75 |
| 2o. 디테일 지향적이다. 업무의 특정한 부분까지 신경을 쓴다. | 0.00 | +0.67 | +0.50 | +1.00 | +0.50 |
| 3s. 기업가적이다. 큰 잠재력을 지닌 떠오르는 기회를 잡을 준비가 되어 있다. | 0.00 | −0.33 | 0.00 | 0.00 | −0.63 |
| 3o. 고객들의 즉각적 니즈에 집중한다. | +3.00 | +0.47 | +0.50 | +1.00 | +0.13 |
| 4s. 영감을 사용해 사람들에게 비전과 전략을 설득한다. | 0.00 | −1.07 | −0.50 | −0.20 | −0.13 |
| 4o. 정기적인 평가 등을 통해 사람들의 활동을 계속 점검한다. | −2.00 | −0.67 | −1.50 | −1.00 | −0.50 |

약어설명  All(검은 바) = 모든 동료(15), S= 상관(2), P= 동료(5), D= 부하직원(8).

은 내게 이렇게 말했다. "나는 항상 내 주변 사람들이 나보다 더 똑똑하고 나는 그냥 그럭저럭 똑똑하다고 느껴왔다."

리더들이 자신의 똑똑함을 과소평가할 때 이는 그들의 행동에 어떤 영향을 미칠까?

한편으로는 그들이 얼마나 똑똑한지 보여주려고 안간힘을 다할 것이라고 생각해볼 수 있다. 또는 컴퓨터 시스템이나 전략과 같은 높은 지적 능력을 요구하는 활동들을 아예 피하려 할 수도 있다. 실제로 이 두 가지 효과가 모두 나타난다. (**그림 3.3**을 보라.)

당신의 전반적 능력이나 똑똑함, 꼼꼼함, 또는 사람을 다루는 기술처럼 특정 능력을 과소평가할 경우, 그것이 행동에 미치는 영향은 두 가지 방향으로 나타날 수 있다. 먼저 당신이 인식하는 단점을 과잉 보충하려 할 수 있다. 또는 이와 반대로 잘하지 못한다고 생각하는 점으로부터 슬금슬금 도망칠 수도 있다.[4]



어떤 전도유망한 중간 관리자는 (자신의 과잉 행동과 스스로를 심각하게 과소평가하려는 자신의 경향에 관한) 데이터를 한 번 쓱 보더니 "과소평가는 과잉 행동을 의미하는군!"이라고 외쳤다.

그러나 과소평가는 과소 행동을 의미하기도 한다.

한편, 자신에 대해 과잉평가하는 것도 문제, 그것도 잠재적으로 치명적인 문제를 일으킬 수 있다는 사실을 주의하기 바란다. 과잉 평가자들은 가장 업무 능력이 떨어지면서도 정작 한껏 고양된 자신감을 가지고 있고, 탈선할 가능성이 가장 많다.[5]

<table>
<tr><td>

**너무 적게 하게 된다**

1. R&D나 IT와 같은 기술 분야는 회피하게 된다.
2. 당신의 시각을 제시하는 데 머뭇거리게 된다.
3. 지적이거나 기술적인 작업은 피하게 된다.
4. 도움을 청하는 데 어려워한다.
5. 습관적으로 자신이 한 말을 수정하거나 자기비하 발언을 한다.
6. 관점이 없는 것처럼 보인다.

</td><td>

〈— 당신의 지적 능력을 —〉
과소평가할 경우

</td><td>

**너무 많이 하게 된다**

1. 모든 것에 답을 내려야 한다.
2. "모든 것"을 알아야 하고 항상 당신이 얼마나 똑똑한지 보여줘야 한다.
3. 지나치게 많은 시간을 일한다.
4. 지나치게 준비한다.
5. 당신만큼 빠르지 못한 사람에게 참을성이 없다.
6. 지적으로 건방져 보인다.

</td></tr>
</table>

## 과소평가가 과잉 행동으로 이어지는 경우

리더들은 종종 자신들이 특정 영역에 이미 강하다는 사실을 인정하지 않으면서 (즉, 그들의 강점을 알지 못하고) 그 강점을 과도하게 사용하거나 이미 강력한 강점에 과잉 투자하곤 한다. 이것이 바로 강점을 과잉사용하게 되는 과정이다. 이는 또한 "강점이 지나치면 약점이 된다."는 옛말이 나오게 된 이유이기도 하다.

독자 중에는 이에 반대 의견을 가진 사람도 있을 것이다. "자신에 대해 낮은 점수를 주는 관리자들은 높은 점수를 주는 관리자들보다 더 좋은 효과를 내는 것이 사실이지 않은가?" 그렇다. 자신이 인식하는 결점을 보충해야겠다는 생각에서 자신을 과소평가하는 사람들은 있는 그대로에 절대로 안주하려 하지 않고 더 열심히 일한다. 그러나 자신의 능력을 잘못 측정함으로써 이들은 또한 그들이 가진 리더십을 왜곡하기도 한다. 그들은 점수를 많이 매기는 사람들보다 더 효과적일 수는 있지만, 그렇다고 그들이 애초에 가진 가능성만큼 효과적인 것은 아니다. 스스로를 과소평가하는 것을 찬양하거나 건강한 종류의 겸손과 혼동하지 않도록 조심하라.

스티브 샤프의 경우를 예로 들어보자. 그와 함께 일한 사람들은 그의 지적 능력을 매우 칭찬했지만 정작 그 자신은 그에 대해 꽤 낮은 평가를 내리고 있었다. 그리고 이 둘 사이의 불일치는 문제가 되었다.

어떤 예리한 시니어 관리자가 CEO에 대해 이렇게 말했다. "만약 CEO가 자신의 강점을 충분히 내면화한다면, 그의 약점들도 많이 사라지게 될 것이다. 자신의 강점을 수용하지 못하기 때문에 이러한 약점들도 존재하는 것이다."

"스티브가 리더로서 갖는 주요 강점은 무엇입니까?"라고 물어보자, 인터뷰에 응한 16명의 사람들 중 12명이 이 능력을 언급했다. 많은 사람들이 최상급 표현을 썼다.

CEO는 이렇게 말했다. "그는 지적 능력이 매우 뛰어난 사람입니다. 정말 똑똑하지요. IQ가 매우 높을 것이라고 확신합니다. 그는 정말 명석한 친구입니다."

세 명의 동료는 이렇게 말했다. "그는 분명 매우 똑똑한 친구입니다." "무엇보다 그는 명석합니다." "그의 최대 강점은 지적 능력입니다."

세 명의 직속 부하도 그의 두뇌 능력에 대해 똑같이 높은 점수를 주고 있었다. "그는 매우 똑똑합니다. 극도로 똑똑하지요." "그의 주요 강점은 지적 능력입니다." "그의 가장 훌륭한 강점으로 나는 그가 매우 똑똑하고 순발력이 좋다는 것을 꼽겠습니다."

스티브와 한 인터뷰에서 그는 자신의 강점 중 하나로 "평균보다 높은 지적 능력"을 들었다. 하지만 사람들의 피드백에 대해 들었을 때 그는 자신의 재능이 뛰어나는 시각에 의견을 달리했다. "나는 내가 명석하다거나 매우 똑똑하다고 말하는 코멘트들이 놀랍다. 나는 내 자신이 [단지] 평균 이상일 뿐이라고 평가한다." 사무실에서 그는 실제로 그의 측근들과 함께 자신이 얼마나 똑똑한가에 대해 오랜 논쟁을 벌이기도 했다. 솔직히 말해 그는 그들이 그에게서 보는 점을 보지 못했다. "나는 내가 그렇게 똑똑하다고 생각하지 않는다. 내 생각의 핵심은 그것이다. 대체로 나는 충분히 좋은 이해력을 가지고 있지만 그건 명석함과는 다르다. 그건 일종의 성격이자 요령이다."

아이러니하게도 자신의 지적 자산을 충분히 깨닫지 못한 점은 단점으로 바뀌었다. 그는 직원 미팅 자리에서 발표자나 이야기 상대방에게 종종 짜증을 내는 나쁜 버릇을 지녔다. 그는 습관적으로 다음과 같은 말을 했다. "그다지 똑똑하지 않은 나도 바로 알아듣는데 당신은 뭐가 문제인가?" 이는 사람들이 그의 신경질적인 태도라 부르는 것의 주요 사례였다.[6]

### 과소평가가 과소 행동으로 이어지는 경우

리더들은 그들이 과소평가하는 일을 지나치게 적게 하기도 한다. 그들은 스스로가 취약하다고 생각하는 점을 회피하려 한다.

예를 들어, 지적으로 부족하다고 느끼는 것의 직접적 결과 중 하나는 매니저가 IT나 R&D, 또는 심지어 재무나 회계처럼 지적 능력을 필요로 하는 업무들을 회피하려 한다는 것이다. (그럼으로써 그 일을 잘 하게 될 기회도 놓치게 된다.) 과소평가가 과소 행동으로 이어지는 것이다.

여러 번 나는 다음과 같은 패턴을 경험한 적이 있다. "얄밉도록 성적이 뛰어난" 형이나 언니를 둔 집안에서 동생으로 자란 사람은 자신이 공부를 잘 할 수 있을 것이라는 기대를 접고 학업에 열성을 보이지 않는다. 그 결과 성적은 나빠진다. 그렇게 자란 아이들은 어떤 결론을 내릴까? 이들에게 그들의 별로 빛나지 않는 성적표는 그들이 똑똑하지 않다는 증거가 되는 것이다! 이보다 더욱 놀라운 것은 이렇게 왜곡된 사고방식이 얼마나 오랫동안 지속되는가이다. 내가 아는 최고 경영진 중 어떤 사람은 30~40년이 흐른 뒤에도 여전히 자신이 똑똑하지 않다는 고통스러운 관념을 유지하고 있다. 이 아이디어가 생겨나게 된 배경과, 그들이 이제는 얼마나 성공적이고 유능하며 솔직히 지적으로 훌륭한지는 깨닫지 못한 채 말이다.

## 엘라 솔로는 자신의 왜곡된 자아관념에 어떻게 대응했는가?

엘라가 자신의 리더십을 왜곡된 렌즈로 바라보고 있다는 사실을 깨닫게 하기 위해 나는 그녀에게 "만약"에 관한 질문을 계속 던졌다. "[자신을 과소평가하는] 사람의 마인드는 어떤 것일까요?" 똑똑하게도 그녀는 놀라운 비유를 즉시 생각해냈다.

"거식증 환자가 거울을 보면서 '난 살쪘어'라고 말하는 것과 거의 같다고 할 수 있죠. 왜냐하면 그녀는 자신이 말랐다고 생각하지 않으니까요."

나는 그녀에게 물었다. "당신이라면 이 사람을 어떻게 도와주시겠습니까?"

"그녀가 얼마나 소중한지 그리고 얼마나 큰 기여를 하고 있는지 깨닫도록 도와주겠어요. 그리고 그녀 자신과 그녀가 만들어내는 가치에 대해 좀 더 잘 알도록 해주겠어요."

직관적으로 엘라는 그러한 사람이 스스로의 강점을 수용할 필요가 있다는 사실을 알고 있었다.

마치면서 나는 한 발 물러서서 이루어진 그녀의 추론을 그녀 자신에게 직접 적용하도록 해 보았다. "당신이 배운 것은 무엇입니까?"

"좀 더 내 자신에게 관대해져야겠어요. 빈 잔에 물이 반쯤 담겨 있을 때 비어있는 부분에 무게를 두는 것이 아니라 물이 차 있는 부분에 좀 더 집중해야겠어요."

그리고 평소의 버릇대로 덧붙였다. "하지만 비어 있는 부분에 대해서도 좀 더 뭔가를 해야겠어요."

드디어 베일이 벗겨졌다. 그리고 엘라는 자신이 어떻게 새로운 리드 방법을 시작할 수 있는지 즉시 깨달았다. "이 과정은 도움이 많이 됐어요. 이제 나는 나의 강점을 좀 더 높이 평가할 수 있게 되었고, 만년 싸움판에서 벗어나 싸워야할 때를 좀 더 잘 가릴 수 있게 되었어요." 사람들의 일에 지나치게 간섭하도록 만들었던 내적 압력이 줄어들자마자, 그녀는 뒤로 물러서는 것이 자연스러워졌다. 3개월과 12개월 후에 그녀에게 묻자 그녀는 이러한 깨달음이 지속되었다고 보고했다. 심적 변화는 상당했다.[7] 몇 개월 후 그녀의 배우자를 만날 기회가 있었는데 그는 내게 그녀가 전보다 행복해졌다고 말했다.

# 자신의 강점을 아는 데 있어 넘어야할 장애물:<br>긍정적 피드백에 대한 반감

많은 리더들이 스스로의 강점을 모른다. 여러분들도 혹시 자신을 과소평가하고 있는지 알고 싶다면 다음의 4가지 단계를 따라해 보라.[8]

1. 먼저 자신의 강점 목록을 만든다. 이 목록은 최근의 다면평가나 다른 사람의 시각을 보여줄 수 있는 방법에 기대어 작성하도록 한다. 많을수록 좋다. 간단하게 쓰지 않아도 된다.

2. 목록에 있는 각 항목에 뭔가 질감을 주도록 하라. "성실성"처럼 그냥 한 단어로 대답하지 않도록 한다. 만약 그것이 "극도로 높은 성실성"이라면 그렇게 써라. 또는 "비상하게 똑똑함"이라면 그렇게 적도록 하라. 다른 사람들이 그 장점을 어느 정도나 높게 여기는지 나타내는 것이 중요하다.

3. 목록을 각 항목별로 검토하면서 당신은 자신에게서 발견하지 못하거나 그 정도로 발견하지는 않는 항목 옆에 별표로 표시해둬라.

4. 의견 차이를 보이는 각 항목마다 왜 그런지 살펴보라. 각각의 경우마다 당신의 이유를 적어라. "나는 그렇게 똑똑하진 않다. 하지만 나는 내가 그렇게 똑똑하지 않다는 것을 알 만큼은 똑똑하다."와 같은 추론은 경계하라.

뭔가 확실한 증거가 있다면 리더들이 자신의 강점에 대한 기대치를 너무 낮게 잡고 있다는 점을 설득할 수 있을 거라 생각할 수도 있다. 하지만 데이터만으로는 그러한 일을 달성하지 못할 때가 많다. 그러므로 단단히 준비해야 한다. (긍정적인 피드백의) 컵을 입술로 가져가는 사이에도 실수는 얼마든지 있다. 먼저 리더들은 긍정적인 피드백에 대해 절대적으로 부정적일 수 있다. 둘째 그들은 자신의 약점만큼이나 강점을 대면하는 것을 어려워할 수 있다. 셋째, 리더들은 칭찬을 위협으로 받아들이는 나름대로의 이유가 있을 수 있다.

자신의 강점에 대한 마인드를 바꾸는 가장 좋은 방법 중 하나는, 긍정적인 피드백을 다량 투입하는 것이다. 내 동료와 나는 이를 위해 먼저 그 사람의 강점에 대해 풍부한 자료를 모은다. 그런 다음 긍정적인 피드백의 양을 집중시키기 위해 1차 데이터에서 카테고리 목록을 뽑아내고 모든 코멘트와 모든 평가를 각각의 카테고리 안으로 이동시킨다. 이렇게 해서 비전을 제시하는 능력과 같은 것들에 대한 많은 언급들이 평가 보고서의 여러 섹션에 흩어져 있게 하는 것이 아니라, 그에 대한 모든 언급이 하나의 제목 아래 나타나도록 만든다. 이런 방식으로 우리는 긍정적인 피드백들의 힘을 증대시키고 본인이 과소평가하는 강점을 이해시킬 확률을 훨씬 더 높인다. (한편 부정적인 피드백에 대해서도 이와 똑같이 한다.)

그러나 보는 것이 반드시 믿는 것은 아니다. 관리자들이 자신의 강점을 활용하기 위해서는 먼저 그 강점들을 내면화할 필요가 있다. 이는 작은 일이 아니다. 강점을 내면화하는 것의 중요성에 대한 얘기를 꺼낼 때마다 나는 종종 혼란스러워하는 반응에 마주친다. 내가 상대방으로부터 얻는 즉각적인 반응 중 하나는 그들이 내 말뜻을 이해한다는 것을 보여주려 한다는 것이다. 그들은 이렇게 말한다. "맞습니다. 강점을 활용해야지요." 그러면 나는 말한다. "아닙니다. 이건 다른 얘기입니다. 강점을 활용하기 전에 먼저 해야 할 단계가 있습니다. 그것은 바로 그것을 강점으로 바라보는 것입니다."

## 부정적인 것의 끌어당기는 힘

리더들은 전형적으로 피드백의 진정한 가치는 부정적인 내용에 있다고 생각한다. 긍정적인 피드백이 리더십 개발에 큰 도움을 줄 수도 있다는 생각 자체가 이러한 문화적 분위기와 정면충돌한다.

쾌락과 고통에 대한 선택권을 제공했을 때 (즉, 그들의 리더십에 관한 기쁜 소식이 주는 쾌락과 나쁜 소식이 주는 고통에 관한 선택권) 관리자들은 어떤 것을 선택할 것 같은가? 프로이드가 쾌락의 원칙에 대해 설명한 것에도 불구하고 그들은 고통의 길로 손을 뻗는다. 나는 피드백 세션에서 이런 경우를 너무나 많이 봐왔기 때문에 이제는 인간 행동을 예측할 수 있을 것 같다는 생각이 들기 시작할 지경이다!

||||||||||||||||||||||||||||||||||||||||||||||||||||||||||||||

한 관리자가 자신의 평가 보고서를 읽으며 말했다. "내 속의 일부는 긍정적인 것에 귀를 기울이지 않았다. 왜냐하면 그것들은 단지 다음에 올 것에 대한 준비과정일 뿐이라고 생각했기 때문이다. 그래야 화장실에 가서 목매달지 않을 테니까!"

||||||||||||||||||||||||||||||||||||||||||||||||||||||||||||||

- 한 젊은 전도유망한 중역과 함께 그의 리더십에 관한 매우 호의적인 코멘트들을 검토하고 있었다. 하지만 그는 이 일에 완전히 집중하지 않는 것 같았다. 나는 그에게 다른 신경 쓰이는 점이 있냐고 물었다. "나는 좀 더 나아지고 싶기 때문에 약점을 살펴보면 기운이 날 것 같습니다." 그는 이렇게 설명했다. 그의 약점에 관한 섹션으로 넘어가자 그는 열의를 보였다. "여기가 바로 중요한 곳입니다!" 그는 큰 소리로 말했다.

- 어떤 시니어 관리자가 자신의 강점에 대한 섹션을 다 읽자마자 약점에 관한 섹션으로 재빨리 페이지를 넘겼다. 관리자들의 이러한 충동에 대해 잘 알고 있는 나는 그에게 긍정적인 피드백으로부터 성급히

물러서려 한다고 나무랐다. 그는 긍정적인 피드백에 진정으로 흥미를 느꼈다고 주장하면서 항변했다. 이 과정에 함께 있었던 그의 아내가 상냥하게 반문했다. "그렇다면 당신은 왜 약점 섹션의 제목에는 줄을 그으면서 강점 섹션의 제목에는 줄을 긋지 않았나요?"

많은 리더들이 긍정적인 피드백을 빠르게 지나쳐 버린다. 마치 그것들은 시간을 들일 필요가 없다는 듯이 말이다. 그들은 부정적인 피드백 섹션으로 달려가기 위해 안달한다. 그것이 관리자의 태도, 즉 "문제를 고치자"의 태도이기도 하다. 게다가 부정적인 피드백이 끌어당기는 힘에 굴복하는 것은 리더들만이 아니다. 리더십 개발 전문가들도 이 힘에 취약하기는 마찬가지이다. 나도 긍정적인 피드백을 뭔가 관리자들이 부정적인 피드백을 감당할 수 있도록 강하게 만들어주는 것으로 여기곤 했다. 그것들 자체가 많은 작업을 요구하는 것이라고는 생각지 않았던 것이다. 발전을 위한 원동력이 그들의 리더십에서 잘못된 부분들에 전적으로 놓여 있다고 생각한 나는 초기에 내가 상대하는 관리자가 매우 호의적인 결과보고서를 받을 때마다 당황해하곤 했다. 많은 컨설턴트들과 마찬가지로 나도 부정적인 피드백이 많지 않으면 사실상 내가 도움을 줄 수 있는 부분이 없다고 가정했다.



자동차를 수리공에게 가지고 가면 사람들은, 모든 피스톤이 잘 돌아가고 있고 냉각 장치에는 물이 차 있으며 팬벨트는 여전히 팽팽하다는 사실을 알게 되는 것에 그다지 관심이 없다. 사람들이 알고 싶은 것은 어떤 부분을 고쳐야 하는가이다. "브레이크 패드를 갈아야 합니다", "앞부분이 비뚤어져 있습니다" 등. 신체 검사의 경우에도 마찬가지다. 물론 우리는 우리의 무릎이 무사하고 췌장이 제대로 작동한다는 것을 알고 기뻐하지만, 우리의 관심을 끄는 것은 나쁜 소식이다. 감정적 효과를 일으키고 우리에게 행동을 요구하는 것은 나쁜 소식인 것이다. "당신의 콜레스테롤 수치가 너무 높습니다. 식사습관을 바꿔야 합니다." 또는 "결장에 돌기가 있습니다. 제거해야 합니다."

리더들은 부정적인 피드백에 발전의 원동력이 있다는 것을 안다. 그래서 그쪽으로 끌리는 것이다. 그들이 깨닫지 못하는 것은 긍정적인 피드백에도 그만큼이나 원동력이 있다는 사실이다. 따라서 리더와 그들을 도와줄 책임이 있는 사람들은 긍정적인 점과 부정적인 점이 가져올 가치 상승에 관해 균형 잡힌 시각을 견지할 필요가 있다.

### 칭찬에 대해 트집 잡기: "나는 더 잘 알아"

리더들이 생각보다 자신들이 더 나은 사람이라는 칭찬을 들었을 때 마치 목말랐던 사람처럼 그 칭찬을 반길 거라 생각할 수 있다. 그러나 그렇게 단순하지가 않다. 사실 긍정적인 피드백에 대한 저항은 놀라운 일이 아니다. 우리들 중 칭찬을 받아들이는 데 어려워하는 사람이 얼마나 많은지 한 번 생각해보라. 우리는 그것을 왜곡시키거나 고맙게 받아들이긴 하지만 개인적으로 신뢰하진 않는 등 진정으로 그것을 내면화하지는 않는다. 칭찬 때문에 불편해하는 단계를 넘어 어떤 관리자들은 적극적으로 그것을 불신한다. 이들은 비판이 사람을 성장케 하는 반면 칭찬은 사람을 게으르게 만든다고 믿는다.[9]

강점에 대한 데이터를 제시하면 관리자들은 비판을 마주칠 때만큼이나 방어적으로 나올 수 있다. "나는 이 칭찬들에 집중할 수가 없습니다.” 한 명은 내게 이렇게 말한 바 있다. “왜냐하면 지금 회사는 어려움에 처해 있고 그것이 내가 집중해야할 문제이기 때문입니다.” 또 다른 관리자는 내게 자신이 장점을 받아들일 수 없는 이유가 “상사가 자신을 싫어해서 몹시 괴로운 상태이기 때문”이라고 하였다. 장점에 대한 높은 평가가 상처받은 자아를 위로할 수도 있다는 사실도 소용없다. 상당히 독창적인 방식으로 칭찬에 대한 저항을 설명해내는 관리자들도 있다. 한 관리자는 그의 능력에 대한 여러 가지 포괄적인 칭찬들을 거절하기 위해 극단적 점수들이 평균으로 수렴되는 통계적 경향을 들먹이기까지 하였다. “나를 바라보는 데 있어 양 극단에 있는 사람들은 중간 범위를 향해 수렴할 것입니다.”

스티브 샤프는 내가 그의 지적 능력에 대한 동료들의 말이 옳을지도 모른다고 말하자 실제로 싸움을 걸어왔다. “나는 내 지적 능력에 대한 시각을 고치고 싶지 않습니다. 그것은 나쁜 일일 겁니다. 왜냐하면 나는 내가 진정으로 똑똑한 사람들이 있는 분야에서 활동하고 있다고 생각하기 때문입니다. 그리고 만약 내가 내 자신을 이들과 동등한 능력을 지녔다고 생각한다면, 열심히 일할 필요가 없다고 생각하게 될 것입니다. 긴장이 풀어지게 되겠지요.”

그는 의도적으로 이 관점을 채택했다. “나를 평생 동안 이끌어준 도구는 내가 부족하다는 생각이었습니다. 나는 항상 내 자신이 내가 일하는 집단에서 최하위에 위치해 있다고 생각해 왔습니다.”

스티브의 유년 시절의 경험은 그에게 이렇게 느끼게 하는 수많은 이유를 제공해 주었다. 그는 학교에서 자신의 학년보다 어렸다. 그리고 그의 성적은 고등학교 때까지 평균 정도였다. (“학교에서 나는 공부를 잘하는 학생이 아니었기 때문에 거기서 마음의 상처를 얻었을 수도 있습니다.” 그는 내게 이렇게 말한 적이 있다.) 그리고 그의 가족은 이사를 자주 다녔다.

훌륭한 논쟁자인 그는 다음과 같이 말하면서 나와 논쟁을 벌였다. "그러니 왜 내가 가진 것은 낮게 평가하고 내가 가지지 못한 것은 더 높게 평가하지 않겠습니까?" 마치 이것이 사태를 바라보는 유일한 입장인 양 말이다.

스티브 샤프와 같은 특징을 지닌 리더들은 사실 불충분하다고 느끼는 것에 대해 어떤 신념을 가지고 있다. 그들은 이에 기대어 자신들을 채찍질한다. 반면 이것은 그들에게 긍정적인 평가에는 귀를 닫아버리게 만드는 부작용이 있다.

수년 동안 나는 관리자들이 호의적인 코멘트를 마치 물을 만난 오리마냥 좋아하는 것을 당연하게 여겼다. 그래서 보고서의 강점 섹션에는 상대적으로 많은 작업을 투여하지 않았다. 그 후 나는 강점 데이터에 대한 개개인의 반응들을 확인해야 한다는 사실을 배우게 되었다. "당신은 사람들이 하는 말을 진지하게 받아들입니까?" 종종 나는 그 개인이 의견을 달리하는 강점을 적어도 한 가지 이상은 발견하게 된다.

### 리더들이 칭찬을 위협으로 받아들이는 개인적 이유

리더들이 그들의 생각보다 그들에 대한 확실히 더 호의적인 견해를 뒷받침하는 데이터를 인정하기를 거부할 때는 항상 이유가 있다. 그 이유를 조사하면서 나는 놀라운 결과를 발견했다. 그것은 바로 안일한 자기만족에 대한 두려움과, 자신감을 거만함과 같다고 여기는 고정관념이었다. 칭찬은 마치 부담처럼 경험되었다. 관리자가 긍정적인 피드백의 힘을 끌어안기 위해서는 이러한 믿음과 감정적 반응들을 극복해야만 한다.

**안일함에 대한 두려움.** 내가 쓴 이전 책[10]에 등장했던 리치 바우어는 칭찬하는 것을 어려워할 뿐 아니라 칭찬받는 것도 마찬가지로 불편해 했다. 그의 칭찬 창고는 완전히 기능을 멈춰 버려서 사람들에게 칭찬해줘야겠다는 목표를 세웠을 때조차 완전히 실패하고 말았다.

그는 긍정적인 강화를 경계했다. 왜냐하면 그것이 그를 포함해 사람들을 안일하게 만들까봐 두렵기 때문이다. 그는 사람들이 예리함을 잃게 될까봐 우려했다.

사람들을 면전에서 칭찬하는 것을 어려워한 그는 그들에게 메모를 쓰는 방법을 사용했다.


**거만함에 대한 두려움.** 마크 모데스토의 평가 보고서는 그가 자신을 과소평가하고 있다는 사실을 분명히 보여주었다. 효과성에 관한 우리의 10점짜리 척도에서 그의 동료들은 그에게 8.25를 준 반면 그는 자신에게 7점을 줬다. 1점 이상 차이가 나는 것이다. 98개 항목으로 이루어진 다면평가에서 그는 14개 항목에서 자신이 확실히 개선할 필요가 있다고 평가한 반면, 다른 이들은 이 항목들을 모두 분명한 강점으로 표시했다.

그에게 자신에 대한 과소평가를 주목하게 한 후 나는 말했다. "칭찬에 완전히 몸을 맡겨보십시오. 칭찬을 정말로 내면화하는 것이지요."

"그건 어려울 것 같습니다."

그의 반응에 나는 어리둥절해졌다. "아니 왜 그렇습니까?"

"그럼 사람들이 나를 자기중심적이라고 볼 것입니다. 나는 그런 사람들을 좋아하지 않습니다."

마크는 자신이 거만해질까봐 강점의 증거들을 받아들이지 않고 있었다. 문제는 그가 자신감과 거만함을 동일시하고 있다는 것이었다.

"당신이 강점을 깨닫지 못하고 있는 것이 문제라는 걸 아십니까?"
나는 물었다.

"아니요." 이후 그는 자신의 강점을 좀 더 의식하는 것에 마음을 열기로 했다. "만약 이렇게 하면, 내 약점들이 사라질까요?"

"그럼요. 그렇지 않으면 전액 환불해드리겠습니다!"

**우수한 실적을 유지해야 할 것만 같은 두려움.** 칭찬이 높아질수록 그 안에 내포된 기대도 높아진다. 한 신임 CEO가 자신의 동료이자 CEO 자리를 놓고 경합을 벌였던 두 명과 야외 미팅을 가졌다. 이제 이들은 그의 부하직원이 되어야 할지도 모른다. 사업에 관한 이슈들과 개인적 가치에 대한 일련의 논의를 마친 후 그들은 그에게 그의 팀에 합류할 준비가 되었다고 말했다. 이 일종의 신성한 순간에 CEO는 아무 말도 하지 않았고, 대화는 다음으로 넘어갔다.

이후 사적인 자리에서 CEO에게 그 순간에 기분이 어땠는지 물어보자 그는 "아주 황홀했다. 하지만 곧 그들의 기대가 주는 압박감이 밀려들었다."라고 대답했다.

그의 부모님은 어린 그에게 당신들의 부푼 야망을 부담으로 안겨주었다. ("얘야, 너는 대통령이 될 수도 있단다.") 성인이 된 후 그는 이제 그의 말을 빌자면 기대를 충족시키는 것에 대한 "공포감"을 가지게 되었다고 한다.

또 다른 중역은 긍정 강화에 대해 수준을 아직도 더 높여야한다는 압력으로 받아들였다. 자신의 강점에 대한 데이터를 봤을 때 어떻게 반응할 것 같은지 물어보자 그는 혼란스러워 하며 다음과 같이 말했다. "여러 감정이 들 것 같다. [칭찬을] 원하긴 하지만 실제로 들으면 남들이 과장하고 있다고, 진심으로 하는 말이 아니라고 생각하면서 '이런, 이제는 남들도 다 말하는 상황이 되어버렸으니 그것보다 더 잘해야겠네. 이제는 그것이 스위스 은행에 있는 비밀 계좌가 아니라 공공연한 사실이 돼버렸어.'라고 생각할 것 같다. 그러니까 칭찬을 듣게 되면 '아, 앞으로 칭찬을 받기 위해선 지금보다 더 잘해야겠구나.'라는 생각이 드는 거다."

이와 같은 리더들에게 긍정적인 피드백은 양날의 칼이다. 그들은 칭찬을 보상으로 받아들이기 보다는 최고 수준의 업무를 유지하라는 징벌적 기대로 해석한다. 그들에게 칭찬은 반갑지 않은 압력인 것이다.

이렇게 긍정적인 피드백을 받아들이는 표면이 꼭 흡수적인 것만은 아니다. 칭찬에 당신의 모공을 열려면 당신은 당신의 강점이 침몰할까봐 두려워하는 신념과 싸워야 할지도 모른다.

- - -
# 리더십 향상을 위한 팁

## 주요 사항

1. 당신을 위대하게 만들어줄 힘은 바로 당신의 강점이다. 먼저 그것들이 무엇인지 모든 겸손함을 내려놓고 분명히 아는 것에서부터 출발하라. 그것들을 있는 그대로 바라본다고 해서 당신이 나태 또는 나약해지거나 거만해질 것이라고 걱정하지 마라. 더도 말고 덜도 말고 당신의 강점을 있는 그대로 진실되게 평가하는 것은 건방진 자아가 아니라 강력한 자아를 만들어준다.

2. 벌거벗은 왕 이야기를 뒤집어놓은 버전의 상황을 경계하라. 당신은 자신이 "벌거벗었다"고 생각할지 모르지만, 다른 사람들은 당신이 완전히 그것도 매우 아름다운 옷을 갖춰 입었다고 생각할 수도 있다.

3. 엉뚱한 것을 탓하지 마라. 만약 당신의 약점의 원인이 당신의 강점을 과소평가하는 것에서 생긴 것이라면, 당신의 약점을 직접 상대하는 것으로는 그 약점을 절대로 고치지 못할 수도 있다.

4. 어떤 사람의 독보적인 강점이 다른 모든 사람의 눈에 분명히 보인다고 해서 그 사람도 그것을 깨닫고 있는 것은 아니다. 바로 거기에 성장을 위한 황금의 기회가 놓여있다. 이 기회는 많은 리더들뿐 아니라 리더십 개발 전문가들도 쉽게 지나쳐버리는 것이다.

5. 칭찬을 했다고 해서 그 칭찬이 받아들여진 것은 아니다. 매니저들에게 희소식을 받아들이는 것은 나쁜 소식만큼이나 어려운 일일 수 있다. 심지어 어떤 경우에는 나쁜 소식보다 더 어렵다. 개인에게 자신의

강점에 도달하도록 하기 위해서는 감독자나 코치 쪽에서 많은 노력과 정교함 그리고 참을성을 갖춰야 한다.

**생각해볼 질문들**

1. 당신은 자신의 강점을 정말로 알고 있는가? 그것들은 무엇인가? 당신의 강점과 약점 사이의 연관성을 생각해 본 적이 있는가?

2. 당신의 강점 중 과소평가하는 것이 있는가? 당신의 특성 중에 지적 능력이든 주도권을 쥐는 능력이든 다른 사람들이 당신에 대하여 당신보다 더 높게 평가하는 것이 있는가?

3. 다른 사람들이 당신의 리더십에서 발견하는 긍정적인 점을 집중 투여 받아본 적이 있는가? 만약 없다면, 직원들에게 당신의 리더십 중 그들이 높이 사는 점들에 대해 "퍼부어"보라고 하라. (그들은 또한 당신이 고쳐야할 점들을 제시해줄 수도 있다. 하지만 이는 나중에 다루기로 하자.)

4. 당신은 주변 사람들에게 그들의 결점뿐 아니라 강점에 대해서도 코치해주는가?

5. 다른 사람에게 긍정적인 점을 말해줄 때 다른 사람이 그것을 어떻게 받아들이는지도  확인하는가? 다른 사람이 그것을 액면으로 받아들였을 거라 가정하기보다는 다음과 같은 질문을 해보라.

   • 강점 리스트를 받을 때 당신은 어떤 반응을 보이는가?

   • 놀라운 점은 없는가?

   • 동의할 수 없는 점이 있는가?

- 리스트에 나와 있는 내용들이 만족스러운가?

6. 리더십 개발에 있어 약점을 직면하는 것만큼이나 강점을 내면화하는 것이 중요하다는 것을 알고 있는가? 만약 그렇지 않다면 이 장을 처음부터 다시 읽어보라!

## CHAPTER 4

# 마인드의 효과
## 리더십 심리 게임

"삶이란 그것을 바라보는 각도가 아니고 달리 무엇이겠는가? 인간은 그가
사물을 바라보는 각도에 의해 측정된다." – 랠프 월도 에머슨

리더들도 운동선수들처럼 일종의 폼(form)을 가지고 있다. 리더들이 야구 방망이로 스윙을 하거나 골프를 치거나 한 손으로 농구 골대에 공을 집어넣는 건 아닐지도 모른다. 하지만 운동선수와 마찬가지로 그들도 폼이 멋질 때가 있고 그렇지 않을 때도 있다. 그리고 폼이 안 날 때는 그 성과도 마찬가지이다. 많은 농구팬들과 마찬가지로 샤킬 오닐이 자유투 선상에 설 때 나도 그가 공을 던지는 모습에서 그 공이 들어갈지 아닐지를 예측할 수 있다. 어떠한 숙련된 활동에서도 폼은 수행능력의 중요한 일부분이다. 즉 제대로 된 폼을 가지고 있는가가 중요한 것이다!(It's the form in performance!)

'폼(form)'이란 단어는 원래 아름다움을 뜻했다. 그 자체로 훌륭한 폼은 보기에도 아름다울 뿐 아니라, 실용적인 눈을 가진 사람에게도 그것이 좋은 결과로 이어질 가능성이 있다는 점에서 매력적이다. 반면 나쁜 폼은 그 왜곡되고 서툰 모습 때문에 눈살을 찌푸리게 할 뿐 아니라, 결

과를 직접 눈으로 확인하기도 전에 결과가 나쁠까봐 두려워하게 만든다.

운동선수의 폼이 잘못 되었을 때 우리는 자연스럽게 묻는다. "왜 저렇게 되었을까?" "왜 저 스타 유격수는 지속적인 타격 슬럼프에 빠져있는 걸까? 왜 저 투수는 컨트롤이 안 되는 걸까? 왜 타이거 우즈는 드라이버 샷을 페어웨이에 올려놓기 어려운 곳에서 긴장했던 걸까? 이와 마찬가지로, 새롭게 부임한 CEO는 왜 전략을 소홀히 하는 걸까? 왜 어떤 상사의 부하직원들은 그 상사의 요구를 심각하게 받아들이지 않는 걸까? 왜 팀장들은 일반적으로 그의 팀원들과는 좋은 관계를 유지하면서도 그의 동료들과는 관계가 서먹한 걸까?

프로 운동선수들 사이에서는 단순히 선수의 스킬뿐 아니라 심리 상태가 중요하다는 사실이 정설로 받아들여지고 있다. 야구 선수와 그들의 코치를 위해 쓰인 『야구는 심리전이다The Mental Game of Baseball』[1]란 책은 메이저리그에서 최고의 선수와 그저 그런 평균적인 선수를 구별하는 것은 스킬이 아니라는 점을 자명한 사실로 받아들인다. 그 정도 수준에 있는 사람들은 모두 뛰어난 신체적 능력을 가지고 있다. 여기서 중요한 것은 내면적 싸움이다. 공을 치거나 땅볼을 처리할 때 너무 긴장하지 않으면서도 주의 깊게 집중하는 능력, 또는 어쩔 수 없는 실수나 역전 상황도 의연하게 헤쳐 나가고, 삼진 아웃을 당하거나 투구가 불안정할 때도 감정적 동요에 빠지지 않는 능력, 즉, 일반적으로 잘 해야 한다는 것에 대한 압박감을 조절하는 능력이 중요하다. 『야구는 심리전이다』는 자신을 다스리는 방법을 배움으로써 실력이 좋아진 선수들의 이야기들로 가득 차 있다.

미식축구나 피겨스케이트, 야구, 체조, 스키, 테니스, 남자 대학 농구나 여자 축구 등 스포츠 경기를 좋아하는 리더들은 선수들의 심리상태가 어떻게 경기에 영향을 미치는지 잘 알고 있다. 그들은 정신적 싸움이 스포츠에서 어떤 차이를 만들어내는지 너무나 쉽게 안다. 하지만 어찌된 일인지 그들 자신의 업무에서는 그 관점을 쉽게 채택하지 않는다.

하지만 이는 리더십 분야에도 똑같이 적용된다. 자신의 경기 실력을 높이고 싶다면 머릿속에 있는 그 무엇이 그들의 경기에 영향을 미치는지 고려해야 한다. 물론

> **당신이 어떤 사람인가는 당신이 리드하는 방법에 달려있다.**

행동에도 주의를 기울여야 하지만, 그 행동을 이끄는 것이 어떤 생각과 감정인가를 놓쳐서는 안 된다는 말이다. 당신이 누구인가는 당신이 리드하는 방법에 달려있다. 외부로 보이는 부분은 내면을 반영한 것이다. 그러므로 경기를 살펴볼 때는 내면도 살펴볼 필요가 있다. 발전의 원동력을 왜 그냥 내버려두려고 하는가?[2]

## 결핍과 과잉의 뿌리

"잘못된 폼"을 너무 적게 하거나 너무 많이 하는 것으로 정의하는(그리고 관리자의 업무 수행을 이 관점에서 평가하는) 것의 장점은 왜 폼이 흐트러지는가에 대한 질문을 자연스럽게 던져준다는 것에 있다. 이 간단한 질문은 관리자의 내면적 삶으로 통하는 문이라 할 수 있다. 그리고 그 문은 보통 팔꿈치로 살짝 미는 것만으로도 활짝 열린다. 자신의 업무 중 일부를 소홀히 하는 관리자에게 다음의 질문을 하는 것은 지극히 자연스럽

다. "당신은 왜 그것을 더 하지 않습니까?" 언제나 손을 유난히 많이 쓰는 사람에게는 자연스럽게 다음의 질문을 해볼 수 있다. "그렇게 하게 만드는 이유가 뭔지 아십니까?" 관리자들에게 그들의 내적 동인을 고민해보도록 할 때는 개인의 기질에 대한 단서를 마련해두는 것이 도움이 된다. 가령 성격 테스트처럼 말이다. 하지만 관리자가 자신의 심리 상태를 이해하게 하는 가장 좋은 방법은 개인을 특정 유형으로 분류하거나 심리학적 이론을 부과하는 것보다는, 스스로 발견하도록 하는 것이다.

자신의 행동에서 맨 바깥의 껍질을 벗겨냈을 때 리더들은 무엇을 발견하게 될까? 그들이 직면하게 되는 것은 그들의 왜곡된 사고와 통증유발점(trigger point)이다. 많은 경우 이것들은 개별적으로 또는 공동으로 관리자의 폼을 망가지게 하는 숨겨진 원인으로 작용한다. (그림 4.1을 보라) 어떤 관리자는 자신의 행동 지향적 태도로 인하여 계속해서 궁지에 몰렸다. 그녀가 계속해서 행동하도록 재촉한 것은 무엇일까? 그녀는 이렇게 말한다. "내게 가만히 있는 것은 나쁜 일을 뜻하지요."

### 왜곡된 사고

영리하고 이성적인 리더들이라면 그들의 업무에 대한 잘못된 고정관념들로부터 완전히 자유로울 것이라고 절대 단정해서는 안 된다. 결핍이나 과잉의 표면을 긁어보면 우리는 어김없이 리더십에 대한 왜곡된 생각을 발견하게 된다.

리더들이 어떤 분야에서 약점을 보이는 이유가 딱히 그것을 배울 필요가 없었기 때문일 수도 있다.[3] 그들의 책임이 달라진 이후에도 그들은

<table>
<tr><td>왜곡된 사고<br>잘못된 가정, 가치평가, 계기판</td></tr>
<tr><td>통증 유발점<br>예민함, 근거 없는 두려움</td></tr>
</table>

여전히 그 요령을 배우고 있을 수도 있다. 새로 부임한 한 고위 간부는 다음과 같이 말했다. "나는 결정을 내리는 것보다는 그러한 결정들이 만들어지는 과정을 관리하는 것이 내 일이라는 사실을 전혀 몰랐습니다."

또한 너무나 명백한 기능일지라도 리더의 심상지도(mental map)에서 빠져있을 수도 있다. 사리분별이 빠른 한 40대 초반의 시니어 관리자도 이러한 사실을 뒤늦게 깨달았다. "난 항상 업무를 파악하고 그

"잘못된 생각은 젊었을 때는 괜찮다. 하지만 중년까지 끌고 가는 것은 하등 좋을 게 없다." – 괴테, 『금언 모음집』

것을 실행하는 것이 효과적인 리더십이라고 생각해왔습니다." 다른 사람들과 함께 일해야 한다는 개념이 그에게 전혀 없었다는 말은 아니다. 다만 사람들과의 관계 부분은 그의 마음에서 그다지 크게 눈에 들어오는 부분이 아니었던 것이다. 때문에 사람들과의 관계는 그에게 약점이었다.

리더의 폼이 잘못되었을 때 그 원인을 찾아보면 더 이상 적용되지 않는 믿음을 유지하고 있을 때가 많다. 한 관리자는 그의 평가 보고서에서 자신이 직원들에게 충분히 관여하지 않는다는 사실을 알게 되었다. 직원들은 그가 자신들과 충분히 시간을 보내지 않거나 그들이 하는 일에 관심을 쏟지 않는다고 대답했다. 또 그들의 업무를 충분히 자세하게 이해하거나 그들이 필요로 할 때 충분히 관여해주지 않는다고 말했다. 그

는 자신이 언제나 직원들에게 충분한 자율성을 부여하는 것이 옳다고 믿어왔다. 하지만 놀랍게도 그의 직원들은 경시 당한다는 느낌을 받았다. 그를 그렇게 만든 것은 무엇일까? 그는 자신의 상사가 그를 대했으면 하는 방식과 똑같이 그의 직원들을 대했을 뿐이다. 그리고 그들이 그로부터 뭔가 다른 것을 원할 것이라는 생각은 한 번도 해본 적이 없었다. 이는 흔히 일어나는 실수이다. 과거의 경험에서 나온 가정을 계속 적용하는 것 그리고 당신에게 효과적이라면 다른 모든 이들에게도 효과적일 것이라 경솔하게 가정하는 것 말이다.[4]

특정 리더십 기능의 중요성을 낮게 평가하면 그것에 덜 신경 쓰기 마련이다. 이와 마찬가지로 특정 리더십 기능에 터무니 없이 높은 중요성을 부여하면 지나치기 십상이다. 준비에 너무 집착하는 사람이 있었다. 그의 동료는 이렇게 말했다. "그가 생각하는 준비 상태란 지나치게 준비된 상태입니다. 그는 자신이 모든 질문에 답을 가지고 있어야 하고, 모든 각도를 다 고려해봐야 한다고 생각합니다. 그러다보니 아예 시작도 못하게 되는 것이지요." 철저함은 미덕이다. 하지만 이 사람의 경우 그것은 극단으로 치달았다. 여기서 범인은 업무수행에 대한 잘못된 기준과 비현실적으로 높은 기대치, 그리고 당신의 업무가 매우 세밀하게 관찰되거나 엄격하게 판단될 것이라는 완벽주의자적인 믿음이다.[5]

한 관리자가 피아노를 배우기로 결심하고 1년 동안 꾸준히 연습한 후 자신의 연주를 녹음한 테이프를 아는 두 명의 전문 피아니스트들에게 보냈다. 그들의 반응은 다음과 같았다. "좋습니다. 하지만 당신은 원래 쳐야 하는 속도보다 세 배는 빠른 속도로 치고 있습니다." 그러자 그는 깨달았다. "나는 빠르게 치는 것이 좋다는 말을 듣길 원했는데 사실은 그렇지 않았습니다."

나는 그에게 물었다. "왜 빠르게 치는 것이 좋다고 생각하셨나요?"

"나는 최대한 빨리 치면서 모든 음을 제대로 칠 수 있어야 한다고 생각했습니다. 뭔가 빨리 하면 더 잘 한다고 생각한 것이지요."

"그러니까 빠른 것이 좋다고 생각하셨고 그걸 극단으로 가져가신 거로군요?"

"그렇습니다. 하지만 이제는 좀 더 천천히 치려 노력하고 그걸 더 좋아합니다. 이제는 더 잘 치고 더 즐길 수 있게 되었습니다."

스피드가 좋다는 것에 대한 (무엇보다도 경험부족에서 나오는) 순진한 믿음은 전문가의 지도로 쉽게 바뀌었다. 그것의 뿌리는 얕았고 그에 따라 뽑아내기도 쉬웠다. 하지만 왜곡된 생각의 뿌리가 깊은 경우에는 그 사람의 핵심적 자아감을 칭칭 둘러싸기 때문에 제거하기가 쉽지 않다.

과잉 사용된 강점을 자세히 살펴보면 많을수록 좋다는 가정을 발견할 때가 많다. 근면성실을 열렬히 신봉하는 한 관리자는 근무시간에 제한을 두는 것을 매우 어려워했다. 결과에 대한 욕심이 강한 어떤 사람은 그에 대한 무제한적인 표현을 해도 된다고 믿었다. 40대에 달리기의 묘미를 발견한 한 친구는 매일 뛰면 안 된다는 크로스컨트리 선수인 딸의 충고를 무시하고 매일 4~5 마일씩 뛰었다. 그 친구는 결국 몇 달 동안 무릎이 아프고 나서야 자신의 혹독한 운동법을 수정했다. 우리는 우리가 가치 있다고 여기는 것을 극대화하고 싶어 한다.

내면의 측량기가 고장 나서 리더에게 볼륨이 실제보다 더 크거나 작다고 믿도록 만드는 것도 왜곡된 사고의 한 경우이다. 어떤 관리자는 직원들이 왜 자신의 요청에 제 때 응답하지 않는지 의아해했다. 나는 역할놀이를 해 볼 것을 제안했다. 내가 부하직원의 역할을 맡고, 그가 내게 요청을 하는 상황이었다. 그는 목소리에 아무런 힘도 넣지 않고 부드럽게 말했다. 나는 다시 한 번 감정을 실어 말해보라고 권했다. 그러자 그는 약간 더 크게 말했다. 나는 그보다 더 세게 말해보라고 했다. 그는 내게 "이거 어렵네요."라고 말하며 가까스로 목소리를 높이고 권위 있게 말했다. "각 경우마다 당신이 생각하는 목소리의 크기가 어느 정도였습니까?" 내가 그에게 물었다. "3, 5, 8이었습니다." "내가 듣기로는 2, 3, 5였습니다." 나는 말했다. 그의 측량기가 잘못되어 있었기 때문에 그는 자신이 생각했던 것보다 훨씬 더 작은 소리로 말하고 있었던 것이다. 그가 지시 내리는 능력을 향상시키기 위해서는 자신의 측량기를 다시 맞추거나 적어도 그것이 고장 났다는 사실을 알고 있을 필요가 있었다. 그는 지나치게 공격적으로 보이는 것을 너무 걱정한 나머지 자신이 내는 목소리의 볼륨을 실제보다 과대평가하고 있었던 것이 분명하다.[6]

이처럼 잘못된 눈금의 문제는 과잉 행동을 야기하기도 한다. 내가 아는 몇몇 중역들은 다른 이들을 압도하지만 본인들은 그 사실을 모른다. 그들은 목소리도 크고 말도 많이 하며 강렬하다. 그들과 대화하는 것은 "소방용 호스로 물을 마시는 것과 같다."고 한 동료는 말한다. 경기장은 너무나 쉽게 그들 쪽으로 기울기 때문에 상대방은 목소리를 내기 위해 안간힘을 써야 한다. 하지만 놀랍게도 그들은 대개 본인의 힘을 깨닫지 못한다. 그 중 일부는 잘못된 계기판 때문이다. 이는 마치 과속 때문에 잡았더니 자동차의 속도 계기판이 실제로 가고 있는 속도보다 시속 15마일이나 더 낮게 나타내고 있는 것과 같다. (또는 힘이 부족한 리더의 경우에는 속도 계기판이 반대 방향으로 잘못된 수치를 나타내고 있는 것과 같다. 이러면 다른 차가 왜 항상 당신의 차를 그냥 지나쳤는지 알 것이다.)

이와 같은 종류의 왜곡된 사고가 당신의 폼을 망친 원인일 수도 있다.

### 통증 유발점

잘못된 행동의 표면을 긁어보면 과잉 행동이나 회피를 유발하는 민감한 부분을 발견할 수도 있다.[7] 이를 '투쟁 또는 도주 반응(fight-or-flight response)'이라고 한다. 너무 빨리 행동하는 중간 관리자가 있었다. 왜 그녀는 논의 중간에 회의를 중단하고 성급히 종결해버리는 걸까? 그건 단지 가만히 있는 것을 나쁘다고 여기는 그녀의 굳은 믿음 때문만은 아니다. 자신이 해고될지도 모른다는 무의식적인 두려움이 순간 깃들었기 때문이다.

어떤 부서장은 비록 기술적인 면에선 존경받지만 최고 경영진이 자신을 좋아하지 않는다는 사실을 알게 되었다. 그가 상사들에게 정보를 잘 알리지 않고 "나약한" 스타일이라는 것이 이유였다. 이는 일종의 예민한 부분이 작동한 결과였다. "나는 자신을 내세우는 사람들을 좋아하지 않는다." 그리고 만약 그가 자신의 역할을 옹호하려고 들면 그의 머릿속에는 자랑하기 싫어하는 목소리가 이에 반대한다. "항상 너에 대해서만 떠들지 마라. 그 방에 너만 있는 것도 아니지 않은가. 어쨌든 너 혼자 이 모든 걸 다한 것도 아니다. 다른 사람들은 어떻게 되겠는가? 그게 너에게 좋긴 하지만 너에게 좋은 것이 모두에게 좋을 것이라고 생각지 마라. 너를 크게 만드느라 다른 사람들을 작게 만들지 마라."

이 두려움에 찬 목소리에 귀를 기울이면서 그는 자신을 옭아맸다.

그는 솔직하게 뉘우쳤다. "이는 내가 자라오면서 지녔던 도덕관 중 하나입니다. 내 가족은 거만함에 매우 부정적인 반응을 보였습니다." 그는 그의 부모가 비판했던 이기적인 사람이 될까봐 두려워했다.

이 이야기는 자신의 업무 중 중요한 부분을 너무 적게 행하는 과실을 저지르는 리더들의 전형적인 모습을 보여준다. 그들은 "자신을 너무 앞세우는 것"이 두려운 나머지 무의식적으로 뒤로 물러난다. 너무 멀리 나가는 것에 대한 두려움이 너무 조금만 나가게 하는 것이다. 그들은 세상에 대해 제한적이고 준비가 부족하며 심지어 장애까지 가지고 있다. 그들은 마음속으로 자기억제를 하는 게 미덕이라고 합리화한다.



통증 유발점은 다른 방향의 행동을 유발할 수도 있다. 충분히 나아가지 않을까봐 두려워서 너무 멀리 나가는 리더들도 많다. 세상이 보기에 그들은 끊임없이 정도를 지나친다. 반면 그들은 충분히 앞으로 나아가도록 확실히 해두는 것이라고 생각한다. 어느 방향이든 리더의 행동 궤도를 왜곡시키는 것은 바로 두려움이란 요인이다.

잘못된 사고와 불필요한 공포는 종종 결합하여 리더들을 망쳐놓는다. 한 시니어 관리자는 사람들과 인간적으로 교감하는 능력을 지녔다. 하지만 그는 복도를 거니는 법이 거의 없었다. 무엇이 그를 막았을까? 그의 인사담당 관리자는 그에게 "누구와 마주치게 될지 몰라서 그러시는 것 같네요."라고 그의 생각을 말했다.

그는 동의했다. "나는 이름도 기억하지 못 할지 모릅니다. 또는 그 사람이 지금 무슨 일에 착수하고 있는지 몰라서 그 사람으로 하여금 '아, 저 사람은 내가 하고 있는 프로젝트도 모르고 있구나!'라고 생각하게 할지도 모릅니다."

"그럼 사람들이 당신이 모든 것을 알길 기대한다고 생각하십니까?" 나는 물었다.

"그렇습니다. 그렇지 않으면 실망을 안겨주게 될 것입니다. 그리고 나는 내가 그렇게 대우받길 원하기 때문에 [모든 것을] 알아야한다고 스스로 다짐합니다."

"만약 대답하지 못하면 그것은 당신에게 어떤 영향을 미칩니까?"

"부정적인 영향을 미칩니다. 나는 냉담하고 무관심하며 사람들과 접촉하지 않는 사람처럼 보일 것입니다."

"그 영향은 얼마나 심각합니까?"

"나로서는 용납 못할 정도입니다. 전혀 괜찮지 않습니다. 부정적인 부분은 피하고 싶습니다."

잘못된 가정이 그를 돌아다니지 못하게 만들고 있었다. 분명 그는 모든 사람의 이름을 알거나 그들 개개인이 무슨 작업을 하고 있는지 알지 않아도 된다. 한편 좀 더 깊은 차원으로 들어가 보면, 거절에 대한 두려움도 있다. 이 경우에 그는 이제야 밝힐 수 있게 된 불안감에 의해 은밀히 지배를 받고 있었다.

두려움은 우리에게 무언가로부터 떨어져있으라고 말한다. 한 관리자는 다른 관리자에 대해 이렇게 말했다. "우리 중 많은 이들과 마찬가지로 그도 자신이 잘 하고 편안함을 느끼는 것에 더 많은 시간을 할애하고, 그 반대편은 소홀히 하게 될 것이다." 인간이 두려운 대상을 피하는 것은 정상적인 경향이지만, 두려움을 앎으로써 그것을 관리할 수 있게 된다면 분명 좋은 일이 아닐 수 없다. 이상 지금까지 도주 반응의 예를 살펴보았다. 한편 두려움은 투쟁 반응을 일으키기도 한다.

리더가 편향적일 경우, 투쟁과 도주 반응은 함께 작동한다. 투쟁 반응은 당신이 너무 많이 하는 곳에, 도주 반응은 당신이 너무 적게 하는 곳에 나타난다.

## 편향성 뒤에는 무엇이 있나? 왜 하나를 너무 많이 하면 그 반대편을 너무 적게 하게 되는가?

실제 권한을 거의 행사하지 않는 관리자가 있었다. 이는 테니스장에서도 드러났다. "나는 수비 위주의 기다리는 게임을 더 많이 하지요. 내가 선제공격을 충분히 자주 또는 일찍 하냐고요? 그렇지 않아요." 그의 게임 스타일은 테니스 코트에서건 사무실에서건 수비를 강조하고 공격을 소홀히 하는 것이다. 그리고 그는 자신의 편향성을 인식하고 있는 듯하지만, 가슴속에선 그것이 신중하고 사려 깊은 선택이라고 정당화하고 신봉했다. "나는 내 지점을 고릅니다. 모든 샷은 다음 샷을 준비하도록 고려해서 하지요. 나는 항상 생각해요." 사고에 대한 과도한 중시 때문에 그는 자신이 무엇을 놓치고 있는지 완전히 깨닫지 못했다. 그리고 이것이 직원들을 얼마나 좌절시키고 있는지도 보지 못했다. 직원 중 한 명은 이렇게 말했다. "나는 리더란 단지 리드를 하면 되지 모든 것에 동의를 구할 필요는 없다고 봅니다. 그가 많은 이들을 즐겁게 하려고 애쓰는 동안 우리는 회사의 중요한 문제들을 외면하게 됩니다."

스포츠와 업무 모두에서 이 리더의 게임 방식은 편향적이다. 이런 그의 편향성 뒤에는 무엇이 자리하고 있을까? 바로 편향적인 마인드가 자리한다.

편향적인 리더들은 상반되는 요소 사이의 긴장에서 그중 어느 한 쪽을 선택함으로써 해소한다. 그들은 서로 반대되는 것을 보완적인 것으로 보는 것이 아니라 잘못된 이분법으로 바꿔놓는다.

폭이냐 깊이냐를 놓고 벌어진 심각한 대립에서 기술 분야 출신의 한 제너럴 매니저는 편향적 마인드의 생생한 사례를 제공하였다.

엔지니어링 분야에서 학사 학위와 컴퓨터 사이언스 분야에서 석사 학위를 받은 그는 IT 기술 분야에서 경력을 쌓기 시작했다. 하지만 그에게 기회가 주어지자 그는 망설임 없이 경영 분야 쪽으로 이동했다. 혹자는 그가 경영과 기술 분야를 연결시키는 어떤 가교 역할을 하길 기대했을지도 모른다. 그러나 그는 자신의 스탭 중 경영 이사들에게 강하게 끌렸고 다른 제너럴 매니저들과 매우 좋은 사이를 유지했다. "내가 가장 껄끄러워하는 이들은 IT 쪽 사람들입니다." 그는 이렇게 말한다. 그는 기술 분야에 매력을 느끼기보다는 거리감을 두었다.

그는 폭을 선택했고 그것과 자신을 강력하게 동일시했다. 그리고 라인 매니저라는 지위에 대해 개인적으로 큰 만족감을 얻었다. 한편 기술적 깊이가 내포하는 편협성으로부터는 거리를 두었다.

고등학교 시절 그는 과학과 수학에 두각을 나타냈고, 그와 비슷한 애들과 어울려 다녔으며, SAT에서 수학 800점을 받고, 일반 명문 대학에 합격했다. 그곳에서 다양한 범위의 재능 있는 동료들을 만난 그는 자신을 재정의하기 시작했다. "훨씬 더 폭넓은 사람들이 존재했습니다. 그걸 보면서 좀 더 넓어지고 싶다는 내 안의 욕망에 불이 지펴진 것 같습니다. 내 경력에서 많은 부분이 폭을 넓히려는 시도였다고 할 수 있습니다. 내가 기술보다 종합 관리 분야를 더 선호하는 것도 바로 그 때문입니다. 좀 더 세상과 가깝거든요."

지금 와서 돌이켜보면 그는 자신이 깊이와 폭을 어떻게 대립시켰는지 볼 수 있게 되었다. "분명 나는 기술만 아는 얼간이들을 혐오하는 경향이 있습니다. 분명 나는 폭을 지나치게 이상화하고 깊이를 얕잡아본다고 할 수 있습니다."

이 관리자는 깊이를 편협함과 동일시했다. 그에게 그것은 주변적이고 한 단계 낮은 상태와 연결되었다. 그가 이런 연상 작용을 갖게 된 원인은 어린 시절로 거슬러 올라간다. 그는 미운 오리새끼였다. "나는 미련하고 볼품없는 아이였습니다. 항상 약간 통통했고 운동도 못했으며 괴롭힘도 많이 당했습니다. 어떤 면에서 나는 여전히 내 자신이 그렇다고 생각합니다." 그의 어린 시절 친구는 그를 "안경 끼고 통통하며 뭔가 어색한 아이"라고 기억한다. 그래서 그는 그 자신의 말을 빌면 "아카데믹한 아이"가 되었다. 이는 그에게 성공을 가져다주었으나 비주류라는 자아감도 동시에 만들어냈다. 그는 제너럴 매니저로서의 경력을 선택하면서, 최대한 편협함과 주변성으로서의 깊이로부터 멀리 떨어져 있으려고 하였다. 그러나 이러한 해결법은 다른 문제를 만들어냈다. 편협한 마인드가 부추기는 심각하게 편향적인 행동이 바로 그것이다.

### 편향성의 위험

편향적인 상태란 한 가지 원칙과만 결혼하는 것이다. 마치 당신의 인생을 거기에 모두 걸기라도 하려는 듯이 말이다.

아이러니하게도 한 가지 가치를 극대화하는 것은 오히려 그것을 망쳐놓는다. 셔우드 앤더슨은 그의 소설 『와인즈버그, 오하이오 (Winesburg, Ohio)』에서 이것을 잘 포착한다. 소설에 등장하는 인물 중에 작가가 한 명 있는데, 그는 "그로테스크한 인간(grotesques)", 즉 한 가지 진실에 집착하느라 자신의 모습을 망가뜨리는 개인들에 관해 썼다.

"세상이 아직 어렸던 태초에는... 세상의 모든 것들이 진실이었고 그것들은 모두 아름다웠다...수천 수백 가지가 진실이었고 그것들은 아름다웠다.

"그러다가 사람들이 나타났다. 그들 각자는 진실들 중 하나를 덥석 물었다...

"사람들을 그로테스크하게 만든 것은 진실들이었다... 한 명에 하나씩 모두 한 가지 진실만을 가지고 그것을 자신의 진실이라 부르고 그것에 맞춰 살려는 순간, 그는 그로테스크한 인간이 되었고 그가 끌어안은 진실은 거짓이 되었다."

이는 리더가 편향적인 상태로 바뀌어가는 과정이다. 이는 한 가지 진실만을 끌어안았기 때문이 아니라 그와 반대되는 진실을 거부했기 때문이기도 하다. 즉, 한 가지에 너무 많이 이끌리는 동시에 그와 반대되는 것을 적극적으로 회피하는 것이다.[8]

깊이와 폭을 대립시킨 이 제너럴 매니저처럼 리더들은 검증되지 않은 두려움과 잘못된 신념에 둘러싸여, 어느 하나를 버리고 다른 하나를 선택한다. 그들은 그들이 선호하는 진실이 마치 구명기구라도 되는 양 그것에 매달린다. 그러나 그들은 험난한 바다에서는 물에 떠 있을 뿐 아니라 앞으로 나아가기 위해서 상황에 따라 두 가지 상보적인 진실(강압적인 것과 허용적인 것, 전략적인 것과 운영적인 것 등)을 항상 유동적으로 배합할 필요가 있다는 사실을 절대 깨닫지 못한다.[9]

• • •

# 리더십 향상을 위한 팁

## 주요 사항

1. 당신이 어떤 사람인가는 당신이 어떻게 리드하느냐에 달려있다. 당신이 어딜 가든 당신의 기질은 당신을 따라다닌다.

2. 당신이 가진 가정들을 가정 그 자체로 바라보라. 이건 어려운 일이다. 왜냐하면 우리는 우리가 믿는 바를 믿기 때문이다.

3. 당신의 과거 경험과 연결시켜라. 어린이는 남성에게는 아버지이자 여성에게는 어머니이다.

4. 마인드에 대해 생각하라. 만약 직원의 행동이 잘못되었다면 뭔가 민감한 부분이나 왜곡된 사고가 원인일 것이다.

5. 신뢰할 만한 사람에게 모든 것을 털어놔라. 혼자서 내면을 관찰하는 것은 별로 도움이 되지 못한다.

## 생각해볼 질문들

1. 아웃사이드에서 인사이드로 작업하기

   - 중요한 일인데도 너무 적게 하는 것이 있는가? 더 많이 하지 않는 원인은 무엇인가? 너무 많이 하게 될까봐 걱정스러운가?

   - 중요한 일인데, 너무 많이 하는 것이 있는가? 그렇게 많이 하게 만드는 원인은 무엇인가? 너무 적게 하게 될까봐 걱정스러운가?

   - 혹시 편향적으로 행동하는 것이 있는가? 그 뒤에 혹시 편향적인 마인드가 있지는 않은가? 한편에 너무 과도한 신념을 두는 반면, 다른

한편에는 너무 적은 신념을 두고 있지는 않은가?

2. 인사이드에서 아웃사이드로 작업하기

• 리더십에 대한 당신의 소중한 신념들을 리스트로 만들어라. 각각의
  항목이 당신의 행동에 미칠 수 있는 영향은 무엇인가?

• 당신의 민감한 부분이 무엇인지 알고 있는가?

3. 업무 경험으로부터 작업하기

  • 당신의 리드 방식에 지울 수 없는 흔적을 남긴 세 가지 경험은
    무엇인가?

  • 각각의 경험들은 당신의 리더십에 어떤 긍정적 또는 부정적 영향을
    남겼는가?

4. 어린 시절의 경험으로부터 작업하기

일터에서 멀리 떨어진 조용한 곳에서 (해변이나 산이면 더욱 좋다), 다
음과 같은 질문들을 곰곰이 생각해보라.

  • 당신이 어린 시절부터 지녀온 "계율"("난 이걸 해야 해", "난 이건
    절대로 하면 안 돼")에는 어떤 것들이 있는가? 예를 들어 "변명하지
    마라!"라든지 "받은 돈보다 더 열심히 일해라. 만약 10달러를
    받았다면 그들에게 20달러의 가치를 돌려줘라" 등 말이다.

  • 당신이 어머니나 아버지와 닮은 점은 무엇인가?

  • 오늘날까지 당신의 행동에 영향을 미치는 나쁜 연상 작용이 있는가?
    가령 가난했다거나 어린 시절 부모님을 여의였다거나 가정에 항상
    마찰이 있었다거나 또래들에게 따돌림을 받았다거나 학교에서
    성적이 나빴던 것 등 말이다.

• 너무 잘 해서 받는 높은 기대 때문에 부담스러워한 적이 있는가?

# 2부

# 리더십 개발의 열쇠
## 상반되는 리더십들의 균형

리더십의 구조는 단선적이지 않다. 그것은 상반되는 리더십들이 하나의 쌍을 이루는 구조이다. 이러한 리더십의 쌍들 중에서 두 가지가 리더십의 효과성 측면에서 가장 중요하다. (1) 강압적(Forceful) – 허용적(Enabling) 리더십, (2) 전략적(Strategic) – 운영적(Operational) 리더십

## CHAPTER 5

# 강압적 – 허용적 리더십
## 두 리더십의 힘

"강압적 측면과 허용적 측면에 어떤 정해진 양이 있어서 강압적인 측면이 많으면 허용적인 측면이 적어진다고 생각하지 않습니다. 이건 제로섬 게임이 아닙니다." – 한 시니어 관리자

대부분의 리더들은 강압적 리더십과 허용적 리더십 모두 가치 있다는 것을 지적인 수준에서는 알고 있다. 하지만 실천에 들어가면 그들은 편향적인 경향을 보인다.

이 두 가지 상반된 리더십은 리더들이 융화시켜야 할 근본적인 대립관계 중 하나이다. 가장 단순히 말하면, 강압적인 리더십이란 본인이 리드 역할을 맡는 것이고, 허용적 리더십이란 다른 사람들이 리드할 수 있도록 조건을 만들어내는 것을 뜻한다. 하나는 다른 사람들의 행동을 지시함으로써 일을 해내는 것이고, 다른 하나는 다른 사람들이 행동하도록 조건을 만들어내는 것이다. 이는 무시할 수 없는 힘이 되는 동시에, 다른 사람들이 스스로 힘을 발휘하도록 허용하는(더 정확하게는 적극적으로 마련해주는) 것이다. 이러한 구분은 이름을 바꿔가며 리더십에 관한 학계 문헌에 수십 년 동안 등장해왔다.[1]

강압적인 리더십도 미덕이고 허용적인 리더십도 미덕이다. 유연한 균형성을 갖춘 리더는 상황의 요구에 따라 각각의 접근법을 전면에 배치하고, 너무 오랫동안 하나를 위해 다른 하나를 포기하는 법이 거의 없다. 유연한 균형성을 갖춘 리더가 있는 회사는 두 가지 차원에 모두 관심을 기울이는 리더 덕분에 번창한다. 한편으로 사람들을 어떻게 대해야하는지 몸소 모범을 보이면서도, 다른 한편으로 사업 조건이나 개인의 업무 수행 능력에 따라 필요시 사람을 자를 수도 있는 리더가 가장 좋은 케이스이다. 그러한 인물 중 한 명은 이것을 이렇게 표현한다. "사람들을 신뢰하면서도 정말로 필요할 경우에는 칼을 휘두를 수 있는가? 당신은 둘 다할 수 있어야 한다. 왜냐하면 어느 한 쪽만으로는 지금의 사업 환경에서 살아남을 수 없기 때문이다."

## 두 측면 모두 미덕이다

강압적 리더십은 의문의 여지없는 가치를 지니고 있다. 권위를 갖고, 존재감을 드러내며, 입장을 분명히 하고, 쉽게 물러서지 않으며, 높은 기대치를 설정하고, 까다로운 요구를 하는 등, 개인적 힘과 지위의 힘을 사용해 일을 해내는 것은 어떤 이들에게는 바로 리더십의 정의 자체를 뜻한다. 하지만 리더십에는 이것만 있는 것이 아니다.

이와 짝을 이루는 가치들의 집합도 있는데, 바로 허용적 리더십이라는 제목 하에 있다. 허용적 리더십은 부하들의 힘을 북돋아주고, 권한과 책임을 위임하며, 직원을 의사결정 과정에 참여시키고, 그들의 인풋을 구하며, 그들이 쉽게 반대 의견을 낼 수 있도록 허용하고, 충분히 인정해주며, 지원하는 것을 말한다. 일반적으로 이 접근법은 다른 사람들이 그들 스스로 강력한 리더가 되어 그들의 재능과 욕구, 아이디어를 조직의 업무수행을 위해 쓰도록 조건을 만들어내는 일과 같다. 엄밀히 말해 허용적 측면도 리더십의 전부는 아니다. 사실상 어느 쪽도 다른 쪽 없이는 완전하지 않다. 즉 서로가 서로를 보완하는 것이다.



이 두 가지 측면의 개념적 갈등에도 불구하고, 유연한 균형성을 갖춘 리더는 양자 모두를 공평하게 대한다. 이는 실현가능한 이상이지 단순한 꿈이 아니다. 사실 유연한 균형성을 갖춘 관리자일수록, 그들은 더욱 효과적이다. 롭 카이저와 나는 다음과 같은 주요 사실을 발견했다. 전반적인 효과성에서 높은 점수를 얻은 중역들은 바로 리더십균형지수에서 높은 점수를 얻은 사람들이라는 것이다. (아래 및 부록에서 우리의 통계 결과를 보라.) 다른 연구자들도 "구조주도(initiating structure)"와 "배려(consideration)", 또는 "생산에 대한 고려"와 "사람에 대한 고려" 등 비슷한 구분에서 둘 다 높은 점수를 받은 이들이 최고라는 결론을 내렸다.[2]

전반적인 구분 밑으로 내려가면 좀 더 세부적인 쌍이 나온다. 다시 한 번, 관리자는 서로 상충되는 쌍들을 최적화하여 업무를 수행할 수 있을까?

- 리드 역할을 맡기도 하고 다른 사람이 리드 역할을 하도록 도와주기도 하는가?

- 본인의 입장을 분명히 하기도 하고 다른 사람들의 입장을 잘
  받아주기도 하는가?
- 결정을 잘 내리기도 하고 사람들의 참여를 잘 이끌어내기도 하는가?
- 까다로운 요구를 하기도 하고 동정심을 보여주기도 하는가?
- 사람들에게 강한 압력을 주기도 하면서 지원과 용기를 북돋아주기도
  하는가?

강압적인 면과 허용적인 면에 있어 유연한 균형을 이루는 문제는 이
구체적인 하위 단계에서도 적용된다.


## 유연한 균형은 동질적인 것을 의미하지 않는다

"균형(balance)"이나 "유연한 균형(versatility)"이란 말을 듣고 정체
불명의 불확실한 혼합, 이도저도 아닌 상태를 떠올리는 사람들도 있다.
가령 어떤 고위 간부는 전체적인 피드백 열광이 사람들의 독특성을 앗아
갈까 봐 걱정스러워 했다.

"나는 당신이 사람들에게 그들의 강점에서 물러나서 갑자기 부드러워
지라고 요청하는 것보다는 독자적인 강점을 추구하도록 부추겨야 한
다고 생각합니다. 나는 부드럽고 중도에 있는 사람보다는 양극단에 있
는 사람이 낫습니다."

다른 관리자들도 "동질화"되고 "평범"해지며 "중립적"이 되는 것에

대해 비슷한 우려를 나타냈다. 그들은 강압적인 리더십 타입이 약점들에 대한 피드백에 대응하는 과정에서 사회적 압력에 굴복하면서 리드 능력을 잃어버리게 될까 봐 걱정하였다.

유연한 균형을 이루는 것이 동질화되는 것을 의미한다는 이러한 관념은 순전히 잘못된 것이다. 서로 상충하는 미덕들에 대한 포괄 범위를 확대하는 것은 두 측면을 적당히 섞어 평준화시키는 것이 아니다. 이는 또한 중간을 감싸 안는 것이 아니다. 오히려 그 반대이다. 유연한 균형성을 갖춘 리더일수록 그의 포괄 범위는 더욱 넓어진다. 허용적이 되기 위해 유연한 균형성을 개발하는 강압적 리더들은 강압적일 수 있는 역량을 잃어버리는 것이 아니다. 단순히 다른 쪽의 범위를 추가하는 것이다. 그들이 잃어버리는 것은 잘못된 강압성일 뿐이다. 필요한 극단을 취하는 것과 불필요한 극단을 취하는 것을 구분하는 것이 중요하다.

자신이 주도권을 쥐는 리더형은 그 능력을 상실하는 것이 아니라, 단지 그것을 좀 더 선택적으로 사용하는 방법을 배우는 것이다. 직설적으로 말하는 관리자가 남의 말을 경청하는 법을 배운다고 해서 말하는 능력이 감퇴되는 것은 아니다. 그렇다면 더 유연한 균형을 이룬다는 것은 중도에 영원히 갇히는 것이 아니라 한 쪽 끝에서 다른 쪽 끝으로 좀 더 자유롭게 이동할 수 있게 된다는 것을 의미한다.

이처럼 유연한 균형을 이룬다는 것은 자유로운 움직임을 말한다. 바

> 만약 야구에서 0.320이 정말로 좋은 타율이라면, 나는 허용적 측면에서 0.320이다. 그리고 강압적인 측면에서는 타율을 0.120에서 0.250까지 올렸다. 그렇지만 이 과정에서 누군가를 해치지는 않았다고 생각한다. 그래도 내 직원들은 내 메시지를 충분히 알아들었고, 실제로 내가 말한 대로 했다. (이것은) 내 균형이 향상되었다는 뜻이다.

퀴가 달린 의자 외에는 아무 것도 없는 빈 방에 들어갔다고 상상해보자. 당신의 오른쪽 벽에는 큰 볼드체로 "강압적"이라 쓰인 반면 왼쪽 벽에는 "허용적"이라고 쓰여 있다. 그곳에 앉아 오른쪽 끝에서부터 왼쪽 끝까지 자유롭게 이동할 수 있다면 그게 바로 진정한 음양의 조화를 이루는 균형의 상태이다.

### 두 진영

강압적이거나 허용적 리더십 중 어느 한 쪽 방향으로만 기울어지는 것은 리더들만이 아니다. 리더십 컨설턴트와 코치, 연구자들도 이쪽 또는 저쪽으로 똑같은 편향성을 보여주는 경우가 많다.

1960년 더글라스 맥그리거가 도입한 X이론과 Y이론의 구분은 리더십 분야에서 오랜 동안 엄청난 영향을 미쳤다.[3] 맥그리거는 고압적인 리더십 뒤에 놓인 잘못된 사고를 훌륭하게 드러냈다. 그는 이를 X이론이라 명명했다. X이론에 따르면 평균적인 인간은 일하기 싫어하고 책임감을 회피한다. 따라서 이들은 일을 하기 위해 지시를 받거나 심지어 강요받아야 한다. 맥그리거에 의하면 X이론을 따르는 관리자들이 간과하는 것은 그들이 세운 자기실현적 예언, 즉 뒤집어진 피그말리온 효과이다. 직원들을 제한적이고 불만족스러운 저임금 일자리에 집어넣으면 당연히 그들은 제한된 책임감만을 가지려 할 뿐이다. 이걸 보면서 관리자들은 면밀하고 명령적이며 통제적인 자신의 관리 감독을 정당화하는 것이다.

Y이론은 이와 정반대되는 자기실현적 예언을 설정한다. 그것은 평균적인 인간이 열심히 일하고 책임감을 가지려는 완벽한 의지가 있으며 기회가 주어진다면 책임감 있게 행동할 것이라는 가정에 근거하고 있다. 여기서 핵심은 악순환을 선순환으로 바꿔내는 것이다.

자멸적인 과잉 통제에 반대하기 위해 신중하게 생각된 반론인 맥그리거의 리더십 모델은 놓치기 힘든 편향성을 내포하고 있다. Y 이론이 더 "좋은" 이론이라는 것은 명백하다. 이보다 더 미묘하긴 하지만 또 다른 오래된 구별법 중에 편향성을 숨기고 있는 경우도 있다. 독재 대 참여적 리더십의 구분이 바로 그것이다. "참여적"이 긍정적인 의미를 가지고 있고 "독재적"이 경멸적인 의미를 가지고 있는 것은 사실 아닌가? 얼마나 많은 관리자들이 "독재적"인 사람으로 불리는 것을 영광스러워하겠는가?

허용적 리더십을 옹호하는 주장은 너무도 많다. 오늘날 그 반대편에는 권한부여(empowerment) 운동과 그것이 책임자의 힘을 강조하지 않는 것에 대해 심각한 우려를 갖고 있는 학자들이 있다. 아브라함 잘레즈닉은 그러한 운동이 리더를 형으로 여기는 형제애적인 리더십에 대한 미국인들의 사랑에서 기인한다고 보았다.

"비즈니스의 리더십 되찾기(Restoring Leadership in Business)"란 부제가 달린 책에서 잘레즈닉은 강하고 카리스마적인 리더십이 효과적인 조직에 있어 매우 중요하다고 주장했다. 그는 자신을 위해 사용되는 것이 아니라면 "개인적 영향력이 바로 리더십"이라고 주장했다.[4] 잘레즈닉에 의하면 개인적 영향력이란 개인의 강력한 행동을 의미한다. 잘레즈닉은 권한부여 운동과 품질 운동이 강압적 리더십의 중요성을 너무나 축소시켜버렸다고 지적하면서도, 본인도 이러한 편향을 지나치게 바로 잡으려 했다.

나는 잘레즈닉과 똑같이 느끼는 중역들을 마주친 적이 있다. 그러한 사람 중 한 명은 10년간 품질 면에서 1위를 지키며 상당한 성공을 거둔 회사에 다니고 있었는데, 과정에 대한 강한 지향성이 갖는 억제 효과(muffling effect)에 대해 심각한 우려를 표했다. 그는 이 과정에서 "개성과 리더십"을 잃게 된다고 생각했다.

"이 회사는 과정이 갖는 나쁘고 끔찍한 측면의 포로가 되어 있습니다.
이 상태란 날카로움과 신뢰성, 영향력, 책임감의 부재를 의미합니다.
과정에 너무 집중하다보면 개성과 리더십의 역할을 망각하는 경향이
있습니다."

과정을 지나치게 강조하는 것을 애석하게 여긴 이 고위 간부는 그것
이 주는 혜택을 보지 못했다.
또 다른 중역도 터프한 리더십의 필요성에 대해 얘기했다.

"이 회사는 좀 더 날카로움과 신랄함을 지닌 사람들을 필요로 합니다.
잔인할 정도로 분명한 모습도 만약 그것이 현실에 기반하고 있다면
리더십의 필수요소입니다."

이 리더에게 조직은 강력한 리더십 없이는 스스로 재건할 수 없는
존재였다.

"변화의 의제를 가지고 있다면 당신은 그 의제를 실현시키기 위해서
그 의제에 전력을 기울여야 합니다. 타성의 경향에 맞서기 위해서는
그것에 과도하게 집중해야 합니다. 열정적인 에너지와 리더십이 필요
한 곳은 바로 그곳입니다."

그는 불만을 털어놓았다. "이 회사는 변화를 이뤄낼 수 없는 원만하

고 친절한 사람들로 가득 차 있습니다."

강력한 리더십을 옹호하는 세 번째 고위 간부는 "사람들과 좋게 지내는 부류"에 대해 조롱하듯이 말했다. 그가 보기에 그들은 사람들에게 고통을 주는 것을 피하려는 잘못된 노력 때문에 장기적으로는 그들에게 더욱 큰 상처를 주는 사람들이었다. 그는 이렇게 말한다. "직원들이 일을 잘 못할 때에도 '친절'하려고 하는 경향이 있다. 그러다 결국에 불친절한 사람이 되고 만다." 그는 부드러운 마음씨를 지닌 리더십에 대한 경멸을 다음과 같이 나타냈다.

"나는 친절한 사람을 신뢰하지 않는다. 일을 처리해야 할 때 그들은 일을 처리하지 못한다. 만약 일을 제대로 하지 못한다면, 회사엔 왜 있는 건가?"

강력한 리더십의 옹호자들이 전형적으로 그 방향으로 기울어진 것은 놀라운 일이 아니다.

비록 소수이긴 하지만 다른 쪽에 둥지를 트는 리더들도 있다. 이런 사람 중 한 명은 내게 다음과 같이 말했다.

"이 회사는 크고 복잡하며 우리 중 어느 한 사람에게서 모든 답이 나올 수도 없습니다. 때문에 나는 정말 똑똑하고 열심히 일하며 통찰력 있고 의지도 강한 사람들을 고용하기 위해 최선을 다하고 그들의 말에 귀를 기울입니다. 오늘날 나를 여기까지 오게 한 것은 바로 이것입니다. 이 사회 멤버에서부터 공장 말단 직원에 이르기까지 이 회사의 모든 곳에서 재능과 지혜, 통찰력이 나올 수 있다는 것이 내 소신입니다."

이 관리자처럼 이 진영에 속한 사람들이 일반적으로 강압적 측면의 리더십이 부족한 것은 놀라운 일이 아니다.

두 진영 모두 다른 쪽을 경시하고 부정하려는 경향이 있다. 현실에서 각각의 비판은 모두 옳은 면이 있다. 맥그레거는 극단적으로 통제지향적인 리더십의 자기 파괴적인 효과를 제대로 지적한다. 그와 반대편에 있는 비판가들도 극단적으로 직원-중심적인 리더십의 부정적인 효과에 대해 올바르게 지적한다. 각 진영이 이 리더십 문화 전쟁에서 놓치고 있는 것은 상대방의 접근법이 효과적으로 사용되었을 때의 가치이다. 모두 상대방 학파를 그것의 과잉 상태와 동일시하며 그 과정에서 상대방 학파가 제대로 돌아갈 때에 대해서는 놓치고 있다.

우리는 이런 함정에 빠질 필요가 없다. 우리는 별 어려움 없이 강압적 리더십과 허용적 리더십 사이의 구분을 "이것 아니면 저것"으로 보며 한쪽이나 다른 쪽을 "유일한 정답"으로 여기는 관리자들의 문제를 피해갈 수 있다. 이를 위해 우리에게 필요한 것은 현재 상황에서 객관적으로 당신에게 요구되는 것이 무엇인지 실용적으로 판단하고 그에 따라 행동하는 것이다. 그것이 비록 당신이 편안함을 느끼는 지대를 벗어나는 일이라 할지라도 말이다.

조직과 리더십 전문가들에게 필요한 건 앞뒤로 자유롭게 움직일 수 있는 스타일이다. 관리자들은 양쪽 진영에 한 발씩 모두 걸쳐있을 수 있을 때 더욱 유리하다.

# 강압적-허용적 리더십에서의 편향성

강압적-허용적 리더십에서의 편향성을 이해하는 데 있어 핵심은 각 가치들의 과잉된 상태를 정의하는 것이다. 표 5.1에서 중간 두 칸은 강압적 리더십과 허용적 리더십의 구체적 특징들이 쌍으로 나열되어 있다. 양쪽 끝에 있는 칸들은 잠시 비워놓았다. 각 가치들을 비생산적인 극단으로 끌고 갔을 때 어떤 일이 벌어질지는 여러분도 한번 추측해보기 바란다.

**표 5.1 강압적 및 허용적 리더십의 장점**

| | 강압적 리더십 | | 허용적 리더십 | |
| --- | --- | --- | --- | --- |
| 극단으로 갈 경우 | 장점 | 장점 | | 극단으로 갈 경우 |
| | 주도권을 쥔다. 자신의 팀을 통제한다. | 부하직원들이 자신의 부서를 운영하도록 권한을 부여한다. 그냥 내버려둘 줄 안다. | | |
| | 이슈에 대한 자신의 입장을 다른 사람들이 분명히 알도록 한다. 자신의 의견을 공표한다. | 이슈에 대한 다른 사람들의 입장이 무엇인지 궁금해한다. 그들의 아이디어에 대해 수용적이다. | | |
| | 사람들에게 역효과를 일으킬지라도 어려운 주문을 한다. | 동정적이다. 사람들의 필요와 감정에 반응한다. | | |
| | 판단을 내린다. 표준 미달이거나 개인 및 그 팀의 업무에서 제대로 돌아가지 않는 점들에 집중한다. | 감사를 표현한다. 다른 사람들이 스스로의 기여에 좋은 감정을 갖게 한다. 그들이 가치 있다고 느끼게 한다. | | |
| | 사람들에게 엄격히 책임을 묻는다. | 사람들이 업무를 수행할 수 없을 때를 이해한다. | | |
| | 이슈를 강요한다. 설령 그것이 사람들을 불편하게 만들지라도 어려운 이슈를 꺼낸다. | 조화를 장려하고 갈등을 억제하며 긴장을 완화한다. | | |

| 자신에 대해 확신한다. 권위적으로 말한다. | 겸손하다. 자신이 모든 것을 알지 못하며 틀릴 수 있다는 것을 안다. | |

아래 **표 5.2**는 내가 작성한 극단적 경우들이다.

**표 5.2 강압적 및 허용적 리더십의 장점과 단점**

| 강압적 리더십 | | 허용적 리더십 | |
|---|---|---|---|
| 극단으로 갈 경우 | 장점 | 장점 | 극단으로 갈 경우 |
| 부하직원의 존재를 가려버릴 정도로 지배적이다. | 주도권을 쥔다. 자신의 팀을 통제한다. | 부하직원들이 자신의 부서를 운영하도록 권한을 부여한다. 그냥 내버려둘 줄 안다. | 잘못될 정도로 권한을 부여한다. 사람들을 너무 풀어놓는다. |
| 다른 사람들은 말하지 않거나 말해도 반영되지 않는다. | 이슈에 대한 자신의 입장을 다른 사람들이 분명히 알도록 한다. 자신의 의견을 공표한다. | 이슈에 대한 다른 사람들의 입장이 무엇인지 궁금해 한다. 그들의 아이디어에 대해 수용적이다. | 사람들은 그의 입장이 무엇인지 모른다. |
| 무신경하다. 냉담하다. | 사람들에게 역효과를 일으킬지라도 어려운 주문을 한다. | 동정적이다. 사람들의 필요와 감정에 반응한다. | 지나치게 편의를 봐준다. 사람들에게 친절하느라 업무를 소홀히 한다. |
| 평가가 냉혹하다. 다른 사람들의 기여를 무시한다. | 판단을 내린다. 표준 미달이거나 개인 및 그 팀의 업무에서 제대로 돌아가지 않는 점들에 집중한다. | 감사를 표현한다. 다른 사람들이 스스로의 기여에 좋은 감정을 갖게 한다. 그들이 가치 있다고 느끼게 한다. | 거짓 칭찬을 하거나 칭찬을 남발한다. |
| 엄격하다. 사기를 저하시킨다. | 사람들에게 엄격히 책임을 묻는다. | 사람들이 업무를 수행할 수 없을 때를 이해한다. | 마음이 약하다. 사람들이 잘못해도 봐준다. |
| 갈등을 조장한다. 수완이 부족하다. 마찰을 일으킨다. | 이슈를 강요한다. 설령 그것이 사람들을 불편하게 만들지라도 어려운 이슈를 꺼낸다. | 조화를 장려하고 갈등을 억제하며 긴장을 완화한다. | 갈등을 회피한다. 업무수행의 문제를 지적하지 않는다. |

 리더십 볼륨을 조절하라

| 다른 사람이 의견을 말하기 어렵게 만든다. 거만하다. | 자신에 대해 확신한다. 권위적으로 말한다. | 겸손하다. 자신이 모든 것을 알지 못하며 틀릴 수 있다는 것을 안다. | 자기를 내세우지 않는다. 자신을 평가절하한다. |
| --- | --- | --- | --- |

만약 당신도 우리들이 상대한 대부분의 관리자들과 같다면, 당신은 이 강압적-허용적 리더십 쌍에서 한 쪽보다는 다른 쪽을 좀 더 많이 지향하는 경향이 있을 것이다. 그리고 그러한 지향 때문에 한 쪽의 과잉은 상상하기 쉬웠으나 다른 쪽의 과잉은 상상하기 어려웠을 것이다.

우리는 강압적-허용적 리더십에서의 시니어 관리자들의 편향성을 정기적으로 마주친다. 그리고 롭 카이저와 나는 우리의 리더십균형지수에 대한 평가 분석에서도 똑같은 패턴을 발견하였다. 550명 이상의 관리자들로부터 얻은 7개의 샘플에서, 우리는 이 두 측면 사이에 상당한 부정적 상관관계가 있음을 발견하였다.[5] 즉, 강압적 리더십에서 "너무 많음"을 받은 관리자들은 허용적 리더십에서 "너무 적음"을 받을 가능성이 높고, 그 반대도 마찬가지라는 것이다. 상관관계가 높은 다음의 연구결과를 보면 쉽게 일반화할 수 있다. 우리는 모든 샘플에서 "양극 효과(polarity effect)"를 발견하였다. 예를 들어, **그림 5.1**의 그래프는 107명 매니저들이 강압적 및 허용적

현재까지 나온 조사 결과는 강압적 및 허용적 리더십 사이에 거의 일방적으로 긍정적인 상관관계가 있음을 보여준다. 그것도 상당한 크기일 경우가 많다. 사실 이러한 리더십 구분과 관련된 백여 개 이상의 연구 결과를 요약하기 위해 통계적 기법 중 하나인 "메타-분석"을 사용한 최근의 한 연구에 의하면, 두 리더십 사이의 상관관계가 +0.46에 이른다.[7] 여러 연구자들은 이러한 상관관계가 의외라며 평가자의 편향성에 기인한 것일 수 있다고 추측했다. 이것이 측정 도구, 구체적으로 평가 척도의 결과물일 수 있다고 말한 사람은 아무도 없었다.[8]

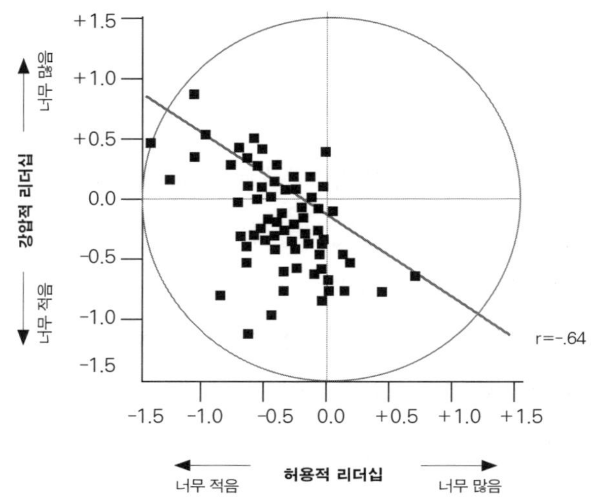


리더십에서 받은 점수의 분포도를 보여준다. 상관관계는 -0.64로 꽤 높다. 그리고 이것은 반비례 관계인데,[6] 강압적 리더십을 지나치게 많이 하는 것으로 평가받은 관리자들은 허용적 리더십을 지나치게 적게 하는 것으로 나오는 경향이 있고, 그 반대도 마찬가지라는 것을 의미한다. 이보다 더 분명한 패턴을 보여주는 것은 없다.

이 역의 관계는 완벽하게 합리적이기 때문에, 이것이 지난 50년간 다양한 이름으로 진행된 이 두 가지 요인에 관한 수많은 연구 결과와 다르다는 사실이 많이 놀라울 것이다. 기존에 이들이 찾은 상관관계는 모두 긍정적인 것이었다. 그렇다면 이러한 차이를 어떻게 설명해야할까? 우리는 지난 70년간 수행된 이전 연구들이 과잉 측정 방법을 사용하지 않았기 때문이라는 결론을 내릴 수밖에 없다. 과잉을 측정하지 않고서는 편향성을 측정할 수 없다. 편향성도 과잉의 한 유형이기 때문이다.

강압적 리더십과 허용적 리더십 사이의 역의 관계를 생생하게 살펴보기 위해 실제 사람들로부터 조합해 낸 두 명의 편향적 리더들의 경우를 살펴보도록 하자. 이 두 리더는 서로 상반된 경향을 보여준다.

### 사라 센트럴

명문 일반 교양대학의 첫 여성 총장으로서 지난 10년간 재직한 사라 센트럴은 자신의 흔적을 자신이 머문 장소에 남기는 눈에 띄는 리더였다. 자리에 오른 지 몇 달 만에 그녀는 야심찬 3년 간의 기금모금 캠페인을 실시했다. 이 캠페인은 그녀의 헤라클레스와 같은 노력과 공격적인 세일즈를 통해 기간 내에 목표를 달성했다. 그 기금으로 그녀는 학교의 지원 시설들을 다시 지었고 전국 최초로 기숙사 전체에 고속력 인터넷 서비스를 깔았으며 모든 입학생들에게 노트북을 제공했다.

사라 센트럴은 자신의 지성과 에너지를 발휘하는 리더의 화신이었다. 그녀는 원하는 바를 창출해 내는 자신의 능력을 마음껏 즐겼다. 만약 성취의 비결이 자신의 힘을 충분히 사용하는 것이라면 그녀는 그 비결을 터득하고 있었다. 그녀는 다음과 같은 말을 자주 했다. "자기실현은 불가능한 꿈을 실현하는 것에서 나온다."

사라의 성장과정에 관한 세세한 사항들을 이 자리에서 밝히진 않겠다. 다만 그녀는 어려운 환경에서 태어났고 그것은 지위 상승에 대한 투쟁으로 이어졌다. 그녀는 모든 것이 잘못되었다고 느꼈다. 그것은 인종차별주의나 종교, 민족, 또는 사회경제적 배경일 수도 있고, 그녀의 부모가 그녀를 대하는 방식일 수도 있다. 어떤 개인들은 적대감에 굴복한다. 반면 사라는 복수심으로 그것을 극복해냈다. 하지만 그녀의 야심이 금방 드러난 것은 아니었다. 그녀는 고등학교 내내 평범한 학생이었고 대학교에서는 거의 낙제할 뻔하다 '갑자기 다른 사람으로 바뀐' 케이스였다. 이후 그녀는 스타로 변신한 후 우등으로 졸업하고 일류 대학원에 들어갔다. 직장 생활에서는 뭔가 그녀를 무시하는 듯한 태도를 급속한 성장의 원동력으로 삼았다.

사라의 리더십의 약점은 다른 사람들의 지성과 에너지를 잘 활용하지 못한다는 것이다. 교무처장은 그녀의 리더십이 "자기중심적"이라고 말했다. 직원회의에서 그녀는 이론의 여지없이 중심적 위치를 차지했다. 모든 행동이 그녀를 중심으로 전개되었다. 그녀는 "테두리"를 활용하려 들지 않았다. 한 번은 한 직원이 그녀에게 이런 직원회의가 어떤 게임쇼와 비슷하다고 말한 적이 있다.

"당신과 함께 하는 회의는 꼭 '제퍼디(Jeopardy)'라는 게임쇼에 나와 있는 것 같습니다. 나도 버저 위에 손을 올려놓고 있지만 항상 당신이 먼저 누르지요. 그래서 나는 똑똑하다고 느껴볼 기회가 없습니다. 나도 일이초만 더 있으면 정답을 생각해낼 수 있는데 그럴 기회가 없는 것입니다. 우리 모두 당신이 우리보다 똑똑하다는 것을 압니다. 그렇다고 그것을 증명할 필요는 없지 않을까요? 만약 당신이 다른 사람들에게도 기회를 준다면 조직은 좀 더 자신감을 가질 수 있을 것입니다."

학생처장은 사라가 불균형을 바로잡을 수 있는 방식을 설명하기 위해 이런 이미지를 생각해냈다.

"그녀의 능력은 비범합니다. 최고의 재능을 가졌죠. 하지만 다른 동료들이 그녀와 함께 일할 수 있도록 해준다면 그녀는 더 적게 일하면서

|  | 허용적 | 강압적 |
| --- | --- | --- |
| 너무 많음 | 0 | 46 |
| 너무 적음 | 65 | 2 |

도 더 많은 효과를 얻을 수 있을 겁니다. 그녀는 빛나는 별과 같아요. 하지만 은하수에는 그녀가 정말로 멋진 하모니를 이루며 함께 일할 수 있는 다른 별들도 많이 있습니다."

리더십균형지수에서 그녀의 점수는 지나치게 많은 강압적 측면과 지나치게 적은 허용적 측면 사이에서 극명한 대조를 이루었다. **표 5.3**은 그녀의 동료들이 그녀에게 너무 많음 혹은 너무 적음에 점수를 준 횟수를 단순 합산한 것이다. (12명의 동료들이 그녀에게 각각 9개의 강압적 및 허용적 리더십 항목에 점수를 매겼고, 총점은 각각 108점이다. 적정량을 표시한 점수들은 여기서 다루지 않았다. 적정량을 준 점수로 그녀는 허용적 리더십 항목에서 43점을, 강압적 리더십 항목에서 60점을 받았다.)

이는 관리자들 사이에서 익숙하게 나타나는 패턴이다. 비록 그녀의 재능은 소중한 자산이지만, 그 자산을 활용하는 방식은 그 가치를 절하시켰다. 그녀의 효과성 등급은 7.9점으로 비교적 높지만, 그녀의 잠재력에 비하면 훨씬 못 미치는 점수가 아닐 수 없다.

여러 집행부 멤버들 사이에서 그녀의 방식은 분노를 일으켰다. "그녀는 해결책을 지시하길 원한다. 나는 그 명령에 적당히 따르겠지만 혼신을 다하진 않을 것이다." 교직원들 사이에서는 복잡한 감정을 불러일으켰다. 그들은 그녀가 대학을 위해 해낸 일들을 마지못해 인정했지만 그녀의 자기중심적이고 비민주적인 접근방식에 대해서는 분노했다. 그녀를 존경하는 이는 많지만 친구가 되고자 하는 이는 별로 없었다. 그녀는 스스로를 위험에 빠뜨렸다. "당신이 스타가 되어야만 한다면 그렇게 하십시오. 하지만 그 별이 하늘에서 진다해도 내가 도와주거나 돌봐줄 거라 기대하진 마십시오."

업무 수행 능력을 한 단계 더 끌어올리기 위해 그녀는 다른 사람들이 그녀를 상대함에 있어 좀 더 강력해지고 그들 스스로 빛나도록 해줄 필요가 있었다.

### 빌리 피플스

빌리 피플스는 자신의 조직에서 "긍정적인 사람 중심형 리더"로 알려져 있다. 그의 부하직원들은 물론 그 점을 높이 평가했지만, 대학에서 미식축구 좀 하던 넓은 어깨의 "라커 룸 타입"의 시니어 관리자들은 그다지 탐탁치 않아했다. 그들은 빌리의 실적에는 이론의 여지가 없었지만, 그의 업무 스타일과 아마도 왜소한 체격에 대해서는 의심의 눈초리로 쳐다볼 수밖에 없었다.

그를 아는 모든 이들은 사람들과 잘 어울리는 그의 능력에 대해 칭찬을 했다. "그는 사람들과 정말 소통을 잘 합니다." 한 부하직원은 이렇게 말한다. 그는 사람들이 무엇을 하는지 진심으로 관심을 가졌고 이는 겉으로 드러났다. 사람들은 그들이 그냥 기계의 한 부품일 뿐이라는 느낌을 받지 않았다. 다른 사람들의 의견을 대변하여 말하길 좋아하는 한 직원은 이렇게 말했다. "빌리와 얘기하고 나면 나는 항상 내 자신에 대해 좋은 느낌을 갖게 됩니다!"

비결은 빌리가 예외적으로 훌륭한 경청자이기 때문이었다. 그는 다른 사람들이 제공할 수 있는 것이 많다는 가정에 따라 그들이 하고 싶은 말에 진심으로 관심을 가졌다. "남자"치고 그는 비상한 공감력을 가졌다. 그는 다른 사람의 관점에서 상황을 바라보는 것에 매우 뛰어났다. 그리고 다른 사람들이 그에게 올 때까지 기다리지 않고 자신이 직접 찾아가서 그들의 인풋을 유도했다.

이와 함께 빌리는 집단의 힘을 매우 신봉했다. 한 스탭은 이렇게 말한 바 있다. "그는 혼자서 해결책을 찾지 않습니다. 다른 사람들과 함께 어떤 조치를 취해야하는지 생각하도록 합니다. 합의를 만들어내는 것이지요."

회사에 대한 그의 동기부여 효과를 요약하면서 한 스탭은 이렇게 말했다.

"빌리는 회사의 어떤 위치에 있는 사람들과도 얘기할 수 있고 그들에게 힘을 북돋아주고 그의 팀에 들어오고 싶게 만들 수 있는 능력을 지녔습니다. 사람들은 그를 실망시키고 싶어 하지 않습니다. 이는 시장에서의 성공이라는 최종 목표로 이어지지요. 그는 세상을 바꾸는 일에 자연스럽게 당신을 끌어들입니다."

그는 사람들과 이야기하는 것에만 뛰어난 것은 아니었다. 그는 항상 승자였다. 학창시절 내내 그는 뛰어난 성적을 받았고 고등학교와 대학시절 동안 매우 훌륭한 야구팀에서 내야수를 맡았다. 성인이 된 다음에도 매우 실력 있는 운동선수로 남아있다.

그의 부모님은 자식이 공부와 운동 모두에서 훌륭한 성적을 받도록 키워냈을 뿐 아니라 (그들은 그에게 '승자가 되어야한다'고 말했다.) 또 다

**자신이 얼마나 편향적인지를 잘 보여줄 뿐 아니라 암묵적으로, 그가 좀 더 강압적일 필요가 있음을 제시하는 다면평가에 대해 빌리 피플은 처음에 다음과 같이 반응했다. "내 리더십이나 개인적 인생에 미칠 영향이 맘에 안 들어서 나쁜 놈이 된다면 난 천벌을 받을 것이다! 나는 허용적 리더가 되는 것이 좋다."**

른 강력한 가르침을 주었다. "겸손해라"가 바로 그것이다. 이 외에도 빌리는 부모님이 주신 금언들의 긴 목록을 줄줄이 외울 수 있었다. "다른 사람의 희생을 딛고 승리하지 마라.", "점수에 열을 올리지 마라", "훌륭한 경기를 펼쳐라", "규칙에 따라 경기하라", "승리하는 것은 팀이다", "팀 동료를 도와줘라", "스타가 되는 것은 중요하지 않다" 등이 그것이다.

그가 팀에 부여하는 특별한 가치와 함께 타인에 대한 헌신은 그가 가진 결점의 원인이 되었다. 그런 종류의 선함이 보상받지 못 하는 것은 안타까운 일이 아닐 수 없다. 자신을 위해서는 아무것도 주장하지 않고 주목을 끌려고 하지도 않는 그의 겸손함은 단순한 미덕을 넘어섰다. 그것은 강제적인 것이었다. 그것은 그가 자신의 주장을 적극적으로 표현하고 회의장의 수장으로서 올바른 위치를 차지하지 못하도록 방해하는 원인이 되었다.

그는 의사결정 과정에서 다른 사람들에게 발언할 기회를 너무 잘 줘서 정작 자신의 목소리는 사라지거나 묻히고 만다. 사람들은, 예를 들어, 그가 전략적으로 어느 입장에 서 있는지 확신할 수 없었다. 그의 팀에게 전략이란 기본적으로 집단적 산물인 것처럼 보인다. 리더십균형지수를 작성한 8명의 동료 직원 모두가 자신의 의견을 충분히 표명하지 않는 그의 모습을 지적했고, 직속 부하직원을 포함하여 8명 중 4명은 그가 본인들을 포함하여 다른 사람의 생각을 너무 잘 받아준다고 평가했다.

그의 상관은 그가 사람들에게 너무 많은 선택권을 준다고 꾸짖었다.

|  | 허용적 | 강압적 |
|---|---|---|
| 너무 많음 | 29 | 3 |
| 너무 적음 | 7 | 49 |

"자네는 마케팅 팀장이 어느 자리에서 일해야 하는지 잘 알면서도 그녀에게 두 자리 중 하나를 선택할 수 있도록 했더군." 그의 상관은 또한 그가 너무 천천히 변화를 시도한다는 사실에 대해서도 비판적이었다. "자넨 제대로 돌아가지 않는 상황과 살기로 아예 작정을 했군. 그리고 쓸데없는 일을 그만두지 않는 직원들에게도 관대하고 말이야."

표 5.4는 그의 동료들이 그에 대해 너무 많이 하거나 너무 적게 하는 것으로 점수를 준 횟수를 모은 것이다. 이 표는 그의 편향성을 너무나 잘 보여준다. (8명의 동료들이 각각 9개의 강압적 및 허용적 리더십 항목에 점수를 매겼다. 적정량으로 표시된 점수들은 여기서 다루지 않았다. 적정량을 준 점수로 그는 허용적 항목에서 36점을, 강압적 항목에서 20점을 받았다.)

비록 어느 한 쪽으로 기울어진 것이 분명하지만 평균적으로 볼 때 그 쪽으로 매우 많이 기울어져 있는 것은 아니었다. 그러나 극단적이진 않지만 이러한 편향성은 조직의 변화를 추진하는 그의 능력에 걸림돌이 됨으로써 효과성을 떨어뜨렸다. CEO는 빌리가 모든 사람의 의견을 들어주는 것이 기업 전체의 전략적 의제를 충분히 강하게 밀어붙이지 못하게 할까봐 걱정했다. CEO와 인력개발 팀장은 서로에게 물었다. "이렇게 친절한 사람이 회사를 운영할 수 있을까?"

# 네 가지 패턴들

내 동료와 나는 리더십균형지수를 사용하기 시작하면서 편향성을 발견할 수 있을 것이라 기대했고, 또 실제로 발견할 수 있었다. 우리는 또한 예상치 못한 점수 패턴을 발견했다. 충분히 강압적이지 않은 것으로 평가 받은 관리자가 충분히 허용적이지도 않은 것으로 평가받는 것이다. 가령 갈등을 관리하는 문제가 그러했다. 그들은 이슈를 밀어붙이지도 않았고 그렇다고 조화를 촉진하지도 않았다. 그들은 문제에서 아예 손을 뗐다.

이전 장에서 소개된 래리 리틀의 사례는 주목할 만하다. 겉으로 보기에 그는 분명 강력한 개성을 지녔음에도 불구하고 (그는 우렁찬 목소리와 손을 꽉 쥐는 악수, 그리고 자신감 있는 분위기를 가졌다.) 자신의 팀별 회의에서 이상하게도 존재감이 미약했다. 낯선 사람이 왔다면 그가 팀의 리더라는 사실을 아마 알아차리지 못했을 것이다. 세 명 중 두 명의 제너럴 매니저와 인사관리 팀장이 그보다 더 강한 존재감을 드러냈다. 그들은 더 많이 발언했고 더 강한 입장을 나타냈다. 다른 면에서 그는 조직을 유능하게 이끌었지만 이 점에 관해서는 자신의 역할을 방기했다.

여기에는 일종의 수동성이 스며들어있다. 강압적 측면과 허용적 측면 모두를 선택하지 않는 것이다. 이러한 상태를 나타내는 불간섭(disengagement)이란 용어에는 '점잖은 무시'란 뜻이 내포되어 있다.[9]

이러한 불간섭 패턴은 레세페르(laissez-faire 자유방임주의)라는 용어로도 알려져 있다. 하지만 이것은 리더십의 효과성을 떨어뜨리기 때문에 그렇게 점잖은 것은 아니다. 그것은 래리의 전반적 효과성에 대한 등급을 감소시켰다. 래리는 7점 초반 대를 받았는데 이는 평균보다 낮은 점수이다.

## 효과성에 미치는 영향

지금까지 우리는 강압적-허용적 리더십 쌍에서 세 가지 조합을 확인했다.

- 유연한 균형의 상태, 즉 강압적 리더십과 허용적 리더십을 모두 적정하게 행하는 상태.
- 한 쪽 측면으로 기울어진 상태. (너무 강압적이면서 허용적 측면은 부족하거나 또는 그 반대)
- 불간섭 상태, 양 쪽 측면 모두 너무 적게 하는 상태.

**그림 5.2**에서 볼 수 있듯이 양 쪽 측면을 너무 많이 하는 네 번째 패턴도 가능하다. 그러나 이것은 공집합(null set) 상태로 있다. 이론적으로는 가능하나 현실에서 이 패턴은 존재하지 않는다. (350명의 간부와 200명의 중간 매니저들로부터 얻어낸) 우리의 샘플 모두를 통틀어 이 패턴에 들어맞는 프로필을 지닌 관리자 사례는 단 한 건도 없었다. 이는 놀라운 일이 아니다. 너무 신속히 리드 역할을 자처하는 관리자가 타인을 너무 많이 배려할 가능성이 낮기 때문이다. 또한 너무 강력하게 자신의 의견을 피력하는 리더는 다른 사람들의 생각을 너무 잘 받아 줄 가능성이 낮다. 다른 이들에게 너무 비판적인 관리자가 칭찬을 너무 많이 표현할 리 만무하고, 이와 마찬가지로 다른 이들에게 너무 많은 것을 기대하는 사람이 이와 동시에 다른 사람을 지나치게 지원하고 응원할 리 없다.

이러한 네 가지 패턴은 리더의 효과성에서 어떤 차이를 보일까? 리더십균형지수에서 유연한 균형성을 갖추었다고 평가받은 관리자는 동료로부터 전반적인 효과성 면에서 가장 높은 점수를 받았다. 반면 불간

표5.5 강압적 리더십과 허용적 리더십의 하위 쌍들

| 주도권을 쥔다 | 다른 사람에게 권한을 부여한다 |
|---|---|
| 공표한다 | 경청한다 |
| 압력을 가한다 | 지원한다 |

섭으로 나온 관리자는 가장 낮은 점수를 받았다. 그리고 편향적이라고 나온 매니저들은 (그것이 어느 방향이든 상관없다) 중간 점수를 받았다.

## 좀 더 면밀한 고찰: 하위 쌍

추상화의 사다리 상에서, 높은 위치에 있는 강압적-허용적 리더십 쌍과, 리더십균형지수 항목으로 대표되는 구체적인 쌍들 사이에는 세 가지 중간 수준의 쌍들이 존재한다. 롭 카이저와 나는 그것들을 이 분야의 연구문헌에서 도출했다.[10] 이 세 가지 중간 수준의 쌍들은 **표 5.5**에 나타나 있다.

먼저 "주도권을 쥔다"는 것은 자신의 팀에서 수장 역할을 맡는 것이다. 이와 반대로 "타인에게 권한을 부여한다"는 것은 사람들에게 자신의 팀을 운영하도록 권한을 부여하는 것을 의미한다. "공표한다"는 것은 자신의 의견을 분명히 또는 심지어 강조하여 말하는 것과 관련된다. 이와 반대로 "경청한다"는 것은 심지어 당신의 의견과 반대될지라도 다른 사람의 의견에 열려있는 것을 말한다. "압력을 가한다"는 것은 사람들에게 책임을 지우며 그것에 대해 적절히 지시하고 확고히 하는 것과 관련 있다. 이와 반대로 "지원한다"는 것은 사람들의 필요와 사정을 고려하고, 동정하며, 고마움을 표하는 것을 말한다.

이 세 가지 하위 쌍들은 개별 리더들의 프로필을 차별화하는 것을 돕기 때문에 유용하다. 개별 리더들의 프로필은 이 세 가지 하위 항목 모두에서 반드시 같은 결과가 나오는 것은 아니다. 예를 들어, 엘라 솔로는 첫 번째 하위 항목에서는 확실히 강압적 측면으로 기울어진 반면 (너무 많이 주도권을 쥐고 너무 적게 다른 사람에게 권한을 부여한다.) 세 번째 하위 항목에서는 반대쪽으로 기울어져 있다. (다른 사람에게 요구하는 것을 잘 못한다.)

강압적 – 허용적 리더십에서 유연한 균형을 이룰수록 유리한 것은 분명하다. 상황에 맞게 각 측면을 적정 비율로 기용할 수 있는 사람에겐 특별한 힘이 생긴다. 좀 더 유연한 균형을 이룰 수 있기 위해서는 편향성의 심리를 고려해야 한다. 이전 장에서 논의했듯이, 어느 한 쪽으로 편향된 마인드는 편향된 행동을 낳는 경우가 많다.

이원성에 대해 연구한 한 관리자는 다음과 같이 말했다. "한 쪽으로 기울어지기란 쉽다. 사람은 누구나 개인적 성향을 가지고 있고 한 쪽 방향으로 기울어지기 마련이다. 그래서 다른 쪽을 보지 못하는 것이다. 일단 한 쪽으로 기울어지면, 다른 측면을 하기가 상당히 어렵게 된다."

그리고 이 모든 것은 전략적-운영적 리더십의 쌍에도 적용된다. 이에 대해서는 다음 장에서 다룰 것이다. 전략적 리더십과 운영적 리더십이 리더십의 내용(즉, 리더들이 하는 일)에 관한 것이라면, 강압적 리더십과 허용적 리더십은 리드하는 방식(즉, 그들이 일을 하는 방식)에 관한 것이라 할 수 있다.

유연한 균형성을 갖춘 리더가 되는 데 필요한 것을 그림으로 보고 싶다면 10장에 나와 있는 **그림 10.2**를 보라. 이 그림은 강압적-허용적 리더십과 전략적-운영적 리더십을 그들의 하위 쌍들과 함께 펼쳐놓고, 너무 많음과 적정 수준, 그리고 너무 적음에 따라 배치한다.

• • •

# 리더십 향상을 위한 팁

## 주요 사항

1. 당신은 강압적 리더십과 허용적 리더십을 둘 다 할 수 있고, 또 둘 다 해야만 한다.

2. 만약 당신이 강압적 측면에 좀 더 기울어져 있고 허용적 측면에 부족하다면, 리더가 허용적이길 요구하는 상황들에 눈을 돌리길 바란다. 예를 들어, 다른 사람들의 마음속에 무엇이 들어있는지 아는 것이 매우 중요한 경우나, 그들 스스로도 상급자인 부하직원들이 업무에 있어 어떤 자유재량을 원하는 경우이다.

3. 만약 당신이 허용적 측면에 좀 더 기울어져 있고 강압적이 되는 것에 대해 불안을 느낀다면, 리더가 강압적이길 요구하는 상황들에 대해 명확히 인식하기 바란다. 예를 들어, 직원들의 수행능력에 대한 당신의 우려를 말해줄 필요가 있다거나, 논의가 충분히 진행되었을 때는 논의를 중단시키고 결정을 내릴 시간을 갖는 것이 그런 경우이다.

## 생각해볼 질문들

1. 당신은 다음을 똑같이 잘 할 수 있는가?

   • 주도권을 쥐면서 이와 동시에 다른 사람들이 리더 역할을 맡도록 허용한다.

   • 당신의 의견을 공표하면서 이와 동시에 다른 사람의 말을 경청한다.

   • 사람들에게 압력을 가하면서 이와 동시에 그들의 필요에 민감하게

반응한다.

2. 당신의 신념이나 태도가 당신의 유연한 균형성을 오히려 앗아가는 경우가 있는가?

- 당신은 권력에 대해 어떤 입장인가? 힘을 너무 많이 가지거나 뭔가 지배하는 입장이 되는 것은 당신이 가장 하기 싫어하는 일인가?
- 당신은 평등주의를 강력하게 신봉하는가?
- 리더는 항상 강해야 한다고 생각하는가? 약해지는 것에 대해 어떤 공포를 가지고 있는가?

3. 만약 당신이 강압적 리더라면, 강압성을 결여한 직원들을 보며 절망하는가? 절망하지 마라. 그렇다고 해서 그들의 강압적 능력이 발전하는 것은 아니다.

4. 만약 당신이 허용적 리더라면, 당신은 강한 개성을 지닌 직원들에 대해 참지 못하는 편인가? 그들이 당신이 가진 점을 가지지 못했다고 평가하기보다는 더 나아질 수 있도록 도와줘라.

## CHAPTER 6

# 전략적 – 운영적 리더십

## 두 리더십의 힘

"하늘 아래 모든 것엔 때가 있다. 씨를 뿌릴 때가 있고 뿌린 것을 거둘 때가 있다... 무너뜨릴 때가 있고 쌓아올릴 때가 있다." – 전도서

만약 강압적 리더십과 허용적 리더십이 일을 처리하는 방식에 관한 것이라면, 전략적 리더십과 운영적 리더십은 리더가 하는 일에 관한 것이다. 내가 보기에 이들은 리더십에서 가장 기본적인 두 가지 쌍을 이루는 것이다. 그렇다고 이 두 쌍이 리더십 분야 전체를 다 포괄한다는 뜻은 아니다. 예를 들어, 기능적 리더십과 일반 관리적 리더십의 구분(이를 깊이형 리더십과 넓이형 리더십이라고 부를 수도 있겠다.)도 있다. 리드하는 것 대 관리하는 것은 우리가 다루려는 영역 바깥에 놓인 대립 쌍처럼 보일 수도 있지만 사실 전략적 리더십 및 운영적 리더십과 꽤 많이 겹쳐있다.

문제는 오른손잡이인가 아니면 왼손잡이인가 하는 것처럼 어느 하나를 다른 하나보다 선호하는 것이 자연스러운 경향임에도 불구하고 전략적 리더십과 운영적 리더십 모두를 공평하게 대할 수 있는가이다. 당신은 두 측면을 모두 감싸 안고 이 두 리더십에 내재된 긴장감을 해소할 수 있는가?

전략적 리더십은 당신의 팀이 크건 작건, 중기 또는 장기적 관점에서 당신의 팀을 포지셔닝하는 것과 관련 있다. 반면 운영적 리더십은 단기간에 결과를 얻어내는 것과 관련 있다. 그것은 몇 개의 신중하게 선택된 우선순위들을 실행하는 것과 조직이 이 우선순위에 집중하도록 체계적인 과정들을 사용하는 것에 높은 가치를 둔다.[1]

'전략'이라는 말이 그림의 떡, 즉 미래적 비전을 의미하는 것은 아니다. 전략이란 당신의 팀의 규모가 어떻든 간에 그것이 지금으로부터 3-4년 후에 어디에 있기를 바라는지에 관한 매우 실제적인 아이디어를 말한다. 그 전략은 IBM의 토머스 왓슨 주니어가 회사의 주요 품목을 계산기에서 컴퓨터로 바꾸는 것처럼 거대하고 기업 전체와 관계되는 전환일 수도 있고, 제조 과정에서 6 시그마의 품질을 달성하거나 고객 서비스를 향상시키고, 사고로 인해 잃어버리는 근무일수를 줄이는 것처럼 좀 더 평범한 변화일 수도 있다.

전략적 리더십과 운영적 리더십은 둘 다 없어서는 안 될 중요한 특성이자, 이와 동시에 서로 상반되는 관계이다.[2] 관리자가 이 둘을 포괄하는 레퍼토리를 갖추는 것은 결코 쉬운 일이 아니다. 하지만 우리의 연구 결과가 보여주듯, 가장 유연하게 균형적이면서 효과적인 리더들은 상황의 요구에 따라 어느 한 쪽에서 다른 한 쪽으로 자유자재로 이동하는 모습을 보여준다.

전략적 및 운영적 리더십에 있어 유연한 균형을 이루는 것에 관한 질문은 전반적 구분뿐 아니라 그 하위 차원에 있는 구체적 구분들에도 적용된다. 이 각각의 구분에는 긴장감이 어려 있다. 이 긴장감들은 리더가 풀어야할 도전과제들이다.

당신은 다음을 할 수 있는가?

- 장기적 지향과 단기적 지향을 동시에 가진다.
- 조직 전체에 관한 폭넓은 시각을 견지하는 동시에 운영에 관한 디테일에 집중한다.
- 외부 세계의 트렌드를 추적하는 동시에 내부의 진맥도 계속 체크한다.
- 방향을 설정하는 동시에 성과에 집중한다.
- 틀에 박히지 않고 창조적으로 사고하는 동시에 일을 실행하기 위해 엄격한 규율을 도입한다.

양손잡이의 관리자들은 우수한 효과성을 전리품으로 얻는다. 강압적-허용적 리더십과 마찬가지로, 전략적-운영적 리더십에서도 유연한 균형을 이루는 능력과 전반적 효과성에 관한 평가 사이에 강력한 통계적 연관관계가 존재한다.[3]

이 상반되는 두 리더십에서 유연한 균형을 이룬다는 것은 항상 두 측면을 똑같은 양으로 기용한다는 의미가 아니다. 그런 경우는 거의 없다. 만약 당신이 공장 관리자이거나 은행 사무원이라면, 운영적 리더십은 최대한 발휘해야 하지만 전략적 리더십은 제한적으로만 발휘해도 된다. 이 경우에 당신이 얼마나 전략적으로 유능한지는 상관없다. 반대로 당신이 전략팀의 수장이거나 인수합병의 일을 맡고 있다면, 여기서 필요한 건 전략적 능력이다. 그리고 당분간은 당신의 운영적 리더십의 상당부분을 잠재워 놓아도 된다. (물론 당신

한 CEO는 이렇게 말했다. "많은 CEO들이 운영적 측면에는 잘 집중한다. 반면 효율성과 성장 간의 균형을 잘 맞추지 못한다. 당신은 둘 다 잘 할 수 있고, 또 둘 다 잘 해야 한다. 위대한 CEO들은 효율성을 높이는 것과 회사의 성장에 시간과 에너지를 쏟는 것 간에 균형을 맞추는 법을 알고 있다."

의 업무에 회사의 연간 전략 기획 과정이 포함되어있지 않는 한 말이다. 이 과정은 매우 운영적이다.)

# 전략적-운영적 리더십에서의 편향성

올바른 마인드를 얻기 위해서 잠시 **표 6.1**에 나열된 장점들을 단점으로 바꿔보는 시간을 갖도록 하자. 각 장점들을 극단으로 가져갈 경우 어떤 일이 발생하겠는가?[4]

아래 **표6.2**는 내가 작성한 극단적 경우들이다.

관리자들이 전략적 또는 운영적 리더십에서 어느 한 편으로 기울어진다는 개념을 뒷받침하는 최근의 한 연구 결과는 새로운 사업을 창업하는 데 있어 핵심적인 두 가지 역할, 즉 반짝이는 아이디어를 생각해내는

**표 6.1 전략적 및 운영적 리더십의 장점**

| 전략적 리더십 | | 운영적 리더십 | |
|---|---|---|---|
| 극단으로 갈 경우 | 장점 | 장점 | 극단으로 갈 경우 |
| | 장기 전략을 수립하는 데 집중한다. | 단기 결과를 얻는 데 집중한다. | |
| | 폭넓게 생각하고 큰 그림에 주목한다. | 디테일 지향적이다. 실제로 어떻게 일을 처리할 것인지 구체적 사항들로 들어간다. | |
| | 확장적이다. 사업을 성장시키는 데 공격적이다. | 조직의 성장 능력의 한계를 존중한다. | |
| | 기업가적이다. 큰 잠재력을 지닌 새로운 기회를 쫓을 준비가 되어있다. | 고객의 긴급한 필요를 충족시키는 데 집중한다. | |

| | | | |
|---|---|---|---|
| | 영감을 사용해 비전과 전략을 설득한다. | 후속 작업과 정기적 점검을 통해 사람들의 활동을 계속 추적한다. | |
| | 방향을 성찰하기 위해 한 발 뒤로 물러선다. | 행동 지향적이다. 긴박감을 유지한다. | |
| | 방향을 성찰하기 위해 한 발 뒤로 물러선다. | 행동 지향적이다. 긴박감을 유지한다. | |

**표 6.2 전략적 및 운영적 리더십의 장점과 단점**

| 전략적 리더십 | | 운영적 리더십 | |
|---|---|---|---|
| **극단으로 갈 경우** | **장점** | **장점** | **극단으로 갈 경우** |
| 너무 멀리 내다본다. | 장기 전략을 수립하는 데 집중한다. | 단기 결과를 얻는 데 집중한다. | 시야가 좁고 근시안적이다. |
| 구제불능일 정도로 관념적이다. 뜬 구름만 잡는다. | 폭넓게 생각하고 큰 그림에 주목한다. | 디테일 지향적이다. 실제로 어떻게 일을 처리할 것인지 구체적 사항들로 들어간다. | 디테일에 파묻혀있다. |
| 야망이 너무 크다. 지나치게 멀리 나갈 위험이 있다. | 확장적이다. 사업을 성장시키는 데 공격적이다. | 조직의 성장 능력의 한계를 존중한다. | 보수적이다. 한계를 너무 존중한다. |
| 너무 쉽게 뛰어들 준비가 되어 있다. 충분히 선택적이지 못하다. | 기업가적이다. 큰 잠재력을 지닌 새로운 기회를 쫓을 준비가 되어있다. | 고객의 긴급한 필요를 충족시키는 데 집중한다. | 현재의 필요를 충족시키는 데 완전히 사로잡혀있다. |
| 너무 많이 사기를 북돋는다. 미래의 가능성에 대해 너무 많이 이야기한다. | 영감을 사용해 비전과 전략을 설득한다. | 후속 작업과 정기적 점검을 통해 사람들의 활동을 계속 추적한다. | 유연하지 못하고 억압적이다. |
| 명상에 젖는다. | 방향을 성찰하기 위해 한 발 뒤로 물러선다. | 행동 지향적이다. 긴박감을 유지한다. | 총을 발사한 후 조준한다. |

것("아이디어맨")과 그 새로운 아이디어를 실천에 옮기는 것("실행자")을 비교한다. 연구의 대상이 된 회사의 사람들은 한 쪽 또는 다른 쪽 역할로 이끌리는 경향을 보였다. 양쪽 모두에 유능한 사람은 거의 없었다. 그리고 각 역할에서의 성공과 관련된 성격들은 정확히 상반되는 것들이었다. "선견지명형의 아이디어맨"들은 좀 더 지적으로 호기심이 많았고, 독립적, 비순응적이며 방법론적이지 못했다. "실행자"의 경우에는 이와 반대로 호기심이 덜하고, 좀 더 순응적이며 매우 방법론적인 경우가 많았다.[5]

리더십균형지수의 자료에 근거해볼 때 관리자들 중에 가장 부족한 부분은 전략적 리더십인 것으로 보인다. 그렇다고 전략적 리더십을 지나치게 발휘하는 경우가 없는 것은 아니다.[6] 아래 지나치게 확장적인 샘 멘자의 경우가 이를 잘 보여준다.

## 전략적 및 운영적 리더십의 사례

샘 멘자는 전략적 측면으로 과도하게 기울어진 반면 피트 파워스는 운영적 측면으로 과도하게 기울어져 있었다.

### 샘 멘자

30대 초반에 보스턴 컨설팅 그룹의 파트너가 된지 얼마 안 되어서 샘 멘자는 바로 다음 모험에 도전할 때라고 판단하고, 어느 고객사의 가장 큰 사업체 중 하나에서 재무 관리자가 되어 달라는 제안을 받아들였다. 2년 후 그는 제너럴 매니저로 승진했다.

그의 강점은 전략적 리더십에 있었다. 그는 "가장 폭넓은 관점"을 도입했고, 매년 그 산업의 각 분야에서 영향력 있는 이론가들을 체크하며 자신의 지식을 갱신하는 것에 최우선순위를 두었다. 그는 시장의 역동적인 움직임에 뛰어난 통찰력을 보여주었고, 이를 넘어 미래를 예측해내는 재능도 탁월했다. 그를 동경하는 동료들은 "다음 언덕 너머를 본다"라든지 "트렌드가 생기기도 전에 미리 안다"란 표현을 사용했다. 그가 부임한 지 몇 개월 만에 그의 회사는 샘의 전략적 감각이 아니었다면 불가능했을 탁월한 인수합병을 이루어냈다.

그가 대학과 경영대학원, 그리고 전략 중심의 컨설팅 회사에서 최고의 사람들과 다년간 시간을 보내며 연마한 상당한 지적 능력은 그의 전략적 사고에 많은 도움이 되었다. 어떤 이는 그를 "비상한 두뇌"를 가지고 있다고 칭했고, 또 어떤 이는 그를 "총명하다"고 평했다. 그는 추상적 자료들 사이를 손쉽게 항해했고, "빠른 종합 능력"을 보여줬다. 많은 인풋을 받아들이고 그것을 좀 더 큰 생각으로 통합해내는 데 뛰어났다. 그는 자신의 팀에게 이렇게 말하곤 했다. "우리가 어느 사업 분야에 있고 싶은가 그리고 그 문제를 전술이나 심층 전략과 혼동하지 마라."

그러나 샘 멘자는 중간 관리자로서 회사생활을 시작했기 때문에 조직운영 능력을 쌓을 기회를 경험해보지 못했다. 이는 그를 편향적으로 만들었다. "내게는 일상적 디테일들보다 큰 그림이 더 중요하고 우선순위를 갖습니다." 그의 멘토는 이 의견에 반대했다. "뛰어난 리더는 둘 다 잘 해야 합니다." 하지만 샘은 10만 피트 상공으로 너무나 쉽게 날아오르는 반면, 땅바닥에 발을 디디는 일은 거의 하지 않았다. 샘의 피드백 리포트에는 디테일에 좀 더 신경써달라는 목소리가 합창을 이룬다. 한 부하 직원은 "그는 기본을 배울 필요가 있습니다"라고 말했다.

그는 분명 운영에 관한 일을 완전히 무시하지는 않았다. 사실 그와 반대로 그는 라인 매니저들이 그들의 임무를 잘 수행해주길 바랐고, 그렇게 하지 못할 시에는 불쾌감을 드러냈다. 그는 운영에 관한 검토를 매 분기마다 실시했고, 따라서 이 일에서 완전히 손을 뗀 것은 아니었다. 하지만 직원들은 그가 즐거워하는 것이 무엇인지, 그리고 그가 조직운영 업무에는 그다지 마음이 없다는 것을 알 수 있었다. 그는 마케팅이나 전략팀 또는 재무팀에 있는 매우 똑똑한 젊은 친구들과 산업 경향에 대해 진단하고 청사진을 그리느라 한 번에 몇 시간씩도 보낼 수 있었다.

그는 자신의 약점을 잘 알고 있었기 때문에 운영팀에 강력하고 경험 많은 사람들을 배치했다. 하지만 자신이 여전히 맡아야 할 조직운영 업무가 있다는 사실은 깨닫지 못했다. 매달 이 관리자들과 잡힌 일대일 미팅은 취소되기 일쑤였다. 진실을 말하자면, 그는 자신이 "단순 고역"이라 부르는 업무를 별로 좋아하지 않았다. 그 결과 그의 상관들은 그와 반드시 대화를 나눌 필요가 있는 문제들을 얘기할 기회나 최소한의 안내를 받는 데 어려움을 겪었다.

그의 상관은 그를 "마무리 선수라기보다는 개시자", "실행의 현실에는 발을 딛지 않는 사람"으로 보았으며, 그의 방관자적인 운영 스타일이 일관되게 재무적 목표를 달성하고자 하는 그 부서의 노력을 방해한다고 우려했다. 그는 분명 과잉 약속을 하는 경향이 있었으나, 그것이 문제가 아니었다. 충실한 중기 계획을 수립하고, 조직이 연간 목표들을 향해 나아가는 데 집중하게 하는 그의 역할을 다하지 않는 것이 문제였다.

샘 멘자처럼 되는 것은 위험하다. 조직운영에 관한 일을 완전히 이해하지 못할 뿐 아니라 그것에 관심을 갖지도 않는다면 당신은 의도치 않게 조직에 근무하는 75%의 사람들에게 그들이 하는 많은 일이 사실은 별로 중요하지 않다는 메시지를 전하게 된다. (이들은 모두 운영적 결과를 생산하는 사람들이다.) 그러한 암묵적 메시지는 사람들에게 거리감을 느끼게 하고, 주변부에 있다는 느낌과 집단적인 사기 저하를 만들어 낸다. "당신은 우리가 일상적으로 하는 일을 알지 못하고, 우리가 말해도 별로 관심을 보이지 않습니다." 이것은 일명 브레인트러스트(전문 자문단)와 실무자들 사이에 깊은 골을 만들어낸다. 이런 자세는 시니어 리더들이 할 필요가 있는 역할을 하지 않는 것이다. 즉 조직의 모든 이들에게 그들의 어깨를 바퀴에 대고 차신이 맡은 바를 해내기 위해 애쓰도록 이끄는 역할 말이다.

### 피트 파워스

샘 멘자처럼 피트 파워스도 회사에 새로 부임한 제너럴 매니저였다. 하지만 이들 사이의 유사점은 여기서 멈춘다. 피트는 회사의 내부 업무들에 빠르게 적응하는 모습을 보여주었다. 누군가의 말을 빌자면 그는 "디테일에 대한 이해력이 극도로 높았다. 자동차 내부까지 속속들이 아는 사람이었다." 이처럼 탁월한 실용적 지식으로 무장한 그는 자신을 위해 일하는 모든 이들에게 자신이 기대하는 바를 매우 명확히 밝혔다. 이와 마찬가지로 그의 세 가지, 오직 세 가지뿐인, 연간 사업 개선 목표도 매우 명확했다. 회의 자리에서 그는 자신의 의견을 짧고 힘찬 문장으로 표현했다. 그가 무엇을 의미하는지 혼동스런 적은 한 번도 없었다.

그의 트레이드마크는 "집중"이었다. 그의 동료 중 한 명은 그를 "회사가 잘 돌아가도록 하는 데 극도로 집중한다. 핵심 이슈에 대한 절대적 집중을 보여준다."고 표현했다. 그는 또한 매우 체계적인 사람이었고 조직에 있어 엄격한 업무 처리 규율을 도입했다. 이는 그가 직원회의와 월별 검토를 운영하는 방식에서도 드러났다. "그는 매우 체계적이고 방법론적이며 엄격한 사람이다." 누군가는 그를 이렇게 묘사했다. 대체적으로 그는 "부주의로 실수하는 일이 없도록" 하는 데 철저했다.

그러나 그의 존경할만한 집중력과 잘 훈련된 접근법에도 단점이 있었다. 그는 마치 눈가리개를 쓴 것 같았다. 일을 엄격하게 운영하는 방식은 새로운 아이디어에 대한 논의를 잘라버리는 그의 경향과 밀접한 관련이 있었다. 그리고 당해에 몇 개의 목표만 선택하고 조직의 관심을 오로지 그것에만 제한하는 솜씨(이는 분야를 좁혀내는 재능이다)는 충분히 넓은 시야를 가지지 못하는 것으로 바뀌었다. 단기간의 실적에 대한 그의 강렬한 관심은 장기적 사고에 대한 어떠한 실제적 관심이나 참을성을 희생하면서 이루어졌다.

피트 파워스와 같은 사람들은 두 가지 위험에 직면할 수 있다. 첫 번째 위험은 그들의 조직에 대한 것이다. 조직은 자신의 변화 능력에 손상을 입을 수 있다. 주변 환경의 변화에 대한 대응이 늦어지는 것이다. 두 번째 위험은 그들 자신에 대한 것이다. 그들은 최고의 자리로 이동하기 위한 폭넓음을 결여한 채 훌륭한 중간 관리자로 이미지가 고착되기 쉽다. 그들은 많은 CEO들이 하는 것처럼 개념적이고 폭넓은 이야기를 하지 않기 때문에 똑똑하지 못하다는 인상을 남길 수 있다. (그렇다고 샘 멘자처럼 책에서 배운 전략적 사고가 전략적인 사람이 되는 유일한 길이란 뜻은 아니다.) 또한 그들은 지적인 능력을 인정받지도 못한다. 기껏해야 현장 경험이 많은 사람으로 여겨진다. 그들은 돈을 벌어들이는 사람으로 여겨지고, 심지어 그에 대한 보상을 받는다 해도 점점 우물 안에 갇히게 된다.

## 세 가지 하위 쌍

전략적 리더십과 운영적 리더십 간의 넓은 구분은 다시 3개의 구분으로 나뉜다. 롭 카이저와 내가 나눈 이 항목들은 **표 6.3**에 나와 있다.[7] 강압적-허용적 리더십 대립 쌍에서처럼 관리자들이 이 세 가지 하위 쌍들에 똑같이 반응하는 것은 아니다. 계획 수립과 조직을 성장시키는 데 뛰어난 관리자라고 해서 반드시 혁신적 마인드를 지닌다는 법은 없고, 성과 지향적이고 우선순위를 잘 설정하는 사람이라고 해서 성과 달성을 위해 질서정연한 접근방식을 취하는 데 반드시 능숙한 것은 아니다.

전략적 리더십과 운영적 리더십의 첫 번째 하위 쌍만큼 익숙한 것도 없을 것이다. 이 첫 번째 쌍은 (a) 조직이 계속 발전하기 위해서 취해야 할 변화들이 무엇인지 멀리 내다보는 것과, (b) 가까운 시일 내에 조직이 원하는 결과를 얻어내도록 하는 것에 지금 당장 집중하는 것이다. 세 번째 하위 쌍인 혁신과 질서는 새로운 서비스와 제품을 만들어내기 위해 기존의 질서와 단절하는 것과, 일을 처리하는 데 일관된 방식을 사용하는 것 사이의 긴장을 포착한다.

관리자가 겪는 실제적인 도전으로서 두 번째 하위 쌍인 성장과 효율성은 익숙한 상충 관계이다. 여기서 긴장은 조직 안팎에서 수많은 이니셔티브들을 시작하는 것과 현재 가지고 있는 자원을 선택된 몇 개의 우선순위에 집중하는 것 사이에 존재한다. 이러한 대립쌍은 그 개념상으로만 보면 피타고라스 시대까지 거슬러 올라간다.[8] 그는 자신의 대립쌍들 중 첫 번째 자리에 "무제한(Unlimited)" 대 "제한(Limited)"을 두었다. 운영지향적인 개인들은 그들의 초점을 제한하고, 현실에 기반하고, 필드를 지나 미리 설정된 골라인까지 조직을 체계적으로 이동시키는 것으로 존

| 방향 제시 | 실행 |
|---|---|
| 성장 | 효율성 |
| 혁신 | 질서 |

경을 받는다. 그러나 그들은 좁은 시야와 전략적 대범함의 결핍이라는 단점을 가지고 있다. 사실 그와 같은 리더들은 더 높이 솟아올라 더 오래 하늘에 머무르는 목표를 세운다.

반면 전략적 성향이 강한 시니어 리더들은 짧은 단거리 게임을 경멸하고 하늘 위로 공을 쏘아 올리는 경기를 훨씬 더 선호한다. 확장 성향이 있는 그들은 경계를 넘어서고자 한다. 그들은 멋지게 하늘을 날지만 무엇이 실현 가능하고 무엇이 그렇지 못한지에 대한 현실 세계에서의 일들에 대해서는 충분히 알지 못한다. 강한 자아가 그 요인 중 하나이다.[9] 대범한 전략적 리더들은 심각한 자기중심주의에 빠진 경우가 많다. 반면 신중한 운영적 리더들은 겸손함에 기울어진 경우가 많다. (흥미롭게도 겸손함을 뜻하는 humility의 어원은 땅을 뜻한다.)

에머슨이 쓴 짧은 전기에서 나폴레옹은 전장에서 일을 처리해내는 능력이 놀라운 인물로 묘사된다. 비범한 정열은 말할 것도 없고 뛰어난 실용적 자질과 놀라운 지성을 겸비한 그는 "무엇을 해야 할지 알았고 목표물을 향해 달려갔다. 그는 목표물에 도달하기 위해 직선거리도 단축해냈다. 그는 오로지 그 목표물만 바라보았다. 여기에서 장애물은 물러나야만 했다." 여기에 언급한 것보다 훨씬 더 많은, 나폴레옹이 리더로서 갖고 있는 재능에 대해서 설명하다가 에머슨은 갑자기 글의 방향을 바꾼다. "안타깝게도 그의 이러한 강점들도 역효과를 초래했다." 정복을 향한 나폴레옹의 욕망은 끝을 몰랐다. 그리고 마침내 그는 넘지 말아야 할 선

을 넘었다. 이로써 그가 휘두르던 무한계성은 마침내 한계성에 의해 패배하고 만다.[10]

영웅에 관한 사례는 접어두고라도, 모든 관리자들은 이 세 가지 전략적-운영적 리더십의 하위 쌍에서 자신만의 위치를 가지고 있다. 당신은 자신의 위치를 알고 있는가?

## 전략적 및 운영적 리더십에서 리더들의 폼을
## 망치는 것은 무엇인가?

관리자들이 물론 어떤 경험을 쌓느냐에 따라 어느 한 쪽으로 기울어질 수 있다. 예를 들어, 샘 멘자처럼 중간에 갑자기 컨설팅 회사에서 고위 관리자의 자리로 이동하는 사람들을 보라. 조직운영 경험이 부족한 그들은 십중팔구 주요한 조직 변화를 수행하는 데 실제로 어떤 일들이 관련되는지 별로 중요하게 생각하지 않는다. 그리고 그들은 실제로 일을 해내는 조직운영 담당자들을 별로 존경하지 않는다. 이와 마찬가지로, 운영 업무를 주로 하는 관리자들과 업무상 전략적 사고를 많이 필요로 하지 않는 관리자들은 거의 불가피하게 다른 쪽으로 기울어진다.[11]

관리자의 성격도 어느 한 쪽으로 기울어지게 하는 데 영향을 미친다. 물론 성격은 어떤 경험을 하느냐에 따라 영향을 받는다. 칼 융은 "감각"을 선호하는 사람들(세부사항으로 들어가서 엄격하게 사실들을 검증하는 방식)과 "직관"을 선호하는 사람들(전체적인 시야로 접근하고 자신의 직감을 신뢰하는 방식)로 나뉜다고 믿었다. 마이어-브리그스의 이론에 근거한 성격테스트 MBTI도 여러 항목들 중 이 차원에 대한 항목을 포함시키고 있다. 더 나아가, 마이클 커튼은 "적응적" 대 "혁신적" 문제 해결에 있어 개인적 차이를 측정하는 테스트를 개발하기도 했다. 이는 기존 시스템을 개선하려는 경향이 강한가 아니면 근본적인 변화를 도입하려는 경향이 강한가에 관한 것이다.[12]

우리는 자신의 선호에 자극을 받아 각자의 관심과 능력에 맞는 일자리를 찾고 그 일자리에 선발된다.[13] 우리는 한 업무를 맡아서 하다보면 점점 더 그 역할에 능숙해지면서 조심하지 않으면 그것에 갇히게 될 수도 있다.[14]

왜곡된 사고도 영향을 미칠 수 있다. 샘 멘자처럼 자신의 업무 중 조직운영보다는 전략에 더 치중하고, 부하직원 모두가 이구동성으로 좀 더 조직 운영에 신경 써야 한다고 지적함에도 불구하고 전략에 집중하는 것이 올바른 일이라고 고집한 CEO의 경우를 보라. 그는 이렇게 주장했다. "큰 그림이 더 중요하고 우선순위를 갖습니다." "디테일 지향적이다"와 "내부 사정에 정통하다" 항목에서 너무 적음이라는 평가도 그를 설득하지는 못했다. 그는 디테일에 대한 관심을 그것에 파묻히는 것과 동일시했다.

예민성, 예를 들어, 지적 능력이 부족하다는 근거 없는 느낌 같은 것도 전략적-운영적 리더십 대립 쌍에서 리더의 폼을 망가뜨리는 요인이될 수 있다. 일부 고위 관리자들은 업무상 전략적 사고가 중요함에도 불구하고 이를 소홀히 한다. 그들은 그 업무의 지적인 성격으로 인해 위축되는 것처럼 보인다. 당혹스럽고 혼란스러운 주변 사람들은 그들이 왜 자신의 업무의 중요한 부분을 회피하는지 전혀 감을 잡을 수 없다. 만약 그 이유를 알게 된다 해도 이 어두운 비밀을 차마 누설하지는 않을 것이다.

# 전략적 및 운영적 리더십: 유연한 균형의 추구

전략적 리더십과 운영적 리더십 모두 중요하다고 말하지 않을 리더를 찾기란 어려울 것이다. 하지만 진정으로 양쪽 모두에 강한 리더를 찾기란 쉬운 일이 아니다. 이 두 가지 스킬의 확연한 차이로 그 사이에 유연한 균형을 이루는 것이 매우 어렵다. 전체를 이루는 두 개의 반쪽과 마주했을 때, 관리자들은 마치 두 명의 자식 중 어쩔 수 없이 한 명을 편애하게 되는 부모처럼 한 쪽으로 기울어지는 경향을 보인다.

그렇다면 리더들은 어떤 도움을 받을 수 있는가? 전략적-운영적 리더십 쌍과 강압적-허용적 리더십 쌍은 다르다. 후자의 경우, 많은 기능들이 그 리더의 개인적 면모에 달려있다. 그래서 그 사람이 그 기능들을 수행하도록 하는 것 외에 대안은 없다. 그러므로 불균형을 바로잡기 위해서는 그 리더가 개인적으로 변화해야 하는 경우가 많다. 말을 적게 하는 유일한 방법은 말을 적게 하는 것뿐이다. 좀 더 상대방의 입장에서 이해하는 것을 보여줄 수 있는 유일한 방법은 바로 그렇게 하는 것이다. 자기 주장을 펴거나 동정심을 보여야 할 때 다른 사람이 그것을 대신할 수는 없다.

그러나 전략적-운영적 리더십은 다르다. 관리자들은 학습과 개인적 변화를 통해 자신의 결점을 보충할 수 있을 뿐만 아니라 다른 보완 방법도 도입할 수 있다. 리더들은 전략 기능과 운영 기능의 특성상 그 일에서 쉽게 손을 뗄 수 있다. 만약 당신이 창조적인 사고가가 아니라면, 당신은 새로운 사람을 채용할 수 있다. 만약 당신이 엄격하게 체계적이지 않고, 얼마나 향상되었는지 일일이 확인하고 애초 계획과 어긋난 것들을 체크하며 체계가 잘 잡힌 시스템을 운영하는 일에 흥미가 없다면, 당신은 다른 사람에게 그 임무를 맡길 수도 있다. 만약 자신이 큰 전략적 위험에 도전하는 경향이 있다는 사실을 알고 있다면, 당신의 팀이나 상관, 또는 이 사진을 활용해 당신의 이런 경향을 견제하도록 할 수도 있다.

단, 여기에는 한 가지 조건이 있다. 당신이 가진 개인 레퍼토리가 균형적일 필요는 없지만, 두 측면에 대한 당신의 관점은 균형적이어야 한다는 것이다. 당신의 성향이 무엇이든지 간에, 당신은 각 측면을 공평하게 대해야 한다. (강압적-허용적 리더십과 전략적-운영적 리더십의 하위 쌍들이 어떻게 동시에 나타나는지 그림으로 보고 싶다면 10장에 나와 있는 **그림 10.2**를 보라.)

## 리더십 향상을 위한 팁

**주요 사항**

1. 전략적 리더십과 운영적 리더십에 대해 당신은 도움을 받아 둘 다 잘 할 수 있고 또 둘 다 잘 해야만 한다.

2. 전략은 당신이 고위 관리자가 아니라 할지라도 당신의 직무 기술서에 명시적으로 언급되어 있지 않다 할지라도 당신의 업무 중 일부이다. 당신의 전략적 업무로는 미래를 내다보는 것보다는 그러한 비전을 당신의 팀에 적용하는 일일 수도 있다. "장기 계획의 측면에서 볼 때 우리 팀이 지금 당장 바꿔야 할 것은 이것들이다."

3. 당신이 고위직에 있다하더라도 운영적 리더십 또한 당신이 해야 할 업무의 일부이다. 그것은 운영 담당 부하직원들에게 필요한 지침을 주고 정기적으로 관여하는 일일 수도 있다.

4. 전략 부분과 운영 부분을 접목시켜라. 전략은 끊임없이 운영 부분을 이끌어내야 한다. 그렇지 않으면 당신의 팀은 곤경에 처할 것이다. 이와 동시에 운영 부분은 전략적 사고가 현실을 직시하도록 해줘야 한다. 그렇지 않으면 사람들은 그것이 그림의 떡이라고 말할 것이다.

5. 보강책을 도입하라. 강압적이거나 허용적 리더십은 쉽게 위임할 수 없다. 하지만 전략이나 운영 면에 약하다고 생각하면, 그 역할을 수행할 대리인을 얼마든지 데려올 수 있다. 한편 당신이 해서는 안 되는 것은 그 기능이나 그 기능을 수행하는 사람을 경시하는 것이다.

1. 당신은 전략적-운영적 리더십에 있어 얼마나 유연한 균형을 이루고 있는가? 또는 얼마나 편향적인가?

   • 당신은 장기적 계획 수립에 많은 관심을 기울이면서 동시에 단기적 목표 달성에도 집중하는가?

   • 당신은 팀을 강화하거나 확장하기 위해 노력하면서 동시에 당신의 팀이 그러한 변화를 소화할 수 있는 능력의 한계를 존중하는가?

   • 당신은 혁신을 장려하면서 동시에 운영 원칙을 실천하고 있는가?

2. 당신은 어느 한 쪽에 더 편안함을 느끼는가? 가령 실무에 착수하기 보다는 전략에 대해 생각하는 것이 더 좋은가? (아니면 혹시 그 반대 인가?)

3. 당신은 전략적 역할과 운영적 역할을 하는 사람들 모두에게 존중을 표시하는가? 아니면 한쪽 그룹을 더 가치 있게 여기는가?

4. 전략적-운영적 리더십에 대한 당신의 편향성에 당신의 경력이 어떤 영향을 미쳤다고 생각하는가?

# 리더십 편향성의 교정

3부에서는 지나치게 많이 하거나 적게 하는, 또는 이 두 가지가 모두 결합된 형태의 편향성을 고치는 방법을 제시한다. 7, 8, 9장은 리더십 개발 작업을 이루는 외적/행위적 측면과 내적/인성적 측면에 대해 설명한다. 한편 마지막 결론에서는, 유연한 균형성을 갖춘 이상적인 리더십을 어떻게 이룰 것인지를 다룬다. 이는 대부분의 리더들이 도달할 수 있는 목적지는 아닐지라도 발전을 위한 방향이 되어줄 수는 있을 것이다.

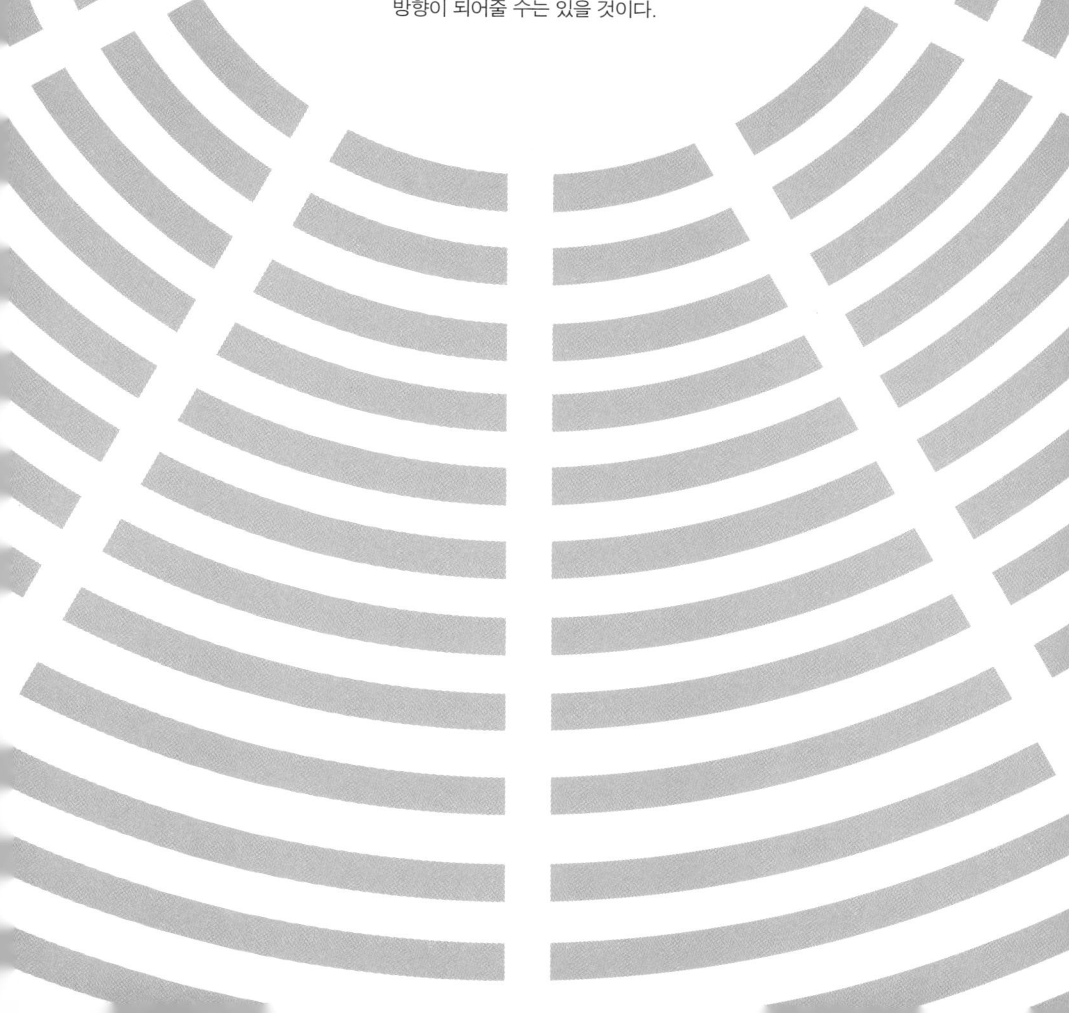

## CHAPTER 7

# 과잉 행동을 억제하는 방법

"과잉은 성공이 아니다. 그것은 거짓된 성공이다." – 해리 캐플랜

뭇 사람들의 믿음에도 불구하고 사실 어른들도 변화할 수 있다. 하지만 일반적으로 이는 어려운 일이다. 리더십 개발의 대상이 당신이건 아니면 다른 사람을 도와주는 경우이건 마찬가지다. 원하는 변화를 얻을 수 있는 정해진 공식이나 확실한 방법은 없다. 사실 회사에는 모든 이가 최선을 다하는 데도 불구하고 수년간 해결되지 않는 문제들이 산적해 있다. 그러나 적어도 가능성을 높이기 위해 당신이 할 수 있는 것은 있다. 가령 과잉 사용된 강점을 완화하기 위해 적용할 수 있는 방법들처럼 말이다.

자동차의 조절판(throttle)은 엔진 실린더에 증기가 얼마나 흘러 들어가는지를 통제한다. 어느 한 쪽의 속도를 너무 많이 끌어올리는 리더들은 그 면을 감속시킬(throttle back), 즉 그 기능에 과도한 에너지가 주입되는 것을 중단할 필요가 있다. 이는 당연한 지적처럼 들릴지 모르지만, 리더십 개발 분야는 결핍을 보충하는 것만큼 과잉 사용된 강점을 진정시키는 것을 중요하게 생각하지 않아 왔다.[1] 그 이유는 간단하다. 회사는 자기네가 평가하지 않는 것을 발전시킬 수 없기 때문이다.

당신의 성공은 당신에게 오랫동안 큰 도움이 되어왔던 강점들을 지

나치게 사용하려는 성향을 자제하는 법을 배우고, 아무리 엄청난 스트레스를 받더라도 당신의 반사 행동을 완벽히 통제하는 것에 달려있다. 이러한 방식으로 당신은 에너지를 낭비하지 않을 수 있고 그에 따라 가장 필요할 때 충분한 에너지를 발휘할 수 있게 된다.

제동을 거는 방법에는 세 가지가 있다. (1)스스로 자제한다. 즉 순전히 의지력으로만 자신을 억제하는 것이다. 이는 리더십 개발 작업의 외적 측면에 해당된다. (2)마인드를 바꾼다. 이는 내적 측면에 관한 작업으로서 과잉을 부채질하는 왜곡된 사고나 통증 유발점과 싸우는 것을 의미한다. (3)아직까지는 스스로 과잉을 통제할 수 없거나 통제하는 법을 배우고 있는 과정이라면, 당신을 견제할 수 있는 장치를 마련한다. 이는 보통 과잉을 상쇄시키는 사람이나 그룹을 활용하는 것이다.

또한 과잉이란 좋은 문제라는 점을 기억하자. 이것은 새롭게 어떤 능력을 획득하거나 쌓을 필요가 없다는 것을 의미한다. 이미 그 재능이나 기술, 지식과 동기를 충분히 가지고 있기 때문이다. (이들은 모두 당신이 필요로 할지도 모르는 강점들이다.) 당신은 단지 그것들을 좀 더 조절하는 법을 배우기만 하면 된다.



이 장과 다음 장은 서로 반대되는 개발 작업을 다룰 예정이다. 먼저 이번 장은 과속을 방지하기 위해 가속 페달에서 발을 약간 떼거나 또는 필요할 경우 브레이크를 밟는 방법에 대해

|  | 과잉 행동 억제하기 | 과소 행동 강화하기 |
| --- | --- | --- |
| 외적 개발 작업 | 스스로 억제한다. | 스스로 강제한다. |
| 내적 개발 작업 | 충동을 억누른다. | 심리적 억압을 극복한다. |
| 기타 방법들 | 당신을 제어해줄 견제장치를 둔다. | 당신의 한계를 보충해줄 보완물을 둔다. |

다룰 것이다. 반면, 다음 장은 연료를 공급하는 기능, 즉 속도를 끌어올리는 방법에 대해 다룰 것이다. 하지만 **표 7.1**에서 보듯, 두 장 모두 세 개의 동일한 발전 단계를 중심으로 구성되어 있다.

1. 외적, 또는 행위적 측면에서의 개발 작업

2. 내적 측면에서의 개발 작업

3. 결핍이나 과잉을 해결하기 위한 기타 방법들

이 장과 다음 장에서는 변화를 위해 개인적인 차원에서 할 수 있는 것들에 초점을 맞출 예정이다. 하지만, 변화란 혼자 한다고 해서 일어나는 것은 아니다. 당신이 변화하는 만큼, 다른 사람들도 함께 변화할 필요가 있을 수도 있다. 만약 당신이, 당신이 맡은 책임보다 더 많이 일하던 것을 멈추고 다른 사람에게 위임하는 것을 늘이기 시작한다면, 어떤 부하 직원은 추가의 책임에 힘들어하며 거기에 적응하는 데 당신의 도움을 필요로 할지도 모른다. 반면, 어떤 사람은 당신이 당신의 자리뿐 아니라 다른 사람의 일까지 하던 것을 멈추었을 때, 그냥 안도의 한숨을 내쉴지도 모른다!

# 스스로 억제하기: 속도를 낮추는 외적 작업

과잉을 교정하기로 한 리더들은 종종 그러한 작업을 자신을 억제하는 작업으로 묘사한다. 너무 멀리 치달으려는 충동이 막 생기려는 찰나에 의지력을 발휘하는 것이다. 자신을 억제하는 데는 종종 내면적 측면이 많이 개입하지만 (일종의 자기인식이 필요하다) 그럼에도 불구하고 여기서는 당신의 행동을 직접적으로 관리하는 외적 작업에 초점을 맞추도록 하겠다.

과잉 행동을 억제하는 것은 자신의 과잉을 줄여야겠다는 깨달음과, 적절한 만큼만 하겠다는 자기맹세에서부터 시작한다. 의지력이라고 하는 것이 원래 확실한 것이 아니기 때문에, 그것을 받쳐줄 수 있는 지지대를 두는 것이 현명하다. 당신의 행동을 억제거나 강화하기 위해 사용할 수 있는 많은 전술 중에 이 장과 다음 장에서는 다음의 4가지를 다루도록 하겠다. (1) 한 가지 스윙 생각을 선택한다. (2) 신호를 알아낸다. (3) 치료요법을 채택한다. (4) 피드백 고리를 만든다. (**표 7.2**를 보라.) 이는 완전한 일람표가 절대 아니다. 단지 외적 개발 작업을 보여주기 위한 예시일 뿐이다.

### 한 가지 스윙 생각을 선택한다

"스윙 생각(swing thought)"이란 골프 용어이다. 당신이 공 앞에 섰을 때 고쳐야 할 자세 중 마음속에 새겨둔 한 가지를 말한다. 스윙 생각은 당신이 추구하고자 하는 변화를 상징하는 매우 특정한 행동에 주목한다. 이는 여러 가지 변화를 한꺼번에 추구하는 것은 실패할 가능성이 높다는 생각에서 비롯된다. 사라 센트럴은, 자신이 너무나 무대 중앙을 차지하려 하기 때문에 의도치 않게 다른 사람들을 주변으로 몰아낸다는 사실을

| |
|---|
| **1. 한 가지 스윙 생각을 선택한다.** - 외우기 쉬운 교정 자세 한 가지 |
| **2. 신호를 알아낸다.** - 임박한 반사작용을 알리는 신호를 알아낸다. 보통 신체적 신호일 경우가 많다. |
| **3. 치료요법을 채택한다.** - 변화된 행동을 이끌어내는 프로그램을 선택한다. |
| **4. 피드백 고리를 만든다.** - 시작 신호, 채점카드, 설문조사 등 |

깨달았다. 그녀의 스윙 생각은 다음과 같다. "다른 사람이 말을 다 끝내도록 놔두자." 허용적인 리더가 되기 위해서는 다른 사람에게 끝까지 말하도록 놔두는 것 외에도 더 많은 할 일이 있지만 사라에게 중간에 말을 끊지 않는 것은 하나의 출발점이었고 더 큰 목표를 대변했다.

스윙 생각은 단순히 지침이나 기법이 아니라 감정에 기반을 두었을 때 가장 큰 효과를 발휘할 확률이 높다. 충분히 강압적이지 못한 성향을 지닌 한 관리자의 경우보다 이를 더 잘 보여주는 것도 없다. 그의 이런 성향은 최고 경영진과의 관계에서도 반영됐다. 그는 이들에게 지나치게 공손한 자세를 취했는데, 상사들에게 어느 정도 동료로서 접근하려던 시도는 번번이 실패로 끝나고 말았다. 그런데 역할극이 이를 바꿔주었다. 나를 상대로 상관에게 주장을 관철하는 모습을 보여주고자 했던 그는 또다시 비굴한 태도를 취했고 그런 자신에게 혐오감을 느꼈다. 그는 부정적이긴 했지만 스윙 생각 하나를 선택했다. "비굴해지지 말자!"가 그것이다. 최고 경영진과의 미팅 자리에 다시 나갔을 때 그는 마음속에 이 생각과 혐오의 감정을 품은 덕분에 좀 더 강력하게 나갈 수 있었다.

그렇다면 스윙 생각이란 동력을 만들어내는 간단한 장치라 할 수 있다. 그리고 이는 당신이 간절히 원하는 것을 대표했을 때 가장 효과를 발휘한다.

### 신호를 알아낸다

자신을 성공적으로 자제하려면, 어떤 것을 지나치게 하려고 할 때 나타나는 신호에 대해 잘 아는 것이 많은 도움이 된다.

종종 이 신호는 신체적인 경우가 많다. 한 관리자는 자신이 회의에서 너무 신랄한 코멘트를 하려고 할 때마다 그 전에 왼쪽 다리를 크게 흔들기 시작한다는 사실을 발견했다. 어떤 사람은 부하 직원에게 실망하여 그를 꾸짖기 전에 자신의 몸에 열이 나는 경향을 발견했다. (그는 자신의 얼굴이 붉어지는 것을 느낄 수 있었다.) 또 다른 누군가는 그의 동료 말을 빌자면 "사과 상자를 뒤집어 버릴 만큼" 강한 기세로 방안에 들어오는 경향이 있는데, 그럴 때면 그는 "너무 꽉 감긴 스프링"과 같은 기분이 든다는 사실을 깨달았다.

신호를 알아내는 것은 반사작용을 중간에 차단하기 위해서이다. 곧 다가올 지나친 행동의 신호를 알아볼 수 있다면 잠시 자신을 멈추고 평상시 튀어나오던 무조건 반사 반응에 대한 대안을 찾아볼 수 있을 것이다. 당신이 하려고 하는 말을 종이에 써보면서 불쑥 말해버리는 충동을 자제할 수도 있고, 회의 초반에 너무 팽팽하게 감긴 스프링과 같은 기분이 든다면 숨을 깊이 들이 마시면서 진정을 취해볼 수도 있을 것이다. 그렇게 하면 다른 사람들은 당신의 지나친 활기나 강렬함에 마음을 졸이지 않아도 되고 좀 더 자유롭게 당신의 참여를 받아들일 수 있을 것이다. 이는 분야를 막론하고 훌륭한 실행자들이 하는 방법이다. 즉, 행동의 속도를 줄임으로써 말콤 글래드웰의 "블링크(blink)"[2]를 통해 순간적으로 예민한 자연적 반사작용을 조절하는 것이다.

그것이 신체적인 것이든 아니면 감정적인 것이든 이 신호들을 이용하려면 그 신호들에 채널을 맞추고 있어야 한다. 하지만 많은 리더들이 그렇게 하지 못한다. 내 동료인 로렌스 스티바즈의 말을 빌자면 "우리는 머리로 살아가기" 때문이다. 그러므로 순간순간의 감정들에 좀 더 잘 알고 몸의 언어와 더 많은 대화를 나누는 것이 도움이 된다.


**치료 요법을 채택한다**

순간의 깨달음을 지속적인 변화로 바꾸기 위해서, 많은 리더들은 규율을 필요로 한다. 이는 그들이 중요한 프로젝트에 적용하는 엄격한 규율과도 같다. 향상을 위한 그들의 야망을 뒤받쳐 주지 않는다면 그것은 쉽게 무너지고 말 것이다. 치료 요법은 그런 지원 중 하나다.

직원들에게 너무 많은 자율성을 주는 한 관리자는 그러한 경향을 고치기 위해 매주 화요일 오후마다 2시간씩 업무 진척 상황을 보고하는 시간을 마련했다. 이 간단한 프로그램을 통해 그녀는 직원들과 소통하고 그들의 업무를 바로잡아주는 습관을 가지게 되었다.

근무 시간을 초과해 무한정 일하는 경향이 있는 관리자들은 자신에게 제약을 설정함으로써 큰 도움을 얻을 수 있다. 불가항력적인 것은 움직일 수 없는 목표에 의해서만 극복될 수 있다. 일중독의 삶을 살게 만든 자신의 지나친 업무 충동을 억제하기 위해 한 관리자는 출장일 때를 제외하고 매주 두 번은 5시 30분에 퇴근해서 가족들과 함께 저녁식사를 하겠다고 다짐했다. 당연히 그는 아내가 일찍 들어온 자신을 보고 의자에서 넘어지지 않도록 아내에게 이 계획에 대해 말해두었다. 또한 비서들에게도 5시 15분에 자신을 내쫓아달라고 얘기해두었다. 결과는 어떻게 되었을까? 그는 일주일에 두 번이라는 약속은 지킬 수 없었지만 일주일에 한 번은 집에 일찍 들어가게 되었다. 이는 많은 변화가 아닌 것처럼 보일 수도 있지만, 일주일에 한 번 저녁시간에 맞춰 집에 가는 것과 전혀 그렇지 않은 것은 엄청난 차이이다.

또 다른 관리자는 자신이 항상 성공의 비결이라 믿었던 높은 집중력을 조절하는 프로그램에 착수했다. 그 높은 집중력은 이제 부작용을 낳기 시작했다. 다행히 심각한 건강 문제는 없었지만 그는 업무에 거의 광적으로 매달리는 태도와 신경질적인 에너지에 지쳐가고 있었다. 이따금씩 그의 아내가 우려를 표해왔지만 그는 승리의 공식에 손대고 싶지 않았기 때문에 이를 진지하게 받아들이지 않고 있었다.

긴장된 상태를 완화하기 위해 그는 30분씩 안내 테이프에 따라 공식적인 긴장완화 연습에 돌입하기 시작했다.[3] 이를 통해 그는 적어도 긴장이 완화된 기분이 어떤 것인지 느껴볼 수 있었다. 그는 또한 데일 카네기가 쓴 『자기관리론(How to Stop Worrying and Start Living)』의 오디오 테이프를 가지고 다녔다. 이 책은 심각한 문제에 직면한 사람들이 마음을 편안히 갖는 법을 배우는 교훈적인 이야기들로 가득했다. 그는 출퇴근 운전 길에 이 테이프를 반복적으로 들었다. "테이프를 끝까지 다 들으면 다시 처음으로 돌린다." 그는 내게 이렇게 말했다. (이건 집중력에 어떤 영향을 미칠까?!) 그는 머릿속에 이 새로운 주문(mantra)을 집어넣기 위해 수개월 동안 이 요법을 반복했다. 테이프는 더 이상 사용이 불가능할 정도가 되었다. 평상시의 엄격한 규율 방식으로 자신의 개발 목표를 실

행에 옮김으로써 그는 비록 결과는 장담할 수 없으나 확실히 그 성취 가
능성은 높일 수 있었다.

과잉 행동을 억제하는 데 있어 당신의 선의에 완전히 의지하기보다
는 정기적으로 당신이 원하는 행동을 이끌어내는 간단한 실천이나 과정,
메커니즘을 고안해내는 것이 일반적으로 훨씬 효과가 높다. 여기서의 핵
심은 일관성이다.


### 피드백 고리를 만든다

무언가를 지나치게 할 때마다 나타나는 내적 신호를 알아내는 것 외
에, 다른 사람에게 신호를 보내달라고 부탁할 수도 있다.[4]

지나치게 말을 많이 하는 행동은 관리자들 사이에서 가장 널리 퍼져
있는 과잉 유형 중에 하나일 것이다. 어떤 때는 단조로운 톤으로, 또 어떤
때는 엄청난 에너지를 써가며 같은 말을 반복하고 있는 것을 보면 어떤
사람들은 자신에 대한 의식이나 통제력을 아예 결여하고 있는 것처럼 보
인다. 그런 사람 중 한 명은 동료와 부하 직원에게 회의에서 만약 그가 그
모드로 돌입하려 할 경우 신호를 주거나 필요시 중단시켜 달라고 당부
해두었다. 또 어떤 관리자는 비서에게 자신이 직원회의에서 독주하려 할
경우 중간에 끊을 수 있는 권한을 "위임"했다. 그는 실제로 비서에게 플라
스틱으로 된 보안관 배지를 주며 이를 사용하도록 하기까지 했다.

과잉 행동에 대한 피드백을 받는 것만큼이나 중요한 것은 사건이 발
생한 지 얼마 지나지 않아 바로 피드백을 받는 것이다. 한 관리자는 자기
팀원들에게 "그의 약점 중 하나를 선택"하도록 한 다음 (대부분 이는 과잉
행동일 경우가 많았다.) 그 약점을 감시하고 보고하는 책임을 부여했다.

이런 종류의 피드백 고리는 또 다른 장점이 있다. 당신이 약속한 것

을 공개적으로 알림으로써 변화의 가능성을 높이는 것이다.[5]

피드백 고리는 변화에 대한 책임을 회피하지 않도록 하는 방법이자 변화 과정에서 지원을 얻어내는 방법이기도 하다. 그러나 사람들 간의 피드백 고리는 그다지 강한 견제 장치가 되지 않음을 주목하라. 피드백은 비록 당신에게 과잉 행동을 주목하도록 해주긴 하지만, 그 행동을 확실히 말리거나 그만두게 하는 힘은 부족하다.

그 수단이 무엇이든지 간에(단순히 의지의 힘이든 아니면 그것을 뒷받침하는 메커니즘이든) 외적 개발 작업의 목표는 과잉 행동을 억제하고 지켜야할 선을 넘지 않도록 하는 것이다. 물론 당신이 새로운 행동을 시도할 때, 그러한 경험은 내적 개발 작업을 위해서도 도움이 된다.


## 마인드를 바꾸기: 과잉 행동을 억제하는 내적 작업


심리전에서의 실력을 향상시키는 것은 진정한, 항구적 변화에 영향을 미치는 레퍼토리를 강화한다.[6]

노력은 어떤 종목의 선수들에게나 핵심적인 특성이다. 그리고 추가의 노력은 성적이 뛰어난 선수를 나머지 선수들로부터 구분시켜준다. 하지만 너무 잘하고 싶어 하고, 너무 열심히 노력하며, 야구 방망이나 골프 클럽, 또는 테니스 라켓, 혹은 (만약 이것도 해당된다면) 자신이 주재하는 회의를 너무 잘 진행하려는 사람에게는 문제가 생길 수 있다. 뉴욕 자이언츠의 쿼터백으로서 슈퍼볼 게임에서 팀을 승리로 이끈바 있는 필 심스는 (그는 25개의 패스 중 22개를 성공시켰다.) "지나치게 공을 꽉 쥐는 것은 가장 흔히 하는 실수 중 하나"라고 말한 바 있다.[7] 긴장한 팔은 공을 잘 던질 수 없다. 이와 같은 원칙에서 골프 선수들은 마치 새를 쥐는 것처럼 골프 클럽을 잡아야한다는 말을 한다. 집중력이 지나쳐 긴장하게 되면 운동선수와 리더들은 모두 자신들의 일을 그르치게 된다.

순수하게 행동적 접근만으로는 과잉을 잠재우는 데 충분치 않은 때가 많다. 리더들은 심리적 게임도 해야 한다. 왜냐하면 그들의 업무를 애초에 그르친 것이 바로 이것들일 때가 많기 때문이다. 내적 개발 작업은 대니얼 골먼이 말한 감성적 지성(emotional intelligence)이나 또는 에드가 샤인이 말한 감성적 역량(emotional competence)을 향상시키는 일이라 할 수 있다. 자고로 변화란 운에 좌우되는 경향이 많기 때문에 외면적 접근과 내면적 접근을 모두 사용해 성공 확률을 높이는 것이 현명하다.

표 7.3에는 당신의 마인드를 바꾸는 세 가지 방법이 나와 있다. 이는 과잉 행동을 억제하는 것과 과소 행동을 강화하는 것 모두에 적용된다. 그러나 절대 이 세 가지가 전부는 아니다.

### 왜곡된 생각을 바로 잡는다

당신이나 다른 사람의 머릿속에 있는 장치를 조정하는 것을 상상하기 힘들다면, 여기 네 가지 구체적인 방법을 참고하라. (1) 많을수록 손해인 경우를 인식하라. (2)스위치에 대한 생각을 바꿔라. (3) 강점에 부여된 과도한 가치를 낮춰라. (4) 비현실적으로 높은 기대를 낮춰라.


**많을수록 손해인 경우를 인식한다.** 어떤 관리자에게 "성과 지향적"과 같은 가치 있는 항목에서 가장 높은 점수를 받는 것이 그것을 너무 많이 한다는 의미일 수도 있다고 설명하면, "아니 도대체 무슨 말씀이십니까?"라고 반문하는 반응을 받을 때가 가끔 있다. 그 사람에게 좋은 것을 너무 많이 한다는 개념은 존재하지 않는다. 최대가 최상인 것이다. 슈퍼사이즈의 음식과 오버사이즈 차량들이 넘쳐나는 세상에서 이것은 전혀 놀라운 일이 아닐 것이다.

지나칠 정도로 힘이 넘치는 한 관리자는 피드백 세션을 거치고 난 이틀쯤 후에 다음과 같은 사실을 깨달았다. "나는 강속구를 포기할 필요가 없다. 단지 매번 강속구를 던질 필요가 없을 뿐이다!" 열렬한 야구팬인 그는 내게 LA 다저스의 뛰어난 투수인 샌디 쿠팩스의 이야기를 들려주었다. 쿠팩스는 강속구를 너무 열심히 그리고 너무 자주 던지는 것을 그만둔 후에야 뛰어난 투수가 될 수 있었다. 그는 "강속구를 그만 던지고 커브와 체인지업을 좀 더 많이 시도하라. 그리고 강속구를 던질 때 좀 더 힘을 빼고 좀 더 정확하게 던지도록 노력하라"라는 포수의 충고를 받아들이면서 오늘날의 쿠팩스가 되었다.[8] 다저스의 월터 앨스턴 감독은 쿠팩스가 "요령 없이 모든 근육과 힘을 100% 다 사용하여 던질 때는 위력을 발휘하지 못했다. 그러나 경험이 쌓이면서 자신이 가진 힘의 90%를 안정적이고 유연한 패턴으로 사용할 때 가장 효과적이라는 점을 알게 되었다"고 말한다. 쿠팩스는 자신의 힘을 다스리는 법을 배우면서 훌륭해진 것이다.

여러분은 많을수록 좋은 것이 아니라는 것을 머릿속으로는 잘 알 것이다. 그러나 당신의 마음이 소중히 여기는 무언가에 대한 마인드도 그렇다는 보장은 없다. "강속구를 던지는" 관리자가 발견했듯이, 핵심은 지나치게 발전된 강점을 선택적으로 사용하는 방법을 배우는 것이다. 즉, 올바른 양과 너무 많은 양을 구분하는 법을 배우는 것이다.[9]

**스위치에 대한 생각을 바꿔라.** 리더들이 지나치게 사용한 강점의 음량을 줄이기 어려워하는 이유 중 하나는 음량 조절기를 단지 *끄거나 켜기*만 할 수 있는 스위치로 생각하기 때문이다. 하지만 *끄거나 켜키*만 하는 스위치로 생각했던 것은 알고 봤더니 가감 조절기였다. 사라 센트럴은 다음과 같은 사실을 발견했다. "내가 배운 큰 교훈은 바로 '조절'이었다. 일 년 전 피드백을 받았을 때 나는 그것을 *끄거나 켜는* 스위치로 받아들였다. 하지만 이제는 이 두 가지 단계보다 더 많은 단계가 있다는 것을 알게 되었다. 이건 마치 음량 조절기와 같다. 연속적인 것이다."

가감 조절기는 당신이 많이 사용하는 강점을 완전히 없애는 위험 없이 미세조정 하도록 해준다.

**강점에 부여된 과도한 가치를 낮춰라.** 어떤 기술이나 특성에 지나치게 중요성을 부여할 때, 우리는 과연 어느 정도가 충분한지 판단력을 잃어버린다. 우리의 열광적인 눈에는 마치 너무 많은 것이 적절한 양인 것처럼 보인다. 한 관리자가 말했듯이, "어떤 이들은 그들이 강조한 것과 사랑에 빠진다. 그것은 일종의 종교가 된다." 이 극도로 감정적인 애착이 바로 *끄거나 켜기*만 하는 스위치라는 생각으로 우리를 이끄는 것이다.

많은 리더들이 자신의 집중력에 엄청난 애착을 느끼면서 그것을 낮추는 것에 대해 똑바로 생각할 수 없게 된다. 여기에는 일종의 미신적 요소도 있다. 그들은 승리의 비결을 바꾸고 싶어 하지 않는 것이다. 미국 남부 속담에도 있듯이 "자신을 키워준 것에 충성해야 한다." 한 젊은 고위 관리자는 "부드러운 태도를 보이는 것"에 대해 칭찬을 받았는데, 이는 그가 남의 말을 더 잘 경청하도록 해주었다. 하지만 집중력의 일부를 포기하는 것은 그에게 뭔가 잘못된 일인 것처럼 느껴졌다. "나는 시간당 110마일로 가는 것에 익숙하다. 그래서 시간당 80마일밖에 가지 않는 것에 대해 죄책감이 든다."

여기에는 은밀한 자긍심이 작용하는 경우도 많다. 긴 시간은 일종의 훈장이 된다.

이는 "누구보다도 많이"라는 태도이다. "나는 누구보다도 성실하거나, 분석적이거나, 성과 지향적이거나, 단도직입적이거나, 원칙주의적이거나 친절하다." 이는 자신의 "서번트 리더십"에 자긍심을 느끼던 한 관리자에게 사실이었다. 그는 다른 사람들의 필요를 자신보다 우선에 두었다. 비록 이것이 그를 매우 훌륭한 지원자이자 공감적이며 발전 마인드가 강한 상관으로 만들어주었지만, 그는 자신이 그것을 지나친 극단으로 가지고 가고 있다거나, 이로 인해 무엇을 희생하고 있는지 보지 못했다.

일반적으로, 무의식적으로 우월적인 태도는 과잉을 있는 그대로 바라보지 못하도록 만드는 걸림돌이 된다. 종종 그 태도는 어린 시절에 기원을 두는 경우가 많다. 취약한 위치에 있는 어린이는 특별함을 느끼기 위해 이 태도를 채택한다. 그러나 어린이보다 훨씬 강한 위치에 있는 성인이라면 그러한 자만심을 버리고 자신을 있는 그대로 받아들일 줄 알아야 할 것이다.[10]

우리 모두가 빠질 수 있는 위험은 우리가 특정 리더십에 지나친 가치를 부여하면서 그 사실을 모른다는 것이다. 우리의 과제는 그 가리개를 치우는 것이다.

**비현실적으로 높은 기대를 낮춰라.** 자신에게 너무 많은 것을 기대하면 (당신이 얼마나 많은 시간을 일에 할애하고, 얼마나 메모를 잘 해두며, 상관의 요구에 얼마나 잘 응답하고, 이사진에게 보여줄 프레젠테이션에서 얼마나 많은 팩트들로 무장할 것이며, 얼마나 빨리 승진할 것인지 등) 당신은 지나치게 행동할 위험에 빠진다. 우리는 모두 이런 성향을 가지고 있다. 비현실적으로 높은 기대는 "해야 할 것"과 "하지 말아야할 것"들을 만들어내고, 이것들이 절대적으로 옳다고 생각하게 하면서 우리에게 강력한 영향력을 행사한다.[11]

강한 책임감의 미덕에 대해 반박할 수 있는 사람이 얼마나 되겠는가? 하지만 일부 관리자들은 이를 지나치게 발전시킨다. 한 고위 리더는 마치 지구를 어깨에 짊어지고 있는 거인 아틀라스처럼 자신이 손으로 지탱하지 않으면 회사가 무너지게 될까봐 무의식적으로 두려워한다는 사실을 알게 되었다. 이것의 약점은, 그러려는 의도는 아니었지만, 자기 직속부하들이나 상사의 재량권을 침범한다는 것이다. 그는 의욕에 넘쳐서 자신의 개발 작업도 혼자서 처리하려고 하였다. 그를 비롯해 그와 똑같은 프로필을 지닌 여러 리더들은 모두 장남으로 태어나 어린 나이에 아버지를 여의었다. 어린 나이에 너무 일찍 무거운 책임을 떠맡아야 했던 그들은 그 교훈을 지나치게 많이 학습했다.

자신에게 너무 많은 것을 기대하는 관리자는 다른 이들에게도 너무 많은 것을 기대하는 경향이 있다. 이미 그들에게 존재의 일부가 되어버린 기대감은 그들의 눈에 전혀 과하게 보이지 않는다. 그것은 그들에게 올바르고 정당하다. 그들의 기대감은 어느 정도 동기를 부여해준다. 하지만 억압적이기도 하다. 한 관리자는 자신에게 가장 가까운 동료에게 가장 엄격하게 대했다. "나는 그들을 내 자신처럼 대했다."고 그녀는 설명했다.

완벽주의는 단지 업무수행뿐 아니라 그 개인의 건강과 안락한 삶에도 해가 될 수 있다. 클린턴 1기 정부에서 대통령 부보좌관을 맡았던 빈센트 포스터는 정직과 청렴결백을 아주 중요시하는 사람이었다. 그러나 이른바 "트래블 게이트(Travelgate)" 스캔들 수사 과정에서 그는 백악관 출장 담당 직원들의 부적절한 행동에 책임이 있다는 혐의를 받았고, 그의 청렴결백성은 전국적으로 의심을 받게 되었다. 당시 그의 일기는 점점 증가하는 스트레스와 강박, 그리고 공개적 수치심에 대한 두려움의 흔적을 보여준다. 그리고 그의 자살 메모는 그러한 압력이 그가 감당하기에 너무 벅찬 상태에 이르렀다는 것을 분명히 보여준다. 청렴결백이 미덕이라는 것은 의심의 여지가 없다. 하지만 자신의 이상적 모습에 대한 빈센트 포스터의 애착이 그의 목숨을 앗아갔다는 사실도 의심의 여지가 없는 것 같다.[12]

당신에게 필요한 건 당신이 얼마나 일해야 하고 또 얼마나 잘 해야 하는지를 지시하는 지나치게 높은 기대감을 재조정하는 것이다. 과제는 당신의 고착된 사고 시스템에서 한 발 물러서는 것이다. 당신은 비현실적인 기대들로부터 얼마간의 감정적 거리를 유지할 수 있다면 그들의 영향력을 좀 줄일 수 있을 것이다. 이는 당신과 다른 이들 모두를 위하는 길이다.

## 통증 유발점을 완화시켜라

통증 유발점이란 반사작용을 촉발하는 두려움이다. 이 때 반사작용은 보통 과잉 반사작용, 즉 통제하기 어려운 행동일 경우가 많다. 이러한 행동은 순식간에 발산되기 때문에 당신의 주의를 벗어나기 쉽다. 하지만 당신이 그러한 통증 유발점을 완화시킬 수 있다면, 즉 두려움을 좀 더 잘 관리하거나 이겨낼 수 있다면, 당신은 과도한 반사 행동을 피할 수 있다. 그러나 이를 위해서는 당신이 두려움을 스스로 인정하는 것이 필요하다. 이는 관리자 특히 남성 관리자들이 잘 하지 않는 일 중 하나이다.

한 중간 관리자는 부당함을 목격할 때마다 격분하였고, 자신의 (과잉)반응이 잘못되었다고 생각하지 않았다. 여기서 부당함이란 그의 관점에서 볼 때, 보통 비행기 매표직원이나 레스토랑 웨이터와 같은 서비스 직원이 자기나 다른 사람들을 이용하려 드는 것을 의미했다. 이 일들은 보통 사무실 밖에서 일어났지만, 그의 직장 동료들은 그가 얼마나 빨리 그리고 불필요하게 상황을 악화시키는지 보고 매우 불편해했기 때문에, 그의 업무 효과에도 영향을 미쳤다. 이러한 피드백을 제시하자 그는 자신의 입장을 고수하면서, 그 자신의 이익이 아니라 사회의 공익을 위해 부당함을 중단시키는 것이 그의 임무라고 독선적 주장을 폈다. 그러나 얼마동안 심사숙고한 다음에는 자신이 제기하는 이슈의 내용과 그것을 다루는 방식 사이의 차이를 구분해낼 수 있었다. 그리고 자신의 민감한 부분과 어린 시절 그가 겪었던 가혹한 대우를 연결시킬 수 있게 되자, 입장을 조금 누그러뜨리는 듯 보였다.

모든 통증 유발점이 즉각적인 반응을 초래하는 것은 아니다. 어떤 경우에는 만성적인 과잉 행동을 일으키기도 한다. 한 중간 관리자는 자신이 이메일을 작성하는 데 너무 많은 시간을 들인다는 점을 시인했다.

한 관리자는 다음과 같은 자신의 반사 작용을 발견했다. "만약 부하직원 중 한 명이 뭔가를 물어보면 나는 그 질문을 되돌려서 그에게 직접 생각하도록 하기 보다는 즉시 대답해버린다. 이제는 내가 질문에 답하는 것이 이기적이라는 생각이 든다. 나는 내가 생산적이어야 하고, 내가 똑똑하다는 것을 보여주어야 한다는 욕구를 충족시키고 있었던 것이다."

그가 생각하기에 그 이유는 다른 사람들의 존경을 잃을까봐 두려웠기 때문이었다. 그는 자신의 메일이 사람들에게 줄 인상에 신경을 덜 쓸 수만 있다면 메일을 고치느라 들이는 시간을 줄일 수 있을 거라 생각했다.

이와 마찬가지로 가치 있는 자질을 충분히 가지지 못했다는 두려움에 살고 있는 관리자들에게 성장은 두려움과 함께 존재한다. 빌리 피플스는 협조적이고 점잖으며, 정직한 사람으로 널리 알려져 있음에도 불구하고 자신이 그런 면을 충분히 가지지 못하고 있을까봐 걱정했다. 이 말을 듣자 그의 동료는 그에게 가서 다음과 같이 지적했다. "자네는 '좋은 사람'이란 자본을 지나칠 정도로 가지고 있네. 하지만 '나쁜 사람'이란 자본은 텅 비어있지." 즉, 빌리는 "좋은 사람"이란 크레딧을 너무 많이 쌓아놓았기 때문에 그가 피하려고 하는 인기 없는 입장에 설 여지를 충분히 가지고 있다는 소리다.

두려움을 알면 그 두려움이 당신을 과잉으로 내몰기 전에 당신 자신을 억제하는 데 더 유리한 위치에 있게 해준다. 직원회의에서 폭발하는 성향이 있는 한 관리자는 두려움이 원인이었다는 사실을 발견했다. 자신이 운영하는 조직에 대해 충분히 알고 있지 못하다는 두려움, 그의 팀이 어떤 점에 있어서 부족할 것이라는 두려움 등 말이다. 부하직원이 준비가 덜 되어 있거나 그것을 속이려는 사실을 감지하는 순간, 그는 공황에 휩싸였고 즉시 소리를 내질렀다. 자신의 이러한 점을 아는 것은 그에게 자신이 패닉하기 시작할 때 "멈춤 버튼을 누르고" 반사작용을 중단할 수 있는 기회를 제공했다.

두려움은 또한 리더들이 높게 평가하는 특징의 음량을 줄이는 것을 숙고할 때도 영향을 미친다. 자신의 집중력을 시속 110마일에서 80마일로 내리는 일에 대해 고민하던 리더는 실제로 평가가 끝난 즉시 내게 전화를 걸어 다음과 같이 물었다. "만약 내가 전처럼 열심히 일하지 않는다면 게을러지거나 할 위험은 없습니까?" 나는 되물었다. "만약 게을러지고자 한다면 당신은 그렇게 할 수 있겠습니까?" 물론 그의 대답은 "아니오" 였다. 그는 나중에 자신의 두려운 생각이 근거 없다는 사실을 깨달았다. "처음에는 내 좋은 점이 약해질까 봐 걱정했습니다. 하지만 전혀 그렇지 않았습니다. 나쁜 점은 약해지고 좋은 점은 강해졌습니다." 우연히 나는 과도하게 친절한 관리자로부터 똑같이 근심에 찬 질문을 받게 되었다. 그는 좀 더 엄격한 마음을 가질 필요가 있다고 생각하고 있었다. 그는 내게 전화를 걸어 다음과 같이 물었다. "만약 내가 이렇게 변한다면, 더 이상 친절한 사람이 될 수 없는 겁니까?" "만약 그렇게 하고자 한다면 당신은 그렇게 할 수 있겠습니까?" 그는 그럴 수 없다는 것을 인정했다. 리더들은 그들이 아끼는 소중한 강점을 완화한다고 해서 그것을 잃어버리는 것이 아니라는 점을 확실히 이해할 필요가 있다.

만일 특정 기술이나 자질을 충분히 가지고 있지 못하다는 두려움에 살고 있다면 당신은 아마 당신이 실제로 그 자질을 얼마나 소유하고 있는지 있는 그대로 바라보는 데 어려움을 겪고 있을 것이다. 그런 경우에는 다음의 방법을 추천한다.

### 당신의 강점을 내면화하라

지나치게 사용된 강점을 완화하는 매우 유용한 장치는 긍정적인 피드백이다. 그것도 많을수록 좋다. 3장에서 설명했듯이 나와 내 동료는 지난 10년간 그것을 발전의 원동력으로 삼아왔다. 그리고 우리는 그것이 거두는 효과를 반복적으로 보아왔다. 긍정적인 코멘트가 관리자에게 깊은 인상을 남길 경우 그에 대한 일반적인 반응은 "이제 더 이상 그 부분에 대해서 걱정하지 않아도 되겠군"이다. 한 고위 관리자는 모두가 그를 흠잡을 데 없는 성실한 사람으로 평가했다는 사실을 알게 되자 정확히 이와 같이 말했다.

자신의 존재를 끊임없이 정당화하기 위해 긴장하던 한 관리자는 자신에 대한 보고서에서 긍정적인 코멘트를 읽고 난 후 다음의 사실을 깨달았다. "항상 모든 것을 안다는 점을 증명할 필요는 없다. 사람들은 당신이 똑똑하고 아는 것이 많다는 것을 받아들인다. 그걸 매일 증명할 필요는 없다. 사람들은 당신이 리더이고 상사라는 것을 안다." 이 점에 관해 조금이나마 긴장을 풀 수 있었던 그는 이제 부하직원들에게 그들이 얼마나 똑똑하고 아는 것이 많은 사람들인지 보여줄 수 있는, 그리고 성장할 수 있는 공간을 제공할 수 있을 것 같다고 느꼈다. 그는 자신의 의도를 다음과 같은 간단한 금언으로 요약했다. "다른 리더들이 리드하도록 하자."

마찰을 일으키는 성격(잘못에 대해 비판적이거나 대척하는)과 같은 문제를 고치는 데 가장 필요한 것은 그 문제에 관심을 쏟도록 하는 부정적인 피드백이라고 생각할지도 모른다. 하지만 부정적인 피드백은 과대평가되어 있다. 관리자들은 그러한 피드백의 매력에 저항해야 한다. 그것은 언뜻 마찰 문제 같은 이슈에 대해 그다지 명쾌하지 않은 치료법처럼 보일 수도 있는 긍정적인 피드백으로부터 관리자들의 관심을 돌려놓기 때문이다. 당신은 나쁜 행동의 단속을 위해 노력할 수는 있으나 그건 단지 증상만을 치료할 뿐이다. 이보다는 근본적 원인을 찾는 것이 한 수 위다. 그 원인 중 하나는 자신이 가진 자산의 정도를 제대로 알아보지 못하는 것일 수도 있다.

3장에서 자신이 얼마나 똑똑한 사람인가에 대한 피드백에 심한 거부반응을 보이던 스티브 샤프라는 관리자를 기억하는가? 그는 "곧바로 알아듣지 못하는" 사람들에게 매우 거칠게 대하는 나쁜 버릇이 있

경영 이론가 피터 드러커는 "대부분의 미국 관리자들이 그들 자신의 강점을 알지 못한다"고 말한다.[13]

었다. 사람들에게 도전의식을 주고, 부적절한 업무 처리에 대해 솔직하게 지적하는 것은 좋다. 하지만 그는 그 자질들을 파괴적인 극단으로 끌고 갔다. 그러던 그가 어떻게 자신의 버릇을 고칠 수 있었을까? 그건 매우 놀라운 방식으로 이루어졌다. 그는 자신이 얼마나 똑똑한가에 관해 부하직원들과 줄기차게 논쟁을 벌이던 사람이었다. 그는 자신이 "그렇게 똑똑하지는 않다"고 주장했다. 반면 사람들은 "비상할 정도로 똑똑하다"고 주장했다. 그 정도의 피드백은 그를 동요시키지 못했다.

피드백 세션이 끝난 지 한 달 후, 우리는 강점과 약점이란 제목 하에 각각의 강점 및 약점 항목들의 코멘트를 모두 나열하여 정리한 보고서를 그에게 전달했다. 스티브는 강점에 관한 세션을 다 읽고 난 후 아무 말도 하지 못했다. 이는 그처럼 기민한 사람에게는 매우 드문 현상이었다. 마침내 나는 그에게 어떻게 느끼는지 반응을 물어보았다. 그는 "숙연해진다고"고 대답했다. 그의 지적 능력이 평균을 훨씬 웃돈다는 사실이 마침내 그의 안에 자리를 잡은 것이다. 곧 그는 자신의 지능을 정상 참작할 필요, 즉 충분히 똑똑하지만 그만큼 순발력이 없는 사람들에게 좀 더 관대

해질 필요가 있다는 사실을 깨닫게 되었다. 세션이 끝나자마자 그는 대부분의 경우 공격적이던 그의 행동을 중단했다. 그것은 마치 사람들에게 그런 식으로 얘기하는 것이 그의 사전에서 사라진 것처럼 보였다.

자신을 과소평가하는 것은 당신의 강점이 회사에 득이 되기보다는 화가 되는 가장 불행한 상황을 연출할 위험이 있다. 당신이 강점을 극단적으로 가져가기 때문이다. 이렇게 되면 직장동료들은 당신의 능력을 존경하지 않게 된다. 그들은 오히려 씁쓸해한다. 그들이 접하게 되는 것은 그 능력의 왜곡된 측면이기 때문이다.

당신이 가진 능력의 범위를 모두 깨닫고, 당신이 충분히 잘 하지 않는다는 걱정을 그만둔다면, 당신은 그 장점을 비생산적인 극단으로 끌고 갈 가능성을 줄이게 될 것이다. 강점을 둘러싼 과잉의 껍질을 벗겨냄으로써 당신은 효과적인 알맹이만 가질 수 있게 될 것이다.

# 견제 장치를 사용하기

관리자가 하고자 하는 자기규제가 무엇이든 간에, 과잉을 억제하는 수단이 모두 본인들로부터 나오기를 기대하는 것은 비현실적이다. 아직 스스로를 억제하는 게 어렵다면 억제할 수 있도록 도와줄 필요가 있다. 항상 자신의 본능만을 믿을 순 없다는 사실을 아는 현명한 리더들은 외부의 통제 수단을 도입한다.

### 적절한 장소에 견제 장치를 둬라

조셉 스탈린은 가장 가증스럽고 파괴적인 방식으로 권력을 남용한 매우 극단적인 사례를 보여주는 리더로서, 견제 장치가 전혀 없었던 놀라운 한 예이다. 그가 새롭게 출범한 소련을 통치한 25년 동안 그의 과잉을 견제해 줄 사람이나 장치는 아무 것도 없었다. 그는 수백만 명에 달하는 소련인을 죽음으로 몰아넣었다. 이 중에는 자신의 행정부에 있던 수십 명의 사람들도 포함된다. 이런 조건 하에서 그에게 대항할 수 있는 사람은 거의 없었다. 그는 잔인한 성향에 더하여 대화할 때는 매우 위협적이었다. 또한 그는 뛰어난 머리와 엄청난 정보력, 그리고 불같은 성격을 가지고 있었다.[14]

스탈린에게 실제로 반대의견을 낼 수 있는 몇 안 되는 사람 중 하나였던 주코프는 스탈린의 존경을 받았을 뿐 아니라 그에게 기죽지 않을 만큼 강한 성격을 지녔다. 최근의 한 전기 작가에 따르면, "확고함과 유머는 대개 스탈린에게 잘 먹혀들었다"고 한다.[15] 하지만 주코프는 예외에 불과했다. 스탈린에게는 충성스러우면서도 자신을 견제해줄 수 있는 세력이 거의 없었다. 이는 고위 간부직뿐 아니라 국가의 통치 구조에서도 그러했다. 스탈린은 본인이 사법부와 입법부를 통제했다. 그는 또한 군대도 통제했다. 스탈린 하의 소련 정부는 말 그대로 견제와 균형을 완전히 상실한 곳이었다. 사실상 그의 정부와 개인적 힘은 25년간 견제를 받아본 적이 없었다. 그의 리더십 하에 이루어진 발전이 무엇이든지 간에 (그것이 산업화든 군사력 증강이든) 이는 국가 공무원과 국민들에게 엄청난 손해를 끼쳤다.

회사 내 위치가 무엇이든 도를 지나치는 사람들은 어쩌면 평생 동안 견제장치가 필요할지도 모른다. 리더십균형지수(LVI)에서 극도로 높은 과잉 점수를 받은 경우 이는 그 사람이 그것을 스스로 다스리는 것이 당분간 불가능하다는 것을 의미한다. 사라 센트럴의 경우가 이에 해당된다. 그녀의 동료들은 그녀가 "주도권을 쥔다" 항목에서 너무 많이 하는 것에 +2.21의 점수를 주었다. 이는 통계학적으로 볼 때 최적 수준에서 지나치게 벗어난 점수이다. 지나치게 사용하는 경향이 가볍던 극심하던 간에, 과잉 사용하는 것을 알아내고 그것에 대처하기 위한 견제 장치를 설치하는 과정을 도입하는 것은 가치가 있다. 다음은 눈여겨볼 만한 두 가지 사례이다.

- 내가 컨설팅 했던 유능한 비즈니스 리더 중 한 명은 너무 분석적일 뿐 아니라 자신이 선택한 행동 계획이 잘못될까봐 지나치게 노심초사하는 바람에 중요한 문제에 대해 결정을 잘 내리지 못하는 문제가 있었다. 이 교착상태를 개선하기 위해 그는 본래 타고난 협동적 천성을 발휘하여 가능하면 자신의 측근 그룹을 의사결정에 참여시키기로 하였다.
- 어떤 리더는 효과적인 관리자이고 사람은 좋은데 고압적인 경향이 있었다. 이는 아내와의 관계에서도 드러났다. 자신을 억제하기 위해 그는 아내에게 자신이 너무 강하게 나오면 "레드카드"라고 외치고 실제로 스톱 사인을 들도록 했다. 그들은 또한 그가 만약 냉소적인 말을 해서 그녀에게 상처를 입힐 경우 그녀가 종이

뭉치를 던져도 된다는 데에도 합의했다.

다시 한 번 말하지만, 극단적 행동도 분명 리더십에서 필요할 때가 있다. 문제는 그러한 극단적 행동이 상황이 요구하는 바를 훨씬 넘어서는 경우에 발생한다.

현실적으로 가장 상쇄작용을 필요로 하는 리더들은 자신을 잘 제어하지 못하는 심리상태를 지닌 자들이다. 이 경우, 좀 더 높은 권위를 가진 상사가 통제해야 할지도 모른다. 또는 아무리 무섭고 위험하더라도 그의 동료나 부하직원들이 용기를 내어 이 역할을 맡아줄 필요가 있다.

> 한 최고위 간부는 자신에게 견제 장치가 필요하다는 사실을 알 만큼 충분히 현명했다. "나는 다른 사람이 나를 '붙잡아줄' 필요가 있다는 사실을 알지요."

### 견제와 반대의 긴장감을 참아내라

리더들은 자신의 본능이 명령하는 것과 견제 장치가 가하는 제약 사이의 긴장감을 관리할 의무가 있다. 매우 막강한 힘을 소유한 한 개인이 있었다. 그는 자신이 속한 팀 내에 별 어려움 없이 그에게 반발하고, 의견을 달리 하거나 심지어 그 자리에서 "당신은 고압적입니다"라고 말할 수도 있는 강력하고 유능한 인물들을 절실히 필요로 했다. 그리고 기특하게도 그 자신의 지배 욕구가, 한 부하직원의 말을 빌자면, 그에게 맞설 수 있는 "강한 인물"을 직원으로 두는 것을 막지는 않았다.

그와 그의 팀원 간의 긴장이 얼마나 많은 변화를 도입할 것인가를 둘러싸고 지속적으로 일어났다. 회사를 위한 야망에 부풀어 그리고 시장에서의 포지션 강화를 열망하며, 그는 정기적으로 이니셔티브와 프로젝트, 새로운 조직 과정들을 제안했다. 그는 이러한 계획을 실행하는 데 무엇이 드는지, 또는 여러 개의 이니셔티브들이 모였을 때 그것이 회사에 어떤 영향을 주는지에 대해 그리 현실적이진 않았다. 한 팀원에 따르면 "그는 무언가를 하고 싶어 하면 집중력이 매우 높아지고 결과에 상관없이 해내고야 만다." 이 부분이 바로 그보다 실행 경험이 많고, 현실적인 팀이 필요해지는 지점이다. 비록 그는 매우 확고한 사람이었고, "때때로 모든 사람들의 의견을 무시하고 강압적으로 밀어붙일" 수도 있는 사람이었지만, 사람들은 "대부분 그에게 이의를 제기하는 것을 편안해"했고, 그에게 영향을 미치는 데 성공하기도 했다. 그들은 그를 일대일로 상대하는 것보다는 직원회의에서 공동으로 이슈를 제기할 때 성공률이 높아진다는 사실을 발견해냈다.

리더와 견제할 세력 사이의 긴장이 어처구니없는 싸움으로 변하는 경우도 있다. 리더는 이미 마음을 굳힌 반면 거기에 걸린 이해관계가 극도로 높을 때 이런 일이 발생한다. 문학작품과 인생을 통틀어 『모비딕』에서 일등 항해사 스타벅이 에이허브 선장에게 수선을 위해 배를 멈춰야한다고 말하는 장면보다 이를 더 잘 보여주는 예를 나는 알지 못한다. 소중한 고래 기름이 새고 있었다. 하지만 사람의 목숨을 빼앗는 흰고래 모비딕이 사정거리 내에 있다고 믿었던 에이허브에게는 추격을 멈추는 것은 있을 수 없는 일이었다. 그는 스타벅에게 갑판으로 돌아가라고 명령한다.

선장실 안쪽으로 더욱 깊이 들어오는 스타벅의 얼굴은 점점 더 붉어졌고, "이상하게 존경심을 불러일으키는 용기"와 함께 그는 자신의 주장을 정교하게 펼쳐갔다.

그러자 에이허브는 장전된 총을 쥐고 스타벅에게 겨누었다.

스타벅은 "자신의 감정을 다스리며" 말한다. "선장님, 저 스타벅을 경계하지 마십시오. 그건 선장님께 우스운 일일 뿐입니다. 그러나 부디 선장님 자신을 경계하십시오.”

　스타벅이 떠난 후, 에이허브는 혼자 중얼거렸다. “나 자신을 경계하라 – 그럴 듯 하군!” 그리고 그는 선원들에게 배를 수선하라고 명령한다. 스타벅은 솔직한 말과 경외감, 강렬함과 감정적 자제를 함께 보여주는 비범한 노련함으로 선장을 대함으로써 그를 이길 수 있었다. 강한 개성을 지닌 리더들이 단호하고 확고한 입장을 취할 경우, 그들의 마음을 돌리기 위해선 가장 정교하게 균형 잡힌 반대가 필요하다.

　견제 장치로부터 이득을 얻기 위해서 리더들은 부하 직원의 반대 의견을 신뢰해야 한다. 에이허브가 이 예에서 이득을 볼 수 있었던 것은 스타벅의 경고를 두려워했기 때문이다. 이는 실무 담당자가 리더의 판단에 의문을 제기하도록 허용할 것인가, 그리고 리더의 판단이 아무리 굳건한 것이더라도, 잘못된 판단일 수도 있다는 사실을 받아들일 만큼 충분히 겸손해질 것인가의 문제와 관련된다.

# 리더십 향상을 위한 팁

**주요 사항**

1. 리더십 평가 및 개발은 결핍에 중점을 둔다. 즉 과잉을 억제하는 것보다는 강화할 필요가 있는 것에 훨씬 더 집중하는 것이다.

2. 과잉을 억제하기 위해서는 중용을 그 의미 그대로 바라볼 수 있어야 한다. 즉, 그것은 요구를 충족시키는 데 필요한 모든 강점을 끌어 모으되 조금도 넘치지 않도록 하는 것이다. 중용은 언젠가부터 오명을 얻기 시작했다. 그것은 완전한 노력보다 적은 노력을 의미하는 것으로 잘못 사용되어왔다. 하지만 강점의 지나침을 완화하는 것은 낭비를 제거하는 것이다. 당신이 하고자 하는 것에 역효과를 내거나 원치 않는 부작용을 만들어내는 과잉 말이다. 경영 사전에서 "조절"과 "중용"에 합당한 자리를 내주자.

3. 강점을 조절하기 위해서는, 먼저 중요한 강점이 더 많은 것이 반드시 좋은 것은 아니라는 반직관적인 깨달음에서 시작할 필요가 있다.

4. 모든 수단을 동원하여 자신을 자제하도록 노력하라. 보통의 방식으로 반응하기 전에 잠깐 멈추고, 의지력을 발휘함에 있어 구조와 규율을 도입하라.

5. 또한 당신을 과잉 행동으로 이끄는 가정이나 가치, 기대 또는 두려움을 고쳐라. 당신이 가장 중시하는 가치나, 당신에게 가장 소중한 기술 및 자질들의 목록을 만들어라.

6. 자기 규제와 자기 개발에만 스스로를 국한하지 마라. 다른 사람들이

당신을 도울 수 있도록 하라.

**생각해볼 질문들**

1. 당신은 자신의 행동 중 좋은 점이 어떻게 도를 넘어 지나칠 수도 있는지 상상하는 것이 어려운가? 예를 들어 자신이 혹시 너무 원칙적이라거나, 너무 정직하다거나, 너무 열심히 일한다거나, 너무 성과 지향적일 수도 있다는 사실을 생각하기가 어려운가?

2. 당신이 지나치게 행동하는 부분에 대해 다른 사람에게 "균형을 맞춰 달라"고 부탁하는가?

3. 당신은 견제를 관대히 받아줄 만큼 강인한 성격을 지니고 있는가? 당신은 다른 사람이 책임감을 갖고 당신에게 어떤 제약을 가하려고 할 때 생기는 긴장감을 참을 수 있는가?

4. 당신은 과잉 행동을 하는 직원들을 견제하는 역할을 직접 하는가? 당신이 항상 따라다닐 수는 없기 때문에 그러한 직원을 견제할 수 있는 또 다른 강력하고 솔직한 사람을 팀 내에 적어도 한 사람씩 배치해두기도 하는가? 아무리 재능 있고 생산적인 사람일지라도 견제 장치를 두는 것은 중요하다.

## CHAPTER 8

# 과소 행동을 강화하는 방법

"두려움은 생각과 행동의 적이다." -존 라

과잉과 싸우는 것이 너무 빨리 가는 자동차에 브레이크를 밟는 것과 같다면, 결핍을 극복하는 것은 가스 페달 밟기를 싫어하는 주저함을 상대하는 것과 같다. 바로 이 때문에 리더들은 자신이 너무 적게 하는 행동을 좀 더 많이 하도록 일부러 노력해야 한다. 이것은 단순히 어떤 스킬을 배우지 못했거나 또는 아직까지 그것이 업무에 그다지 중요하지 않았던 케이스들과는 다르다. 당신에게 뭔가를 하거나 더 많이 하도록 강요하는 것은 당신의 행동에 직접 개입하는 것으로, 외적 개발 작업에 해당된다. 한편 심리적 억압에 다가가는 것은 이와는 달리 내적 개발 작업에 해당된다.

## 스스로 강제하기: 과소 행동을 강화하는 외적 작업

당신이 그 가치를 신뢰하지 않거나, 실행하기 두려워 하는 어떤 것을 좀 더 많이 하도록 만들기 위해서는 강압적 요소가 필요할 수 있다. 과잉을 억제하는 데 강제적 제재라는 요소가 있었듯이 말이다.

많은 관리자들은 이 사실을 직관적으로 이해한다. 아래 나온 두 사람의 이야기가 이를 잘 보여준다.

"나는 내 자신이 뒤로 물러나 전략적으로 사고하도록 강제해야만 한다. 이는 내 믿음을 바꾸는 종류의 일이기 때문에 더 어렵다."
"공식석상에서 발언을 할 때면 나는 꼭 망쳤다. 하지만 업무상 나는 반드시 해내야만 했다. 나는 무슨 일이 있더라도 내가 가진 두려움을 다 떨쳐내고 연설하는 법을 배워야만 했다."

당신은 억지로라도 해야 한다. 그렇지 않으면 그동안 당신이 소홀히 해왔던 리더십의 측면이 어떤 이득을 가져다주는지 발견하지 못할 것이다.

### 스윙 생각을 선택한다

어떤 행동을 좀 더 많이 하기 위해서 스윙 생각을 해본다. 스윙 생각을 강화하기 위해서는 당신에게 스윙 생각의 중요성을 연상시켜주는 상징이나 은유 또는 이미지를 찾는 것이 도움이 된다. 그것은 사진일 수도 있고 그림이나 슬로건, 시, 물건일 수도 있다.

• 어느 허용적 스타일의 리더는 자신이 좀 더 단호하고 간결하며 딱 부러질 필요가 있다는 사실을 알게 되었다. 이들은 모두 뭔가를 "잘라내는" 기능들과 연결된다. 그의 스윙 생각은 "자르자. 바로 본론으로 들어가자, 불필요한 논의를 잘라내자. 불필요한 말들도

잘라내자"였다. 순간 영감을 받은 나는 그에게 내 스테인리스 스틸 담배 커터기를 건네주었다. 그 커터기는 그의 캐비닛에 몇 개월 동안 놓여 있었다.

- "긴장을 풀자"라는 스윙 생각을 가진 데일 카네기는 책상에 양말 한 짝을 남겨두었다. 그 양말은 그가 추구하는 내적 부드러움을 상징하였다.[1]

- 한 관리자에게 그것은 한 사람의 연설을 주의 깊게 듣고 있는 한 무리의 사람들을 보여주는 사진이었다. 그의 스윙 생각은 "내 생각을 말하자"였다. "자기중심적으로 끊임없이 나불대는" 사람이 될까봐 두려워하던 그는 좋은 아이디어를 갖고도 침묵했었다.

- 또 다른 사람은 "넓은 시야를 가져라"라는 스윙 생각을 가지고 있었다. 그는 열기구 미니어처를 책상 위에 놔두었다. 그는 자신의 단편적인 조각에만 너무 파묻혀 있지 말고 기업 전체를 포괄할 수 있는 시야를 가지기 위해 "정기적으로 기구를 타러" 가기로 했다.

스윙 생각을 강화하기 위해서는 위에서 예를 든 것처럼 연상물들을 직장이나 집, 또는 서류가방 등 눈에 잘 띄는 곳에 전시한다면 도움이 될 것이다. 개선 목표를 눈에 잘 띄도록 하는 또 다른 방법은 컴퓨터에 정기적으로 환기용 "팝업창"이 뜨도록 세팅해두는 것이다. 이는 변화를 가로막는 큰 장애물인 뭔가 불편하거나 불쾌한 것을 억제하는 인간의 성향과 싸우도록 해준다.[2] 또한 언제나 주어진 시간보다 해야 할 일이 많기 마련인 관리자들의 정신없는 세계에서 프롬프터는 필수품이 아닐 수 없다. 변화에 대한 의제가 머릿속에서 빠져나간다면 변화는 일어나지 않을 것이다.

**신호를 알아낸다**

우리는 모두 두려워하는 것이 어떤 느낌인지 알고 있다. 심장이 빨리 뛰고 손이 끈적끈적해지며 입안이 바짝바짝 마른다. 또 호흡이 가빠지고 땀이 나기 시작한다. 이는 의식의 통제를 받지 않는 당신의 자동 신경 시스템으로서, 당신의 몸을 위험으로부터 벗어나도록 준비시켜주는 행동이다. 두려움은 신체적인 사건인 것이다.

다른 면에서는 효과적인 관리자가 자신과 같은 합리적인 사람과는 잘 대화하다가도, 위협적이라고 느껴지는 사람에게는 말을 잘 못 꺼내는 경향이 있었다. "이제는 긴장하면 알아차릴 수 있게 되었다. 위협적으로 느껴지는 사람과 회의를 하러 들어가면 어깨가 뻣뻣해진다. 이러한 느낌이 들면 예전에는 침묵하곤 했지만 이제는 그 느낌을 조용히 있지 말자는 신호로 사용한다."

그러므로 당신은 어떤 중요한 행동을 하지 못하도록 하는 두려움이나 불편함을 경고 신호로 식별할 수 있어야 한다. 그래서 그 행동을 피하고자 하는 충동을 이겨낼 수 있다.


**치료 요법을 채택한다**

우리 모두 잘 알듯이, 좋은 습관을 기르는 방법은 정기적으로 그것을 연습시키는 프로그램에 가입하는 것이다. 발레리나나 체조 선수, 레슬링 선수, 골프 선수들은 모두 매일 규칙적으로 하는 것들이 있다. 인디애나폴리스 콜츠 미식축구팀의 쿼터백 페이톤 매닝과 와이드 리시버 마빈 해리슨은 매 경기 전마다 30분씩 "골대" 사이를 돌파한다. 해리슨은 짧은 루트부터 시작해서 더 긴 루트까지 플레이북에 나와 있는 모든 우회로를 뛴다. 그들은 이를 여러 번 반복해서 폼과 행동이 몸에 배도록 만든다.

치료 요법은 또한 나쁜 버릇에서 벗어나는 데도 중요하다. 인지 치료(cognitive therapy)의 선구자 중 한 명인 앨버트 엘리스는 어떻게 자신이 청년 시절 여성 앞에서 고통스러울 정도로 부끄러워하던 것을 극복하게 되었는지 들려준다. 그는 모르는 여성들에게 다가가 말을 걸었다. (3개월 동안 그는 130명의 여성들과 말을 나누었다.) 그리고 대부분의 경우 좋은 반응을 얻었다. 그는 두려워하던 것을 반복적으로 해봄으로써 강력한 심리적 억압으로부터 해방될 수 있었다.

핵심은 우리가 갖고 있는 두려움이나 선입견이 하지 못하도록 막는 일을 실제로 해보는 것이다. 그것도 한 번 하는 것이 아니라 반복적으로 하는 것이다. 인지 치료자들은 이것을 탈감작(脫感作, desensitization)이라고 부른다.[3] 이는 사람들이 공포감을 이겨내도록 도와주는 증명된 기법이다. 일련의 작은 승리들을 모아 당신도 그렇게 할 수 있고 그럴 만한 가치도 있다는 믿음을 북돋아주는 것은 현명한 방법이다.[4]

직설적으로 말하는 것에 대한 불안을 극복하기 위해 6개월 동안 좀 더 솔직하게 말하는 방법을 연습한 한 관리자는 이렇게 말했다. "사실 좀 더 단호한 주장을 펼칠 수 있게 된 내 모습을 즐기고 있습니다." 영향력이 커진 것 외에도 그는 자신의 권한을 온전히 발휘하는 데서 오는 만족감을 얻을 수 있었다. "이런 이슈들에 대해 유연함을 가지게 되어 기분이 좋습니다."

활성화되지 않은 면을 체계적으로 끄집어내는 또 하나의 방법은 당신이 어려워하는 것을 하게끔 하는 상황을 만들어 내는 것이다. 그리고 그 상황 안에서 자주 사용해보는 것이다. 한 관리자는 사람들에게 책임을 묻는 일을 더 잘 하기 위한 방법으로 이러한 조언을 얻었다. "자네도 알다시피 자네와 나는 회의석상에서 언성을 높이는 사람들이 아니지 않은가. 우리가 터프해지는 유일한 방법은 우리가 그렇게 행동하게 하는 메커니즘을 만드는 것일세." 이 충고를 귀담아 들은 그 관리자는 한 달에 두 번씩 운영 점검 회의를 열었다.

"내가 한 것은 일이 잘 처리되고 있는지 확인할 수 있는 모니터링 방법을 마련한 것이다. 난 항상 이것을 기피해왔다. 이는 그동안 내 업무는 물론 내가 참여한 다른 팀에서도 필수적이지는 않았다. 아무튼 우리는 이제 한 달에 두 번씩 만나서 기본적으로 일이 잘 되어가고 있는지 확인한다. 이를 위해 이정표를 여럿 둔다. 그리고 이 중 하나가 없어지면 우리는 그 이유를 알아내고 해결한다. 모든 프로젝트가 성공하길 기대하는 것은 아니다. 나는 모든 관료주의적 구조를 오랫동안 혐오해왔지만, 이러한 혐오감을 극복해내야만 했다. 나는 아마 70%의 전략과 30%의 운영 지향성을 가지고 있는 것 같다. 하지만 때때로 그 점이 문제라고 생각한다."

당신이 하지 않았을 행동을 이끌어내는 과정이나 구조를 생각해내는 데 있어 당신이 활용할 수 있는 창의성이나 자원에는 끝이 없다. 구조는 그 행동을 가능하게 한다.

### 피드백 고리를 만든다
어떤 면을 진지하게 끌어올리고 싶다면, 당신의 발전 과정을 평가할 필요가 있다.

기술의 발달은 자기 책임성을 향상시키는 데 도움을 줄 수 있다. 가령 금요일 오후마다 "이번 주에 나는 X를 더 많이 했는가?"라는 질문을 하도록 컴퓨터에 세팅해놓으면 어떨까?

솔직한 결과를 얻기 위해서는 다른 사람들의 평가도 받아야 한다. 당신은 사람들에게 비공식적으로 물어볼 수 있을 것이다. 간단한 이메일 설문조사를 실시하거나 다른 사람에게 그 일을 맡길 수도 있다. 다면 평가에서 관련 항목을 끌어올 수도 있을 것이다. 당신이 강화고자 하는 행동이 무엇이든지 간에, 당신이 그 행동을 좀 더 많이 하고 있는지 다른 사람의 평가를 받도록 하라.

또한 각 단계를 꾸준히 기록해나가는 것도 유용하다. 언제나 회의에 지각하는 어떤 사람은 자신이 다른 사람들을 기다리게 함으로써 얼마나 많은 폐해를 끼치고 있는지 알지 못했다. 시간 약속에 관한 그의 단점을 고치기 위해 그는 비서에게 자신이 주재하는 회의이던 그렇지 않은 회의이던 간에 그가 매 약속마다 몇 분이나 늦는지 기록하도록 했다. 비서는 사람 수와 시간으로 이루어진 지수를 계산해냈다. 이 지수는 그가 늦은 시간에 기다리도록 만든 사람 수를 곱한 값으로 이루어져있다. 일주일이 지난 후 그녀는 그에게 보고를 올렸고 내게도 사본 한 장을 보내주었다. 이러한 기록 시스템 덕분에 그는 정시 도착 기록을 훨씬 향상시킬 수 있었다.

회의 자리에서 꼭 발언을 하고야 말겠다는 목표를 세운 한 관리자는 이를 위해 점수표 카드를 만들었다. 그는 점수표 카드를 한 다발 인쇄해서 책상에 보관해놓았다. 매 카드 위에는 그의 스윙 생각인 "꼭 말하자"가 쓰여 있었고, 그 아래에는 다섯 개의 빈 칸이 그려져 있었다. 중요한 회의 전에 그는 자신이 말하려는 요점을 목록으로 정리했다. 각 요점들을 말할 때마다 그는 빈칸에 표시했다. 회의 당 의견을 하나씩 말하자는 목표에서 출발한 그는 빠르게 목표를 넘어섰다. 몇 달 후 그는 더 이상 점수를 매길 필요가 없어졌다. 하지만 이런 식으로 계속 회의를 준비하는 것은 유용하다고 여겼다.

점수표는 두 가지 일을 한다. 먼저 목표에 대한 당신의 발전 정도를 기록한다. 그리고 당신에게 지속적으로 환기시키는 역할도 한다. 여기서 점수를 기록하는 것이 당신인가 아니면 다른 사람인가는 중요하지 않다.[5]

## 마인드를 바꾸기: 과소 행동을 강화하는 심리 게임

과잉 행동을 초래하는 충동을 억제하는 것만큼이나 심리적 억압을 극복하는 것도 쉬운 일이 아니다.

관리자들이 어떤 심리적 억압에 굴복하는 것은 사실 방어적으로 리드를 하고 있는 것이다. 그들은 원치 않는 일이 일어나지 않도록 막고 있다.[6] 3년 전 겨울, 로키 산맥에서 스키를 타던 한 최고 간부는 더블블랙 다이아몬드 코스(가파르면서 좁은 트레일)를 시도하다가 넘어져 크게 굴러 떨어진 적이 있다. 다행히 그녀는 다치지 않았고 남은 거리를 스키를 타고 내려올 수 있었다. 그 해 겨울과 다음 해 겨울 내내 그녀는 그 코스를 피해 다녔다. 그러다 세 번째 겨울이 찾아왔고, 깨끗한 눈이 6인치나 내린 어느 맑은 아침, 그녀는 다시 한 번 시도해보기로 했다. 그리고 이번에는 성공할 수 있었다. 어떻게 이렇게 달라질 수 있었던 걸까? "조건이 좋을 때 나는 누구보다도 스키를 잘 탈 수 있다. 하지만 조건이 나쁘거나 긴장하게 되면 스키가 잘 안 된다." 그리고 난 후 그녀는 다음과 같은 큰 질문을 던졌다. "그렇다면 나는 적대적이라고 느껴지는 환경에서도 어떻게 하면 긴장하지 않은 상태를 유지할 수 있을까?”

스키에서는 턴이 중요하다. 턴을 통해 산을 내려오는 스피드를 조정하고, 넘어지거나 나무에 부딪히는 것을 막을 수 있다. 어려운 코스일 경우 스키어는 경사면으로부터 몸을 뒤로 젖히고 싶은 욕망이 강하게 든다. 하지만 그렇게 하면 턴하기가 더욱 어려워질 뿐이다. 즉, 골짜기에 가까운 쪽에서 그 반대 쪽으로 체중을 옮기기가 어려워지는 것이다. 이와 마찬가지로, 방어적인 리드는 리더에게 나쁜 영향을 미친다. 어려운 도전 과제를 다루는 모든 이에게 적용되는 규범이 있다. 그것은 “두려움 때문에 폼을 망치지 마라”이다.


### 왜곡된 생각을 바로 잡는다

리더들의 행동을 움직이는 많은 부분은 리드에 대한 그들의 생각이다. 만약 그 생각들을 지울 수 있다면 그들의 행동도 틀림없이 없어질 것이다. 리더들은 운영에 관한 그들의 가정 없이는 길을 잃을 것이다. 하지만 만약 그 가정이 완전히 잘못된 것이라면 어떻게 할 것인가?

여기서는 잘못을 바로잡는 교정 방법 중 세 가지를 다루고자 한다. (1) 당신의 리더십 모델에서 빠진 요소를 추가한다. (2) 자신을 제한하는 가정을 의심해본다. (3) 잘못된 계기판을 조정한다.


**당신의 리더십 모델에서 빠진 요소를 추가한다.** 미리 계획을 세운다는 것은 한 중간 관리자의 의식 속에 존재해본 적이 없었다. 곰곰이 생각해본 결과 그는 자신이 왜 그것을 피하는지 알아냈다. 계획을 세우는 것에 별로 자신이 없었기 때문이었다. 특히 개념적 부분에 취약했던 그는 자신의 강점 영역에서 활동하는 것을 훨씬 선호했다. 그는 업무에서 생기는 급한 불을 끄는 데 전문이었다. 하지만 책임감이 강한 사람이었던 그는 좀 더 사전 준비성을 키우는 것이 효과적인 리더가 되는 데 중요하다는 사실을 인정해야만 했다. 그는 물었다. "어떻게 하면 이것을 행동으로 옮길 수 있을까?"

미리 계획을 세운다는 것은 그에게 낯선 일이었기 때문에 그는 이를 위한 프로그램이 필요했다. 그는 월간 회의의 절반을 앞 일을 예측하는 데 할애했다. 그리고 장기적 계획을 세우는 데 타의 모범이 되는 시니어 관리자에게서 개인교습을 받았다.

이와 마찬가지로 중요한 것이 그의 머릿속에 일어나는 변화였다. "지금 되돌아보면 믿으실지 모르지만, 그 당시 내 머릿속에는 사전 준비를 해야 한다는 개념이 전혀 없었습니다. 따라서 내가 느낀 변화 중 하나는 이제 내가 그 단어를 사용하게 되었다는 것입니다. 이제 나는 그것을 내가 해야 할 가장 중요한 일 중 하나라고 여깁니다." "사전 준비"란 단어를 어휘에 추가하면서 그의 레퍼토리는 확장되었다.[7]

매우 예리하고 기술적 재능이 뛰어난 또 다른 관리자도 머릿속에서 리더십의 주요한 기능 중 하나를 빠뜨리고 있었다. 그에게 리더십이란 "업무를 파악하고 실행시키는 것"을 의미했다. 그의 리더십 개념에서 확연히 빠져있는 것은 사람들과 효과적인 관계를 맺는 것이었다. 분명 그는 자신이 다른 사람들과 함께 일해야 한다는 사실을 알고 있었고, 매일 그렇게 해왔지만, 그 기능은 업무에 대해 그가 내리던 암묵적 정의에 포함될 만큼 중요한 것이 아니었다.

시대착오적인 사고가 리더십의 중요한 부분을 가리기도 한다. 직원들의 일에 관여하지 않기로 한 젊은 간부의 정책은 자율성에 대한 자신의 필요를 순전히 남에게 투사한 것에 불과했다. 자기 일에 바쁘고 아이에게 다소 소홀한 부모 밑에서 자란 그는 스스로 알아서 하는 법을 배우게 되었다. 그리고 자신도 모르는 사이에 자립성에 대한 자신의 필요를 다른 사람들에게도 부여하고 있었다. 하지만 그들은 그가 자신들을 외면한다고 느꼈고 그도 이 사실을 알게 되었다. 그리고 이제 그는 자신의 도움을 필요로 하는 그들의 욕구를 충족시켜주는 게 자신의 업무 중 한 부분임을 알게 되었다. 그들의 필요를 충족시켜주는 것을 업무의 일부로 여기기 시작한 것이다.

리더십에 대한 당신의 인식 모델에서 빈 부분을 채우는 것은 당신의 레퍼토리에 그 부분을 추가하기 위해 반드시 필요한 절차이다. 당신은 당신의 목록에서 빠진 스킬을 발전시키려고 노력하진 않을 것이다. 이는 단순명쾌한 사실이다.


**자신을 제한하는 가정을 의심해본다.** 리더들은 관리 기능의 중요성에 대해 매우 잘 알면서도 그것을 경시하는데, 여기에는 잘못된 가정이 원인인 경우가 많다. 다른 면에서는 명쾌한 사고를 하는 사람들조차 그러한 가정에 주의를 기울이거나 검증해보지도 않고 몇 년씩 유지하곤 한다. 그러는 동안 그들의 폼은 망가질 대로 망가진다.

그러한 관리자 중 한 사람은 자신이 회사를 돌아다녀야 한다는 사실을 잘 알고 있었지만 복도로 걸어 다니는 것을 피했다. 만약 자신이 사람들의 이름이나 하는 일을 알아보지 못하면 그들이 마음 상해할 것이라고 잘못 가정하고 있었기 때문이었다. 거부에 대한 두려움이 담긴 이러한 가정으로 그는 자신의 소중한 업무를 소홀히 하게 되었다. 직원들에게 얼굴을 보이고 유대 관계를 유지하는 것은 그의 중요한 업무였던 것이다. 그는 사람들과 얘기하는 재능이 뛰어났기 때문에, 그가 자신을 이런 시니어 팀으로 승진한 관리자가 자신을 제한하는 다음과 같은 가정을 털어놓았다. "CEO와 대등할 수 있다는 생각은 내게 새로운 것입니다. 나는 그가 이러한 결정을 수년간 내려왔으니 만큼 더 좋은 정보나 더 나은 관점, 또는 더 나은 판단력을 가지고 있어야 한다고 생각하는 데 익숙해져 있습니다. 하지만 CEO가 옳을 것이라고 몇 년 동안 생각해왔지만 이제는 만약 내게 CEO의 생각에 반박할 수 있는 사실이나 근거가 있고 그의 생각에 동의하지 않는다면, 그 의견에 도전하는 것이 내 의무라는 것을 깨달았습니다."

식으로 제한하는 것은 안타까운 일이 아닐 수 없었다. 다행히 그는 자신을 제한하는 이 가정을 있는 그대로 바라볼 수 있게 되었다. "이제 나는 사람들이 생각보다 내게 더 많은 여유를 준다는 사실을 깨달았다. 따라서 나는 방어벽을 그렇게 높이 쌓지 않아도 되었다." 자신의 두려운 가정으로부터 얼마간 자유로워진 그는 자신의 재능을 더 잘 활용할 수 있게 되었다.

또 다른 예도 있다. 두 명의 아이를 둔 한 간부는 아이들이 하는 오후 축구 게임에 참석하고 싶었으나 그렇게 하도록 자신을 내버려둘 수가 없었다. 그녀를 붙잡아둔 것은 "주중에 일찍 퇴근해서는 안 된다"는 한 번도 어긴 적 없는 가정이었다. 그녀는 죄의식이 가미된 이 가정을 드러내고 자신의 장시간 근무와 엄청난 헌신에 대해 생각해본 후, 자신이 엄격히 지켜온 규칙을 때로는 예외적으로 적용하는 것도 고려해볼 수 있게 되었다.[8]

이처럼 변화를 위해 막힌 길을 뚫는 구체적인 방법은 당신의 마음속 깊이 자리 잡고 있는 리더십에 관한 잘못된 가정을 찾아내는 것이다.

**잘못된 계기판을 조정한다.** 과소 행동을 강화하고자 하는 관리자들은 이따금씩 부정확한 정보를 알려주는 내적 계기판에 의해 방해를 받는다. 그 계기판은 그들이 실제로 하고 있는 것보다 더 많이 하고 있다고 생각하도록 잘못 안내한다. 이에 따라 반대편으로 너무 멀리 나갈까봐 걱정하던 그들은 너무 빨리 브레이크를 밟게 된다.

직접적으로 말하거나 명령하는 것을 어려워하던 한 고위 관리자는 이것이 자신이 농구를 하던 시절과 연결되어 있다는 것을 깨달았다. "경기 도중 일정 수의 숏을 놓치면 코치는 농구장을 뛰게 했다. 이것은 나를 좀 더 겁쟁이로 만들었다." 사후 점검 세션에서 이 이야기를 듣고 나는 그에게 약간의 시범을 보이기로 했다. 나는 회의실 한쪽에 서서 그에게 내 뒤에 있는 벽은 사람들에게 친절히 대하는 것을 나타내고, 반대편에 있는 벽은 지시하고 명령하는 것을 나타낸다고 설명했다. 그런 다음 물 한 병을 방 한 가운데 놓고 사람들에게 친절히 대하는 벽 쪽으로 몇 걸음 물러나며 말했다. "당신은 지금 여기 있습니다. 그런 다음 지시하고 명령하는 쪽으로 이동하면서 당신은 자신이 실제로 있는 곳보다 물병이 있는 중간 지점에 더 가까이 있다고 생각합니다." 그는 동의했다. "이 척도는 중간지점이 어떤 모습인지 잘 알 수 없습니다."

만약 당신의 눈금이 이렇게 고장 나 있다면, 자동차 백미러에 나타나는 신호가 왜곡되어 있다는 사실을 마음속에 메모해두기 바란다. "물체는 보이는 것보다 가까이에 있다."


**통증 유발점을 알아내라. 이를 완화시킬 수 있다면 더욱 좋다**

편향적 행동의 시작을 알리는 감정적 또는 신체적 신호를 아는 것이 있고, 그 신호들이 나타내는 감정들을 잘 알게 되는 것이 있다. 이는 종종 자신이 위협적으로 느끼고 있는 사실에 직면하는 것을 의미한다. 단순히 두려움에 반응하는 것과는 반대로 두려움에 대해 잘 안다는 것은 그 문제에 관해 일종의 선택권을 가지게 되는 이점이 있다.

한 관리자는 직원이나 고객, 또는 거래자들을 위한 사교 행사에 거의 모습을 드러낸 적이 없다. 그런 행사에 대한 자신의 감정을 토로한 후 ("그런 일은 완전한 시간 낭비다!"), 그는 자신이 물 밖에 내놓은 물고기 같은 심정이었음을 시인했다. 사교 자리에 참석할 수밖에 없는 상황이 되면 그는 일찍 자리를 떠나는 경우가 많았고, 갑작스럽게 떠나는 경우도 있었다. 그 이유는 그의 말에 따르면 그가 "패닉 상태에 빠지기 때문"이었다. 그가 얼마나 많은 것을 성취했는지는 중요하지 않았다. 회사에서 그의 지위가 얼마나 높은지도 중요하지 않았다. 과제나 체계가 없는 상황에 놓이면 그는 전혀 어찌할 바를 몰랐다. 솔직히 말해 이는 오래전에 얻은 예민한 부분 때문이었다. 그의 부모님들은 출세주의자이자 사교계 명사들이었고, 집에 있을 때면 그의 부족함을 찾아내는 도사들이었다. 이 이야기를 털어놓으면서 자신이 가진 사교적 불안감의 기원을 좀 더 잘 이해하게 되자 그는 그것을 다스리는 약간의 통제력을 얻게 되었다. 그는 공황 상태를 느낄 때 그냥 도망가는 것이 아니라 "잠시 멈춤 버튼을 누르고" 머물러 있기로 했다.

인간개발학자 밥 키건은 변화를 향한 리더들의 시도를 쉽게 좌절시키는 두려움들을 알아내는 유용한 과정을 고안해냈다. 그 프로세스는 그가 "숨은 동기(competing commitment)"라 부르는 것을 드러낸다. 이것은 자기 보호적 확신으로, 정작 본인은 모르고 있지만 변화에 대한 맹세와는 정 반대편에 서 있다.[9]

자신이 회의를 장악한다는 사실을 알고 사라 센트럴은 다음과 같은 다짐을 했다. "천천히 진행해서 다른 사람들이 그들의 의견을 말하고 추가 질문을 할 수 있는 기회를 만들어주자." 내 동료와 나는 그녀에게 키건이 고안한 일련의 과정을 밟도록 도와줬다. 이 과정을 통해서 그녀는 다음과 같은 상충적 다짐을 발견했다. "나는 길을 잃지 않고, 내가 어디에 있는지 알며, 불확실한 상태에 빠지지 않도록 할 것이다. 이런 것들은 나를 불안하게 만든다." 만약 그녀가 길을 잃거나 확신을 잃으면 어떻게 되는가? "온갖 나쁜 일이 발생할 것이다. 모든 일이 잘못되고, 강점은 무너지며, 기초는 흔들리게 될 것이다. 또한 길을 잃고 통제력을 잃어버리게 될 것이다. 그리고 내가 통제력을 잃어버리면, 오로지 나쁜 일만 생길 것이다. 나는 원하던 결과를 얻지 못하고 성공하지도 못할 것이다. 이건 끔찍한 재앙이다." 겉으로 표현한 다짐과 그 안에 숨은 동기는 키건의 말을 빌자면 "역동적 평형 상태"에 놓여있다고 할 수 있다. 이 상태에선 서로 반대 방향으로 끌어당기는 힘이 강하기 때문에, 이전과 거의 같은 상태를 유지하는 상황이 된다.

숨은 동기라 부르건, 통증 유발점이라 부르건, 또는 예민한 부분이라 하건, 자신의 행동을 유발하는 원인을 알면 그것을 바꾸는 데 도움이 된다. 당신이 결핍을 극복하지 못하도록 막는 장애물은 알고 보면 은밀한 힘일 경우가 많다. 바로 이 때문에 당신은 스스로를 강제할 필요가 있는 것이다.

### 강점을 내면화하라: 당신은 당신이 생각하는 것보다 더 강할 수 있다

리더십을 개발하는 데 있어 긍정적인 피드백이 가지는 높은 가치는 널리 간과되어왔지만, 그것은 리더들이 실제로 잘 하고 있음에도 불구하고 충분히 잘 하지 못한다는 생각을 완화시켜주고, 그럼으로써 결핍을 고치는 훌륭한 방법이 된다. 어쨌든 많은 결핍들은 단순한 징후에 불과하다. 한편 관리자들은 긍정적인 피드백을 받았을 때 해야 할 일이 있는데, 그 말에 신뢰를 보내고 자신에 대한 과소평가를 고치는 것이다.

종종 간과되어온 이 발전의 원동력을 높이 평가하게 된 것은 릭 프리드 씨를 만나면서부터였다. 아직 그를 만나기 전, 이 고위 라인 관리자와의 피드백 세션을 준비하면서 나는 다면평가에서 그가 얻은 점수에 깜짝 놀라고 말았다. 리더십균형지수가 개발되기 전에 사용된 다면평가 조사에서 그는 내가 본 어느 누구보다도 최고의 점수를 받았다. 나는 인터넷으로 수집한 서면 코멘트도 확인했다. 그것들도 마찬가지로 호의적이었다. 응답자 9명 중 5명이 극찬을 아끼지 않았다. 마지막으로 그의 전반적 효과성 점수는 10점 만점에 8.8이라는 매우 높은 점수였다. 나는 아주 당황스러웠다. 그의 보고서는 너무나 훌륭해서 나를 걱정하게 만들었다. "내가 과연 이 사람에게 제안할 것이 있을까? 나는 어떻게 해야 한단 말인가? 빠르게 보고서를 검토하고 그에게 축하 인사를 건넨 다음 일찍 끝내야할까?"

릭 프리드는 예외적으로 효과적인 고위 리더였다. 그는 일관되게 좋은 결과를 얻었고 사실상 모든 면에서 올바른 행동만을 보여주었다. 그러나 우리가 토론하면서 알게 된 것은 자신이 얼마나 훌륭한 리더가 되었는지에 관해 그가 아직 제대로 인식하지 못하고 있다는 사실이었다.

전반적 효과성에서 얻은 매우 높은 점수는 몇 가지 상반되는 양 측면 모두에서 얻은 좋은 점수와 일맥상통했다. 그의 상관은 이렇게 말했다. "나는 모든 각도에서 문제를 충분히 논의할 수 있는 사람을 찾는다. 릭은 그런 면을 다분히 가지고 있다. 그러한 능력을 가진 사람은 극소수에 불과하다." 릭은 전략적 사고와 실행 측면 모두에 능했다. 또한 업무를 추진하면서 좋은 대인관계를 유지하는 것, 강력한 리더이면서 다른 사람들에게 권한을 부여하는 것, "엄격함"을 유지하면서 사람들에게 신경써주는 것, 자신도 직접 기여하면서 다른 사람들의 최고 능력을 이끌어내는 것 모두에 능했다. 그는 지적이고, 통찰력 있으며, 빨리 배우는 사람이었다. 그는 효과적으로 우선순위를 정했고, 체계적이었으며, 갈등을 잘 조절했고, 매우 성실했다.

그의 훌륭한 리더십은 사람들이 그의 전반적인 모습에 대해 언급한 내용에서도 반영되었다. 예를 들어,

- 나는 릭이 우리 회사에서 가장 완벽한 관리자 중 한 명이라고 생각한다.
- 이 회사에서 일한 지난 20년 동안 내가 만난 관리자 중 최고이다.
- 릭은 내가 함께 일한 최고의 리더이자 관리자이다
- 내 생각에 릭은 위대한 리더의 자질을 모두 갖추고 있고, 좀 더 높은 위치에서 회사에 기여할 수 있는 잠재성을 지녔다. 그는 분명 이 회사를 이끌 수 있는 사람이다.
- 릭은 이제 막 그 가능성을 드러내기 시작한 훌륭한 리더이다.
- 나는 그의 능력을 동경한다. 그는 나의 역할모델이다.

그의 주변사람들은 그가 얼마나 훌륭한 리더인지 잘 알고 있었지만, 정작 그는 그 사실을 잘 모르고 있었다.

보고서를 검토한 후 그는 내게 물었다. "다른 사람과 비교할 때 저는 어떻습니까?" 나는 대답했다. "매우 호의적입니다." 이후 나는 그가 가진 리더십 레퍼토리가 얼마나 폭넓은지, 그리고 그가 얼마나 높은 점수와 인정을 받고 있는지 설명했다.

그의 반응은 "긍정적인 반응에 가슴이 벅찹니다."였다. 이런 기분으로 잠든 그가 다음날 아침 내뱉은 첫마디는 다음과 같았다. "이 사실을 알고 나니 몹시 해방감을 느낍니다."

해방감이란 말은 깜짝 놀랄만한 단어였다. 많은 의미를 담고 있을 뿐 아니라 특히 농담을 즐겨하지 않는 매우 이성적인 기업인으로부터 나온 말이란 점에서 더욱 그러했다. 무엇으로부터 해방된다는 것일까? 그것은 끊임없이 자신을 증명해야만 하는 압박감이었다. "나는 항상 내 능력이 부족하다고 느끼며 살아왔습니다. 설사 칭찬이나 승진 등, 내가 매우 성공적으로 하고 있다는 외부 신호가 존재해도 항상 내 자신에게 많은 압력을 가해왔지요." 긍정적인 피드백 덕분에 그 압력은 어느 정도 가라앉았다. "이 보고서를 읽고 나니 약간은 압박을 덜 수 있겠다는 생각이 드네요."

그렇다면 그는 무엇을 할 것인가? "이번 경험은 내게 어느 정도 긴장감을 풀도록 해주었습니다. 이는 내가 다른 분야에서 좀 더 잘 하도록 도와줄 것입니다." 주로 그것은 그가 최고 경영진 내에서 좀 더 두각을 나타내고, 목소리를 내며 영향력 있는 인물이 되도록 그를 자유롭게 만들었다. 릭은 항상 자신의 사업 분야를 너무나 훌륭히 운영해왔지만, 다른 최고 경영진 및 CEO, COO들과의 미팅에서는 그다지 두각을 나타내지 못했었다. 피드백 세션이 있은지 3개월 후 그는 다음과 같이 보고했다.

"과거에는 시니어 그룹을 조심스러워하는 경향이 많았습니다. 나는 다른 시니어들, 특히 상관들과 있는 것이 별로 즐겁지 않았습니다. 분란을 일으키고 싶지 않았기 때문입니다. 하지만 이제는 좀 더 목소리를 내기 시작했습니다."

이제 그는 좀 더 자신의 의견을 피력하게 되었다. 이년 뒤에도 그는 시니어 경영진들과의 회의에서 열심히 참여하는 것을 여전히 즐기고 있

었다. 이는 이전과 달리 그에게 기업 전체에 관한 결정 사항에 영향력을
갖도록 해주었다. 그는 다음과 같이 말했다.

"내게 일어난 가장 위대한 변화는 이 과정을 통해 내가 회사에서 전략
가의 역할을 맡게 되었다는 것입니다. 나는 내가 기업의 전략을 형성
하는 데 중요한 발언권을 갖고 있고, 그것을 이전처럼 조심스럽게 접
근하는 것이 아니라 표현하는 것이 중요하다는 사실을 깨달았습니다.
이는 나에게 미지의 환경에서 모험을 감수하는 자가 되도록 해주었습
니다. 나는 외향적이기보다는 내향적인 사람이었거든요."

"나는 상급자들과 있을 때 50%는 더 효과적입니다. 왜냐하면 훨씬 더
개방적이고, 자신감에 차 있으며, 내 생각을 말하려하기 때문입니다.
또한 내 주장이 항상 관철되지 않아도 된다는 사실을 깨달았기 때문
에 기꺼운 마음으로 쟁점을 제기하려고 합니다. 그런 점에서 이 경험
은 내게 큰 도움이 됐습니다."

이와 마찬가지 방식으로 그는 부하직원들과의 관계에서도 닫혔던
밸브를 열고 이제는 좀 더 자유롭고 강력하게 그들과 소통했다.

"이 중 일부는 내가 열렬히 좋아하는 것과 지지하는 것이 무엇인지 보
여줍니다. 그동안 내 안에 있었지만 부담감 때문에 억눌렸던 자질들이
지요. 하지만 이제는 내보여도 괜찮습니다."

새롭게 발견된 그의 개방성은 결혼생활로도 이어졌다. 하지만 아내

와의 관계에서는 다른 모습을 띠었다. 직장 동료들과의 관계에서는 약간 딱딱한 개방성을 선보이게 된 반면, 아내와의 관계에서는 부드러운 개방성을 선보이게 되었다. 그는 아내와 더 많은 시간을 보내기 시작했고 좀 더 사적인 방식으로 이야기하기 시작했다.

> "아내와는 매우 솔직한 사이가 되었습니다. 그렇게 해도 괜찮다는 생각이 들었습니다. 전에는 자신이 없어서 상처받기도 싫어했습니다. 항상 통제된 상태에 있고 싶어 했죠. 아무튼 지금 노력하고 있는 것 중 하나이고, 아직 성공하진 않았습니다. 하지만 이제는 그것을 인식하고 실험할 수 있습니다."

그가 자신의 역량을 내면화해서, 딱딱한 방향과 부드러운 방향 모두에서 좀 더 개방적인 사람으로 변한 것은 가히 매혹적인 일이었다. 그가 만든 변화는 근본적이었다. 그는 좀 더 자신의 본연의 모습과 가까워짐으로써 더 멋진 리더와 남편으로 발전했다. 그의 말을 빌자면 이러한 깨달음은 "일정 정도 자기 확신과 함께 좀 더 편안하게 내 자신이 되도록 해주었다."[10] 이제 와서 돌아볼 때 그는 자신이 그동안 연기를 하고 있었다는 사실을 깨달았다.

> "내가 허울을 쓰고 있었다는 사실을 전적으로 인정합니다. 하지만 이 데이터는 그런 허울을 없애도 괜찮다고 말해주었습니다. 나이가 들고 성숙해지면서 가식적인 것들도 조금씩 없어졌습니다. 하지만 한 평생을 연기하고 억누르며 살다보면, 진정한 변화를 이루는 데 훨씬 더 많은 것이 필요하게 됩니다. 그리고 변화하려면 자신을 좀 더 알고 긴장

을 풀어서 개방적이고 실험적인 상태가 되어야 합니다. 그건 내 본연의 자아를 밖으로 드러내는 것이지요. 이건 스스로를 해방시키는 것입니다. 이러한 해방은 내가 사람들을 진실하게 대하도록 하고 개인적으로 진정한 사람이 되도록 도와주었습니다.”

긴장이 완화되었다고 말하면서 그는 그렇다고 게을러진 것은 아니라는 말을 서둘러 덧붙였다. “긴장이 완화된 상태란 안일하거나 무기력하다는 뜻이 아닙니다. 이 변화는 당신이 너무 꽉 막혀있거나 보잘 것 없는 사람이 되지 않도록 자유롭게 해줍니다.” 무엇이 보잘 것 없었다는 것일까? 바로 자신의 가치에 대한 인식이다. 그에 대한 더 나은 인식을 갖게 되면, “당신은 더 이상 발을 잘못 내디뎌서 떨어질까 봐 두려워하면서 팽팽한 줄 위를 걷지 않아도 된다.” 자신의 능력과 가치에 대해 좀 더 잘 이해하고 있는 그는 이제 핸들을 꽉 쥐었던 손을 풀고 훨씬 더 운전을 잘 하게 되었다.

그는 또한 사람은 자신이 받을 자격이 있는 만큼 주장해야 한다고 덧붙였다. “나는 앞으로 나아가고 있습니다. 아직 목표에 도달하진 못했어요.” 하지만 그는 성공에 가까이 다가가는 중이고 회사에서 지금보다 더 높은 위치를 향해 가고 있었다.

만약 당신의 업무 중 일부를 소홀히 하고 있다거나 회피하고 있다면, 릭 프리드의 경우처럼 본연의 모습을 찾는 것에 대해 고려해보라.

## 다른 사람을 활용하여 보완하기

아직 결핍을 보충하고 있는 단계라면, 남들에게서 그 능력을 구하는 방법도 있다. 결핍이 심각한 관리자들은 이 외에 달리 방도가 없다. 그들은 가야할 길이 너무나 멀기 때문에 그 분야에서 잘하게 될 확률이 희박하다. "적시에 결정을 내린다"라는 리더십균형지수 항목에서 -2.50을 받은 관리자가 비교적 짧은 시간 내에 제 때 결정을 내리는 리더가 되기 위해서는 반드시 그 결점을 보완해야만 한다. 극단적인 경우에 어떤 사람들은 심리적 억압이 아니라 말 그대로 불가능과 싸워야한다.

여기서 새로운 것은 없다. "한계를 보완하는 것"은 회사에서 익숙한 후렴구이지 않은가. 그러나 사람들이 아직 잘 모르고 있는 점이 있다. 당신이 부족한 점을 보완하기 위해서는 오직 부족한 것을 가치 있게 여길 때만 가능하다는 것이다. 여느 인간들과 마찬가지로 관리자들도 그들이 가지지 못한 점을 경시하기 쉽다. 전략에 관심을 좀 더 쏟는다는 것이 무엇을 의미하는지 묻자, 운영적 리더십에 강한 한 신임 최고경영자는 다음과 같이 대답했다. "뜬구름 잡는 시간을 더 늘리게 되겠군."

CEO와 최고운영책임자(COO)가 짝을 이룬 경우는 각자가 상대방의 한계를 보완해줄 수 있는 최상의 기회를 나타낸다. 내 동료와 나는 전략적 지향이 강한 최고경영자와, 운영적 지향이 강한 최고운영책임자라는 표준적인 패턴을 정기적으로 마주친다. 사실 이렇게 되는 것이 맞다. 각자의 역할이 요구하는 바가 그것이기 때문이다.

최고경영자와 최고운영책임자 또는 공동 CEO들이 지닌 서로 다른 기질과 기술들이 서로 연결되지 않거나 충돌할 가능성도 있다. 업무상 결혼이라 할 수 있는 이러한 결합에서 그 차이는 그 쌍을 각각의 합보다 더욱 강력하게 만들 수도 있고, 그들 사이의 반목을 키울 수도 있다. 어떤 쌍은 진정한 파트너십을 맺을 수 없는 잘못된 만남인가 하면, 어떤 쌍은 별로 잘 어울릴 것 같지 않은데 사적으로 잘 협력하고 조직에 통일된 입장을 제시함으로써 모두를 놀라게 하기도 한다.

두 사람이 조직에 대해 공동의 책임을 지는 것은 말할 것도 없고, 서로의 한계를 보완해주기 위해서는, 둘의 관계가 두 가지 조건을 충족시켜야 한다. 하나는 둘이 개인적으로 잘 통해야 한다. 이는 둘이 상대방의 개인적 성격에 만족스러워하고, 꽤 좋은 팀워크를 이루는 것을 의미한다. 둘째로, 둘 사이의 관계가 일단 자리를 잡으면, 공식적이든 비공식적이든 서로 정기적으로 접촉할 필요가 있다. 이를 통해 서로 보조를 맞추고 어떤 이슈에 관해 공통된 시각에 이르거나 또는 적어도 서로의 의견 차이를 인정할 수 있다. 두 조건은 모두 한 가지 요구로 수렴된다. 즉, 두 사람이 둘 사이의 관계에 헌신하고, 지속적으로 강화하는 것이다.

요약하면, 결핍과 싸우는 데 있어 당신에게서 모든 것이 나와야 할 필요는 없다. 사실, 당신에게서 모든 것이 나올 수도 없다.

# 리더십 향상을 위한 팁



**주요 사항**

1. 당신이 중요하지 않다고 생각하는 것은 절대 나아질 수 없다. 애초에 그 기술을 사용하거나 발전시키지 못하도록 막는 선입견을 없애야 한다.

2. 당신의 한계를 보완하는 데도 이와 똑같은 전제가 적용된다. 당신의 부족한 점을 보완해줄 기능이나 역할의 가치를 진정으로 신뢰하지 않는 한, 그 재능을 개발하거나 활용하지 못할 가능성이 크다.

3. 당신을 억제하는 어떤 경향과도 맞서 싸워라. 실패나 거절에 대한 두려움이 원인일 경우가 많다.

주의: 다음의 두 가지는 과잉 행동을 억제하는 것과 과소 행동을 강화하는 것 모두에 해당된다.

4. 원하는 새로운 행동을 시도해보라. 어떤 행동을 더 많이 하거나 더 적게 하는 법을 배우는 데 있어, 직접 시도해보는 것의 가치는 아무리 강조해도 지나치지 않다. 행동과 성찰이 새로운 스킬을 배우는 핵심이다.

5. 정기적으로 연습해라. 이를 위해선 당신의 개선 노력을 강제로 부과하고 또 강화해야한다. (이는 당신이 코치하고자 하는 사람도 마찬가지이다.)

- 개선 노력을 강제로 부과하기 위해선 모든 책임과 투명성을 당신의 손에 맡겨서는 안 된다. 다른 사람들에게도 당신이 변화하기로 결심했다는 사실을 알려라. 당신이 소홀히 해 온 행동을 연습하는 프로그램을 가동시키고, 감시인을 배치하며, 점수를 기록하라.
- 개선 노력을 강화하기 위해 다른 이들의 지원을 얻어라. 상담가를 활용하고, 당신이 이루어낸 성취를 고려하며, 잘 사용하지 않는 근육을 움직이는 것에 즐거움을 느껴라.

**생각해볼 질문들**

1. 당신은 리더십 역할에서 어떤 부분을 소홀히 하는가?
2. 당신은 당신의 업무 중 적극적으로 회피하는 부분이 있는가?
3. 당신의 리더십을 보완하기 위해 바꿔야할 특정한 태도가 있는가? 예를 들어 "상관에게 우리 부서의 성과를 계속 알리는 것은 일종의 자랑이다. 그러므로 잘못되었다."라고 생각하는가?
4. 남들에게 당신이 개선하려 한다는 점을 기꺼이 알리는가? 공개적으로 다짐을 하는 것은 변화에 대한 원동력을 추가로 제공한다.

## CHAPTER 9

# 과잉 행동과 과소 행동의 통합적 해결

"경영자의 리더십 기술은 무엇보다 역설의 선호, 모호함의 재능, 모순된 주장을 편안하게 견지하는, 즉 복잡함을 즐기는 능력이다." – 할랜 클리브랜드

7장과 8장에서 살펴보았듯이, 리더들은 과잉 행동과 과소 행동의 문제를 동시에 갖고 있을 수 있다. 하지만 이 둘을 단일한 수행의 문제로 바라보고 통합적인 해결책을 채택한다면 발전을 위한 추가적 지렛대를 얻을 수 있다. 리더십이 근본적으로 양면성을 강하게 띠고 있는 만큼, 리더십을 개발하는 것도 당연히 양면적이어야 할 것이다.

하지만 리더들이 만약 양면성의 측면에서 평가받지 않는다면, 그러한 발전 목표를 세우는 리더들이 과연 얼마나 될까? 아마 거의 없을 것이다.

리더십 평가의 기법을 떠나서, 나는 리더들이 개발해야할 핵심 분야가 편향성이라고 말하고 싶다. 이것이 핵심적인 것은 두 가지 근본적인 이유 때문이다. 첫째, 편향적인 리더들은 어디에나 있고, 둘째, 편향적인 리더십의 뿌리에는 흑백으로 사고하거나 이것 아니면 저것으로 양분하려는 인간의 본성이 놓여있기 때문이다.

이러한 현상은 리더십에만 제한되지 않는다. 우리는 회사에서 이러

한 사례를 흔히 볼 수 있다. 부서들은 서로 협동하지 않으려 하고, 서로를 회의적으로 바라보며, 이러한 행동과 태도는 서로를 더 그렇게 만든다. 이웃 건물에 위치한 사람이건, 다른 층에 있는 사람이건, 또는 본사와 현장에 나가있는 사람이건, 우리와 그들이라는 역학(dynamic)은 정원의 잡초처럼 언제든지 싹 틀 준비가 되어 있다. 한편 좀 더 거시적인 차원에서 살펴보면, 공화당 의원들은 민주당 의원들을 헐뜯지 못해서 안달이고 그 반대도 마찬가지이다. 그리고 세계 곳곳의 수많은 인종 전쟁 및 내전에서 상대방을 악마로 규정하는 것은 실제로 많은 피를 불러일으켰다.

리더들 사이에서 이러한 분열 작용은 시각보다는 청각적으로 일어난다. 여기서 이것은 나와 내가 아닌 것의 대결구도로 나타난다. 극단적인 경우 리더들은 리더십의 한 면만을 이상화하며, 그것만 쳐다보고, 높은 가치를 부여한다. 그러면서 다른 면에 대해서는 거리를 두고, 관계를 끊으며, 낮은 가치를 부여하고, 사이가 멀어지며, 심지어 역겨워하기까지 한다. 극단적 또는 온화한 형태를 띤 이러한 현상은 극도로 널리 퍼져 있고, 따라서 지금보다 훨씬 더 많이 리더십 개발 의제로 등장할 필요가 있다. 다시 한 번 말하지만, 편향적 리더십의 문제는 외적 차원과 내적 차원 모두에서 접근할 때 가장 효과적으로 다룰 수 있다.

> **당신은 한 가지 일만 해서는 곤란하다. 당신은 큰 그림도 그려야 하고 작은 그림도 그려야 한다. 때에 따라선 큰 전동 공구도 되어야 하고 작은 나사돌리개도 되어야 한다. 당신은 줌인(zoom in)도 할 수 있어야 하고 줌아웃(zoom out)도 할 줄 알아야한다. 당신은 문제를 해결하기 위해 하나의 극단적 자질만 사용해서는 안 된다.**

두 가지 차원에서 접근함으로써 훨씬 더 많은 발전의 지렛대를 얻을 수 있는데, 한 가지 차원으로만 접근하는 것은 문제가 아닐 수 없다. 이는 외적 차원뿐 아니라 내적 차원에서도 개입해야 한다는 뜻이다. 편향적 리더십의 원인이 되었던 이분법적 마인드를 바로잡을 기회를 놓치지 말아야 한다.

언뜻 보기에 서로 반대되는 것들을 중재하고 좀 더 전체적인 것으로 통합해낼 수 있는 가능성은 언제든지 존재한다. 이는 여러분이 노력해야 할 이상향이다. 즉, 대립관계에 있는 양 측면을 모두 끌어안으면서 어느 한 쪽에 너무 많은 자리를 부여하지 않고 당신의 레퍼토리로 통합해내는 것이다. 그리고 완전한 리더란 없기 때문에 당신이 결여하고 있는 것의 가치를 인식해야 다른 사람에게서 그것을 찾을 수 있다.


## 외적 개발 작업: 양 측면의 관계를 조절하는 방법


순수하게 행동적인 차원에서 볼 때, 발전 목표를 쌍으로 설정하는 것이 도움이 된다. 당신이 좀 더 활성화해야할 부족한 점은 종종 낮추어야 할 반대편을 가지고 있기 때문이다.

이렇게 편향적인 쌍을 변화시키는 양면적인 접근은 과잉 발달된 강점을 좀 더 선택적으로 사용하고, 이를 보완하는 약화된 기능은 강화하는 것을 의미한다. 또한 당신이 높이 신뢰하는 방법만 고집하는 것을 좀 줄이고, 그동안 당신이 검증해보지 못한 방법을 새롭게 시도해보는 것을 의미한다. 가장 간단하게 말하자면, 리더는 날기 위해 두 개의 날개가 필요하다는 사실과, 만약 한 쪽 날개가 다른 쪽 날개보다 훨씬 크거나 더 자주 펄럭거리게 되면 하늘을 날 수 없다는 사실을 배우게 된다.

에이허브는 극도로 편향적인 리더를 상징한다. 우리는 그가 이전 항해에서 그의 한 쪽 다리를 앗아가 그가 복수심에 불타게 만든 모비딕과의 외상적인(traumatic) 조우가 영향을 미쳤다는 것 외에는 그의 리더십에 무엇이 영향을 미쳤는지 전혀 알지 못한다. 그 결과 그는 사나운 백경에게 똑같이 복수해주겠다는 자신의 편집광적 추구에 어떠한 훼방도 받지 않고자 한다. 그 자신과 선원들의 안전을 무시하면서까지 말이다. 그리고 우리는 고래 기름을 얻겠다는 애초의 항해 목적을 기억해야 한다. 투자자들이 이 긴 항해에 자금을 댄 이유는 바로 이것이다. 2년 동안 전 세계를 누빈 끝에 피쿼드 호는 마침내 그 고래를 찾아낸다. 그리고 고래를 쫓아가서 여러 번 작살을 꽂는 데 성공한다. 이틀 후, 그들의 극단적으로 위험한 노력이 그들에게 남긴 것은 산산 조각난 보트와 선원들의 죽음이었다. 하지만 에이허브는 이 과정에서 상아로 된 의족마저 잃어버렸으면서도 전혀 아랑곳하지 않는다. 일등항해사 스타벅은 그에게 다음과 같이 호소한다.

> "선장님은 절대 그 고래를 잡지 못할 것입니다... 이틀이나 추격했고, 두 번이나 산산조각 났습니다. 선장님의 그 다리도 또 한 번 물어뜯기지 않았습니까... 그 살인마 같은 고래가 최후의 한 명을 잡아먹을 때까지 계속 쫓아가야겠습니까? 그 놈에게 잡혀 꼭 바다 밑으로 끌려들어가야겠습니까? 오, 제발, 그 고래를 더 쫓는다는 건 불경이자 신성모독입니다."

비록 두 사람이 형성해 온 유대 관계를 인정하면서도 에이허브는 선언한다. "에이허브는 영원히 에이허브다." 그리고 자신이 "아랫것"이라 부르는 스타벅에게 자신의 명령을 따를 것을 명한다. 그 진실성과 설득력 있는 명확성, 그리고 솔직함으로 에이허브의 존경을 얻어낸 바 있는 스타벅을 비롯해 그 어느 누구도, 그의 왜곡된 마음을 바꾸고 파멸의 길을 돌려놓을 수는 없었다. 리더십 발전을 전혀 믿지 않는 에이허브는 언제까지고 에이허브일 수밖에 없다.

리더십에서 편향성이란 한쪽 의자엔 무거운 사람이 앉아 있고, 반대쪽에선 가벼운 사람이 허공에 매달려 다리를 흔들고 있는 시소와 비슷하다. 당신은 한쪽으로 기울어진 시소를 바로잡기 위해 둘 중 어느 한쪽에 개입할 수도 있지만, 만약 두 당사자가 각자의 위치에서 스스로가 다르게 행동하도록 만들 수 있다면(가령 무거운 사람은 몸무게를 좀 줄이고 가벼운 사람은 몸무게를 좀 늘리는 등), 그 가능성은 더욱 높아질 것이다. (그들이 비슷한 몸무게를 지닐 때 시소게임도 더욱 즐거워질 것이다.)

한쪽에서의 과잉을 억제하는 노력은 다른 쪽에서의 결핍을 보충하는 것으로부터 도움을 얻을 수 있다. 자기 자신을 억제하는 것과 강제로 행동하도록 시키는 것은 일맥상통하는 경우가 많다. 가정생활과 직장생활의 균형을 예로 들어보자. 만약 7장에 나온 관리자처럼 출장의 경우를 제외하고 주중에 일찍 집에 들어가기 위해 일주일에 두 번씩 5시 30분에 퇴근하겠다고 다짐한다면, 이것은 자신을 강제하는 측면에 해당된다. 당신이 이 약속을 지키지 못할 이유는 아무 것도 없지만, 만약 당신이 이와 보완적인 관계에 있는 과잉 행동의 문제도 함께 다룬다면, 당신은 성공 가능성을 높이거나, 최소한 스트레스를 줄일 수 있다. 이 일의 관건은 당신이 약속한 시간에 떠나도록 하는 데 달려있기도 하지만 당신이 문을 나서려는 순간 걸려오는 전화를 받으려는 성향에 굴복하지 않도록 자신을 억제시키는 것에도 마찬가지로 달려있다. 이러한 성향을 억제하지 못한다면 당신은 계속해서 과도한 업무에 치여 살 것이다.

**리더십 모델이 리더십 개발에 영향을 미치는 방법**

가령 지나치게 업무 중심적인 것과 사람들과의 관계를 소홀히 하는 것이라는 서로 연결된 개발 과제를 함께 다루고 싶다면, 먼저 그것들을 서로 연결되어 있는 것으로 정의하는 것이 큰 도움이 된다. 하지만 대부분의 평가도구는 이를 어렵게 한다. 그것은 역량을 나란히 배치하지 않기 때문에, 그러한 연결 고리를 만들어내고 실천 단계를 쌍의 형태로 정의하는 것은 리더와 그들의 조력자의 과제로 남겨진다. 배구 경기에서 팀의 누군가가 스파이크를 할 수 있도록 공을 올려주는 선수처럼, 리더십 모델이 양 측면을 모두 발전시키기 위한 발판을 제공한다면 많은 도움이 되지 않겠는가?

# 내적 개발 작업: 편향성의 뿌리를 고치는 방법

리더들의 편향적인 행동은 그들의 편향적인 사고에서 시작된다. 이는 두 측면에 대해 불균형한 관계를 맺는 데서 비롯되는데, 극단적인 경우에 이는 양극으로 분화된다. 편향성을 고치는 방법 중 하나는 그 불균형한 관계를 바로잡는 것이다. 또 다른 방법은 그러한 근본적인 취약성, 즉 전형적으로 부적합한 느낌과 타협하는 것이다.

**두 측면에 대한 극단적 관계 조율하기**

하나의 쌍을 이루는 두 측면에 대한 편향적인 관계는 가장 단순한 형태로서 "나와 내가 아닌 것"이라는 대립관계로 나타난다.

**결정적인 증거.** 관리자들이 무의식적으로 사용하는 단어나 구절 중 그들이 리더십의 특정 측면을 경시하는 결정적 증거에 주목하라. 예를 들어,

- 극단적으로 성과중심적인 한 시니어 리더는 대인관계 형성을 "수다 떨기"라 불렀다. 이 사람의 약한 고리는 무엇일까? 바로 관계였다.
- 비전을 제시하는 재능이 있는 한 간부가 "운영 잡무"라는 구절을 사용하며 손사래를 쳤다. 이 간부의 약점은 어디일까? 바로 운영적 측면이었다.

**아리송한 퀴즈쇼.** 리더들은 가끔 어느 한 측면과 너무나 완전히 동일시함으로써 말 그대로 다른 쪽은 이름조차 대지 못하는 경우가 있다. 그들은 내가 "그와 반대되거나 보완되는 것은 무엇입니까?"라고 물어보면 난감해한다.

- 한 고위 관리자는 자신의 팀에 솔직해야 한다고 굳게 믿고 있어서 문제가 될 정도로 정보를 공유했다. 그러나 그는 이러한 행동을 보완하는 게 무엇인지는 전혀 알지 못했다. 그것은 바로 신중, 즉 민감한 정보에 대해서 신중하게 행동하는 것이다.
- 또 다른 고위 관리자는 회의 자리에서 자기 관할 부서의 상태에 대해 매우 공격적으로 알려고 해서 부하들의 진땀을 빼놓았다. 반면 그는 내가 던진 질문에는 아무런 대답을 하지 못했다. "매우 집요하게 정보를 캐내는 행동을 보완해 주는 것은 무엇인가요?" 정답은 그의 눈을 번쩍 뜨이게 하는 것이었다. 즉, 사람들이 문제에 관한 진실을

말할 때 안전하다고 느끼도록 만드는 것이다.

- 원칙을 매우 중시하는 한 관리자는 자신의 리더십을 선교 용어인 다른 사람에 대한 봉사로 정의하고, 남을 위해 봉사하는 과정에서 기력을 소진했다. 그는 이에 대한 보완 행동인 자기 자신을 돌보는 일에 관해서는 완전히 서툴렀다.

- 거침없고 자유분방한 한 관리자는 무엇보다도 "자유롭게 흐르길" 원했고 회의 자리에서 너무 많이 말하는 경향이 있었다. 내가 자유롭게 흐르는 것의 보완물이 뭐냐고 물어보았더니 그는 완전히 할 말을 잃었다. 정답은 바로 흐름 조절기(flow regulator)이다.

반대되는 미덕이 무엇인지 상상조차 하지 못하는 이러한 무능력은 그렇게 천대받는 리더십 자질이 사실상 그 사람의 머릿속에 존재하지 않는다는 것을 보여준다. 심리적 모델에 자리가 없다는 것은 그의 레퍼토리에서도 완전히 부재하다는 것을 의미한다.

**극도로 원칙주의적인 경우.** 부재를 넘어, 그 자질은 말 그대로 그 사람에게 저주의 대상일 수도 있다. 청렴결백한 한 고위 관리자는 위선적이라고 여기는 것을 발견할 때마다 그에 반대해야한다는 압박감을 느꼈다. 확대간부회의에서 그는 CEO가 그 팀을 위해 새로운 컴퓨터를 사주는 것이 경비감축을 추진 중인 상황에서 직원들에게 줄 나쁜 인상에 대해 열심히 흥분하며 말했다. CEO를 따로 만나서 얘기해야겠다는 생각은 그에게 떠오르지 않았다. 원칙을 중시하는 그의 천성 덕분에 그는 그 자리에서 즉시 말하지 않을 수 없었던 것이다. 그의 동료는 그의 원칙주의적인 충돌 습관에 대해 이렇게 말한다.

"그는 벙커에서 빠져나오는 기술도 없고 퍼터를 사용하는 것도 좋아하지 않는다. 그는 오직 드라이버만을 선호한다. 만약 골프 가방에 클럽이 9개 들어있다면, 그는 그 9개 클럽을 다 사용할 줄 모를 뿐 아니라, 실제로 이 클럽들을 다 사용하는 것이 자신의 고결함에 위배된다고 생각할지도 모르는 사람이다."

도덕적인 문제라고 생각되는 일이 일어날 때마다(그는 도덕적인 관점에서 상황을 바라보길 좋아한다), 이 대결적인 간부는 자신의 "드라이버", 즉 강압적 기능을 찾았고, 원칙적으로 "퍼터"나 숏 게임을 하는 것에 반대했다.

**혐오를 극복하고자 한 어떤 관리자의 시도.** 반대 측면에 대해 혐오감을 가지고 있는 리더도 있을 수도 있다. 말 그대로 그것으로부터 등을 돌리는 것이다. 주목할 만한 케이스로 강압적 측면을 드러내 보이는 것을 어려워한 한 관리자가 있었는데, 그녀는 "강압적인" 사람들을 혐오했고, 그런 사람들 중 한 명이 되는 것을 가장 싫어했다. 하지만 자신의 심한 선입견에 대해 차츰 시야를 넓혀가기 시작하면서, 그녀는 자신의 어린 시절 경험을 떠올렸다. 그녀의 힘센 오빠는 아버지와 끊임없이 다퉜고, 때로는 그녀에게도 힘을 과시했다. 그녀는 어린 나이에 그와 같은 충돌에 절대 가담하지 않기로 결정했고, "조용히 지내기로" 했다.

관리자가 된 이후에도 그녀는 두각을 나타내지 않았다. 그것도 너무 나타내지 않았다. 그리고 그녀는 외향성이 강한 동료들을 싫어했다. 이는 동료들과의 관계를 방해했다. 그녀의 남편은 그녀에게 이렇게 말했다고 한다. "당신은 자신에게 부여된 것을 이용하지 않고 있다." 그녀도 시인했다. "나는 보통 규모를 축소합니다. 나는 나를 중요 인물로 다루지 않습니다." 도가 지나칠 정도로 공격성을 억제하던 그녀는 성인이 된 이후에도 자신을 무기력하게 만들었다. "20년 전, 나는 상점에서 단지 내 주장을 피력하는 것도 두려워했습니다." 만약 그녀가 다른 측면을 사용한다면 어떤 일이 일어날까? "사람들이 나를 좋아하지 않을까봐 겁이 납니다. 이건 복잡 미묘한 문제입니다. 그동안 나는 호감을 사는 의미에 대해서 일차원적으로 생각해왔던 것 같습니다."

그녀가 사용한 "일차원적"이란 단어를 주목하라. 그녀는 자신이 편향적이라고 말한 것이나 다름없다. 이와 같은 사례에서 양 측면과의 관계를 재조정하는 것은 어느 한 쪽으로 치우친 극단을 없앤다는 것을 의미한다. 즉 한쪽에 지나치게 부여한 긍정적인 가치를 줄이고, 다른 쪽에 지나치게 부여한 부정적인 가치를 제거하는 것이다.



이 관리자는 변화한다는 것이, 두 측면 사이의 관계를 조정하는 의미라는 것을 이해하게 되었다. "이것이 엄격하게 구는 것과 친절하게 구는 것을 조화시키는 일이라는 것을 알게 되었습니다. 지금 현재 그 두 가지는 서로 결합되지 않고 있습니다." 나는 물었다. "친절함에 반대되는 것은 당신에게 낯설은가요?" 그녀는 이렇게 말했다. "그렇습니다. 사람들에게 호감을 사는 것은 내게 너무 큰 위치를 차지해왔습니다." 그녀는 호감을 사는 것의 중요성을 낮춘다는 의미로 손을 아래로 밀어내리며 이렇게 결론지었다. "나는 그것을 재분류할 필요가 있습니다."

직관적으로 그녀는 절대 조화시킬 수 없을 것 같던 두 측면을 그녀도 말했듯이 "조화"시킬 필요가 있다는 것을 이해했다.

관계의 재정의를 보여주는 또 다른 방법으로 한쪽 측면에 부과된 큰 공간의 일부를 가져다 다른 측면을 위해 재배치하는 것이 있다. 이는 한쪽이 다른 쪽을 밀어내던 곳에서 둘 모두를 위한 공간을 만들어준다는 의미에서 통합이다.

그녀의 경우 이는 자신의 리더십 중 "부드러운" 면에 의존하던 것을 줄이고, "딱딱한" 면에 좀 더 많은 공간을 만들어주는 것을 의미한다. 나는 그녀에게 테니스 경기에서 그녀의 약점이 포핸드 풋어웨이 샷인지 물었다. 그녀는 그렇다고 했다. 오랫동안 레크리에이션 테니스 선수였던 그녀는 백핸드에 강하게 좌우되는 기교 게임에 의존해왔다. 백핸드는 그녀의 포핸드보다 훨씬 발달되어 있었다. 자연스러운 백스핀이 걸린 그녀의 백핸드 숏은 그녀의 리더십 중 부드러운 면, 즉 기교 게임과 비슷했다. 일반적으로 그녀의 테니스 게임은 공격을 적게 했다. 그녀는 이렇게 말했다. "한 테니스 친구는 내게 이렇게 말했습니다. '너는 급소를 찌르지 않는구나.'" 업무에서 좀 더 강압적인 측면을 보강해야겠다는 목표와 함께 그녀는 테니스에서도 좀 더 다양한 경기를 하기로 다짐했다. "좀 더 세게 치고 싶습니다. 좀 더 임팩트가 있었으면 좋겠어요. 그동안 나는 지나치게 백핸드에 의존하고 있었습니다."

좀 더 나은 테니스 선수가 되겠다는 그녀의 열망은 리더의 면모를 발전시키겠다는 열망과 완벽하게 일치하는 것이었다. 그리고 두 분야에서의 노력은 서로를 강화시켰다. 그녀는 내게 이렇게 말했다. "나는 인간적인 면을 유지하면서도 좀 더 힘과 임팩트가 있는 리더가 되기 위해 내 리더십 스타일을 다듬고 싶습니다."[1]

## 과잉 행동과 과소 행동의 뿌리에 있는 취약점 고치기

겉으로 보기에 결핍과 과잉은 정반대이다. 지나치게 행동하는 리더들은 당장 그들의 손에 잡힌 일에 자신을 전부 쏟아 붓는다. 그들은 한계를 모른다. 반면 너무 적게 행동하는 리더들의 경우, 그들이 경시하는 업무로 흘러들어가는 에너지의 흐름은 느리고, 억제되며, 경우에 따라서는 멈추기도 한다. 그들은 아예 노력하지 않거나 하더라도 열의가 없다. 과잉 행동이 문제가 될 정도까지 '할 수 있다'는 태도라면, 과소행동은 '할 수 없다'의 태도이다. 한쪽이 너무 확장적이라면, 다른 쪽은 자기 제한적이다. 과잉 행동이 사회화가 덜 되었거나 통제가 부족한 상태라면, 과소행동은 지나치게 사회화되었거나 통제가 과한 상태이다. 자신이 원하는 바를 얻을 만큼 충분히 하지 못하면 어쩌나하는 두려움 때문에 생기는 것이 과잉행동이라면, 과소행동은 자신이 너무 많이 할까봐, 그래서 경계선을 넘어설지 모른다는 두려움의 지배를 받는다.[2] 리더들이 과잉행동을 할 경우, 그들은 사실상 너무 공격적으로 저항하고 있는 것이다. 리더들이 과소행동을 할 경우, 그들은 자기 보호를 너무 잘 하고 있거나 너무 빨리 그만두고 있는 것이다.

이렇게 여러 가지 다른 면모에도 불구하고 이 두 가지 행동 유형은 자기보호라는 모티브를 공유하고 있다. 투쟁 또는 도주 반응의 각 예로써, 과잉 행동과 과소 행동은 모두 공통의 위협, 즉 잘 하고 있지 못하거나 받아들여지지 않을 것이라는 위협, 또는 적절하지 못한 사람으로 판명되는 것에 대한 위협과 싸우는 것을 목적으로 한다.[3] 한 관리자는 뒤늦게 이러한 취약점과 그것이 자신의 행동에 미치는 영향을 다음과 같이 이해했다. "10년 전 나는 많은 것에 대해 걱정했습니다. 이제 와서 생각해 보면 그 당시에는 항상 툭하면 패닉 상태에 빠질 가능성이 많았지요. 나는 사람들이 내가 내린 결정에 어떻게 반응할까 노심초사 했습니다. (그래서 우유부단했다.) 이제는 다른 사람의 공감을 얻어내는 것이 필요하긴 하지만 남들의 부정적인 감정 때문에 위축되어선 안 된다는 사실을 알게 되었습니다."

이렇게 볼 때 편향성을 고치는 방법 중 하나는 그 밑바닥에 잠재해 있는 취약성에 다가가는 것이다. 즉, 과잉 행동과 과소 행동 모두에 연결되어 있는 이분법적 충동(나는 내 자신을 보호하기 위해 "저것"은 피하고 "이것"만 하겠다.)을 인식하고 그것에 대한



관리 능력을 높이는 것이다. 이는 핵심적인 리더십 기능의 쌍에 대한 당신의 관계를 양극단으로 내모는, 두려움을 관리하는 기회이고 당신 자신의 케이스에서 어떻게 "두려움이 사람들로부터 모순을 다루는 능력을 빼앗고 흑백논리의 사고방식으로 축소시키는지"를 이해하는 기회이다.[4]

케이스 1. 한 고위 관리자가 전략적-운영적 리더십 대립 쌍에서, 운영적 측면은 너무 과하게 만드는 반면, 전략적 측면은 부족하게 만드는 두려움의 존재를 알게 되었다. 지난 몇 년 간 그는 회사의 업무 관련 정보를 수집하는 것에 매진해왔다. 이는 그에게 큰 도움이 되었지만, 한 가지 문제가 있다면 그것에 너무 열중했다는 것이다. 이러한 동인(動因)을 반추해보면서 그는 자신이 지적 부족함에 대해 두려워하고 있다는 사실을 깨달았다. "나는 팀원이나 부하직원을 만났을 때 내가 알지 못하는 애

기가 튀어나오면 그들이 나를 멍청하다고 여길까봐 두려워합니다." 바로 이 두려움이 그를 자신의 전략적 업무에서 멀어지게 했다. 그를 전략 업무로부터 멀어지게 한 것은 단순히 그가 회사 내부에서 돌아가는 일을 일일이 알아내는 데 들인 시간 때문만이 아니었다. 자신이 똑똑하지 않다고 생각한 그는 무의식적으로 자신이 전략 기능을 잘 수행할 수 없을까봐 그 기능을 멀리 했다.

어디서 그는 자신이 똑똑하지 않다는 생각을 얻게 되었을까? 그는 셋째 아이로 태어났는데, 그의 윗 형제들은 항상 A만 받고, 좋은 대학에 들어갔으며, 가족 내에서 "똑똑한 아이"로 여겨졌다. 형제들에게 그 자리를 빼앗긴 그는 가족 내에서 "사람들과 잘 어울리는 아이"로 통하게 되었다. 똑똑하지 않다는 정체성은 자기실현적인 예언이 되었다. 그는 학업에 열중하지 않았고, 화려할 것 없는 그의 성적은 가족과 그의 머리에서 자신에 대한 생각을 형성해갔다. 그가 다닌 보잘 것 없는 대학은 그에게 자신의 이류 지성을 상징했다. 비록 그는 이 고통스런 자아감을 억눌러 왔지만, 그것은 살아남아서 조용히 그의 업무와 수행에 대한 생각에 영향을 미치고 있었다.

그럼에도 불구하고 그는 많은 작은 변화들을 꾀할 수 있었고, 이들은 모여 상당한 변화를 이루어냈다. 예를 들어 그는 "나는 다른 사람들이 생각하는 것만큼 내가 똑똑하다고 생각하지 않는다"라는 질문 항목에서 자신에게 평균보다 높은 점수를 주었다. 그는 다음과 같은 생각을 강하게 지니고 있었다. "내가 맞을 수도 있고 틀릴 수도 있지만 그게 무슨 차이인가?" 게다가 그는 자신이 뭔가를 읽는 데 너무 오래 걸리면 멍청해서 그런 거라고 느끼는 습관이 있었다. 그러나 이제는 "느린" 것에 초조해지기 시작할 때면 자신을 자제하는 법을 알게 되었다.

그는 아직 심리적인 문제를 확실히 해결하지 못했다. 그에게 동료들이 후속 보고서에 쏟아낸 높은 찬사들을 수용할 수 있겠냐고 물었더니, 그는 "내가 이것들을 진짜로 받아들인다면 아마도 자부심이 들 것입니다. 전에는 자부심이라는 단어를 말하는 것조차 어려워했습니다. 목에 걸려서 나오질 않았지요. 그런데 나는 왜 그것이 불편한 것일까요? 아마도 내가 생각하는 자신에 대한 이미지와 다른 사람들이 말하는 나에 대한 이미지 사이에 아직도 불일치가 있기 때문일 겁니다."

그렇지만 그는 자신의 강점 목록에 "똑똑함"을 추가할 만큼 충분히 지적 자신감을 얻을 수 있었다. 처음에 그는 똑똑함을 장점으로 주장하지 않았다. 일종의 졸업식처럼 2년이 흐른 지금, 그는 처음의 리스트를 꺼내보더니 손수 그것을 추가시켰다.

내면의 발전과 함께 그는 편향된 리더십도 고칠 수 있었다. 그는 운영에 과도하게 참여하는 것을 억제하고, 전략에 훨씬 더 집중하는 데 성공했다. 그는 시니어 팀에서 시장 조사를 실시하고 그것이 사업에 미치는 시사점을 검토하는 공식적 메커니즘을 발전시켰다. 그 결과 그는 승진할 수 있었다. 같은 기간 동안, 그의 전반적인 효과성에 대해 동료들이 매긴 평균 점수가 7점 중반에서 8점 중반대로 상승한 것도 우연의 일치가 아니었다.


케이스 2. 심층적 수준에서 자신의 취약성을 이해한다 하더라도 그것이 치료되는 것은 또 다른 문제이다. 이 관리자의 경우가 그러했다. 그는 훌륭한 성장가능성을 지니고 있는 것처럼 보였으나, 오랫동안 고통스럽게 사수해온 자아관과 리드 방식에 갇혀 있었다. 리더십 평가로부터 1년 후 실시한 후속 활동 조사에서 그는 일정 정도 진전을 보이긴 하였으나, 여전히 가야할 길이 멀었다. 애초에 그는 긍정적인 점들을 많이 갖고 있다는 인상적인 피드백을 받았으나, 그는 심리적 억압 때문에 그런 점들을 충분히 활용하지 못하고 있었다. 그는 지적 능력과 분석력, 사업에 대한 지식, 모든 입장을 듣고자 하는 의지, 공정함, 그리고 겸손함을 지니고 있다고 존경받았다. 다만 그는 중요한 결정을 내리는 데 시간을 너무 오래 끈다는 단점이 있었다.

그가 주재하는 회의는 지루하게 길었고, 직원들의 입맛에 맞추기 위해 너무 많은 사람들이 회의에 참석했다. 그가 직원들을 많이 참여시키는 데에는 사실 어떤 원칙이 있었다. 어떤 사람도 크고 복잡한 회사를 혼자 감당할 수 있을 만큼 똑똑하거나 지식이 많은 것은 아니라는 것이 그의 신조였던 것이다. 문제는 그가 다른 사람들의 기여에 높은 가치를 부여하느라 정작 자기 자신의 판단에는 낮은 가치를 부여한다는 것이다.

그의 편향성에는 민감한 부분이 놓여있었다. 피드백 세션에서 나눈 다음의 대화가 이를 명확히 보여준다.

그는 왜 자신의 강점 목록에 똑똑함이란 항목을 포함시키지 않았는지부터 설명하기 시작했다. "나는 내가 이 자리에 있는 것이 믿겨지지 않습니다. 왜냐하면 나는 여기에 도달할 만큼 똑똑하다고 생각지 않았기 때문입니다."

"당신이 충분히 똑똑하지 않다는 생각은 어디에서 나왔습니까?" 나는 물었다.

"내가 3학년일 때 어떤 선생님이 내게 너는 아무 것도 이루지 못할 것이라고 말한 적이 있습니다. 예, 그것은 정말 가슴 아픈 일이었지요. 그리고 아직도 강한 영향을 미치고 있습니다. 나는 자신감이 없는 아이였어요. 자신감을 키우는 데 오랜 시간이 걸렸지요. 하지만 그렇다고 내가 그렇게 똑똑하다고는 생각지 않아요. 똑똑하긴 하지만 아주 똑똑한 것은 아닙니다."

"그것은 당신의 의사결정에 어떤 영향을 미칩니까?" 나는 물었다.

"나는 나쁜 결정을 내릴까봐 걱정하고 잘못 내린 결정이 내 자긍심에 얼마나 고통을 줄지 상상하지요. 그래서 자연스럽게 정보를 더 모으고 회의를 더 열게 됩니다."

"당신이 결정을 내릴 때마다 자긍심이 중요한 문제가 됩니까?"

"큰 결정들은 그렇습니다. 그렇다고 항상 의식하는 것은 아닙니다."

"참 유능한 분이신데, 장애가 있군요."

"그렇습니다. 뚱뚱하고 놀림 받던 아이였지요. 또 아무도 이혼하지 않는 조그만 마을에서 부모님이 이혼한 가정의 아이이기도 했어요."

그가 모든 것을 잃은 것은 아니었다. 일 년 후, 새로 부임한 상관이 그가 우유부단하다며 그를 강등시켰고, 그에게 자신의 본능을 믿으라고 강력하게 권유하자, 그는 나와 내 동료를 다시 만나기로 했다. 이번에는 리더십을 고치겠다는 다짐을 훨씬 굳게 하고 있었다.

리더십의 편향성을 일으키는 예민한 부분을 완화시키는 쉽고 확실한 방법은 없다. 다만, 한 가지 있다면, 다시 한 번 말하자면, 긍정적인 피드백을 집중적으로 해줌으로써 개인의 자아감에 스며들도록 하는 것이다.

또 다른 방법은 애초의 상처를 점진적으로 완화하고 자아의 구조를 강화하는 경험의 축적이다. 경험으로부터 배운다는 것은 수동적인 방법처럼 보인다. 그것은 그냥 당신에게 일어나는 일이지, 발전하길 간절히 원하는 사람이 선택하는 코스는 아닐지 모른다. 그러나 이 방법도 당신이 못한다고 생각하는 크고 작은 도전들을 적극적으로 찾아다닌다면, 적극적이고 의도적인 것이 될 수 있다. 그것은 인간관계에 대한 것일 수도 있고 개념적 작업이나 공식석상에서의 발언, 자기주장, 자기 규율 등 뭐든지 될 수 있다. 이러한 목록은 끝이 없다.[5] 산호초가 조금씩 자라는 것과 비슷한 이 축적의 과정을 통해, 자신이 부족하다고 만성적으로 느껴온 관리자들조차 자신에 대한 신념을 키울 수 있다.[6]

취약한 부분을 극복하기가 얼마나 어려운지 강조하기 위해, 취약함을 느끼게 하는 최악의 방식인 고문의 경우를 잠깐 살펴보도록 하자. 극악무도한 고문, 너무나 잔인한 고문의 경우 심리적으로 회복하기가 극도로 어렵다. 한 희생자는 나중에 기록하길 고문당한 사람은 "두려움의 감옥에 무방비 상태로 갇힌 죄수가 된다. 이후에 그를 지배하는 것은 두려움이다." 고통이 그를 지배한다는 것은 그가 다시 상처받는 것에 대해 두려워할 수밖에 없는 상태를 말한다. 이러한 방식으로 심각하게 상처받는 것이 일으키는 또 다른 측면은 그 사람의 신뢰까지 파괴한다는 것이다. 앞의 희생자가 기록한 것처럼 "세상에 대한 믿음이 다시는 회복되지 않을 것이다."[7]

만약 고문당한 사람이 다시 신뢰를 찾게 될 가능성이 제로이거나 제로에 가깝다면, 어렸을 때 심각하게 고통당한 리더의 경우는 어떨까? 애초의 상처가 깊을수록, 그 취약점을 극복하는 데도 더 많은 시간이 걸리고, 지원도 더 많이 필요하며, 왜곡된 리더십을 바로잡기에 충분할 정도로 그 상처가 완화될 가능성은 더 낮아진다. 고통으로 가득한 에이허브의 영혼은 분명 그를 걷잡을 수 없는 상태로 만들었을 것이다.

리더십 개발의 도움을 받는 것도 이들에게는 가능성이 별로 없는 제안에 불과하다. 신뢰에 대한 어려움은 전문가들과의 관계에도 적용된다. 심각하게 상처받은 리더들은 전문가들이 제안하는 방법을 별로 귀담아

듣지도 않고 그들을 별로 신뢰하지도 않는다. 컨설턴트에게는 작은 실수처럼 보이는 것도 이들에게는 신뢰에 대한 배반으로 받아들여진다. 이들은 어떠한 실수도 용납하지 않는다.

고통스런 시절을 보낸 리더들이 성인이 되어 가지는 장점도 있다. 어렸을 적에는 없었던 세상을 보는 관점과 세상에서 살아남을 수 있는 개인적 방책을 가지게 되면서 그들은 기존의 적응 패턴을 고칠 수 있는 좀 더 강력한 위치에 서게 된다.

또 다른 방법은 이런 부류의 많은 리더들이 도달하지 못하는 것인데, 자신을 괴롭히는 것을 있는 그대로 인정하고 "나는 괴롭다"고 크게 외친 다음, 실용적인 문제에 관해서는 여느 다른 문제와 마찬가지로 그것을 해결하기 위한 작업에 들어가는 것이다. 괴로움을 인정하는 것이 아무리 끔찍할지라도 일단 인정하게 되면, 그것을 해결할 가능성이 열리게 된다. (스윙 생각을 포함해서) 자기 관리나 자기개발 프로그램을 채택할 수도 있고, 가까운 동료들에게 당신이 필요하다고 느낀 감정적 지지와 외부적 통제를 제공하도록 부탁할 수도 있으며, 전문가의 도움을 받을 수도 있다.[8] 동료들은 말할 것도 없고 자기 자신에게조차 자신의 민감한 부분을 털어놓는 것, 그러한 습관을 들이는 것은 엄청난 솔직함과 개인적 용기를 필요로 한다. 이는 자기를 인정하는 행동이다. 인생에서 가장 하기 어려운 일상적 도전 중 하나가 바로 자기 자신을 인정하는 것이다. 그리고 나는 그렇게 하는 사람들을 보아왔다.

# 리더십 향상을 위한 팁

**주요 사항**

1. 리더들이 개발해야할 기본 영역이 딱 한 가지 있다면, 그것은 바로 편향성을 고치는 것이다. F. 스캇 피츠제럴드가 한 유명한 말처럼, 최고 지성의 표시는 머릿속에 상반되는 두 가지 아이디어를 동시에 가지고 있으면서 제대로 기능할 수 있는 능력을 보유하는 것이다. 이는 일종의 변증법적 지혜로, 많은 관리자들이 발전시킬 필요가 있다.

2. 개발 목표를 양면적인 방식으로 세워라. 단순히 지나친 강점을 자제해야겠다는 목표만 세우지 마라. 당신이나 당신이 도와주려는 사람이 혹시 그에 보완되는 측면을 너무 적게 하고 있지는 않은지 살펴보라. 뭔가를 더 많이 하고자 하는 목표 설정도 이와 마찬가지이다.

3. 일상 업무의 압력 하에서 두 가지 생각을 모두 중요하게 유지할 수 있는지가 관건이다. 당신은 강한 측면이 약한 측면을 밀어내는 것을 막을 수 있는가?

**한 측면이 다른 측면을 밀어내는 것을 막는 방법**

1. 만약 팀원들에게 숨기는 것이 없어야 한다는 믿음을 강하게 가지고 있다면, 위에서 보낸 기밀 정보를 신중하게 다루어야 한다는 점도 기억할 수 있는가?

2. 만약 당신이 외부에서 영입된 공격적인 변화의 촉진자로서, 그 회사의 문화 및 사업모델, 그리고 그곳에 오래 다닌 사람들의 문제점이 무

엇인지 쉽게 발견하는 사람이라면, 당신의 일상적인 업무습관에서 벗어나 그 회사의 제대로 된 점에 대해서도 진심으로 존경을 나타낼 수 있는가?

3. 만약 당신이 기업 회생 전문가로서, 혼자 힘으로도 부실기업의 자기 회생력을 높일 수 있다면, 그 회사가 그러한 변화를 흡수할 수 있는 능력의 한계에 대해서도 유의할 수 있는가?

4. 만약 당신이 타고난 비판가로서, 모든 것에서 반대할만한 점을 쉽게 찾아내는 사람이라면, 좋은 아이디어를 들었을 때 그것을 격려해줘야 한다는 점도 기억할 수 있는가?

5. 만약 당신이 남에게 아낌없이 관심을 기울이고, 그들의 필요에 신속하고 철저하게 반응하는 것에 자부심을 느끼는 사람이라면, 자신에 대해서도 잘 보살펴야 한다는 점을 기억할 수 있는가?

6. 만약 당신이 회의에서 곤란한 질문을 서슴없이 날리는 리더라면, 사람들이 당신에게 안심하고 솔직하게 얘기할 수 있도록 하는 보완적인 기능을 수행해야한다는 사실도 기억할 수 있는가?

## CHAPTER 10

# 다방면으로 유연한 균형성을 갖춘 리더
## (The Multi-Versatile Leader)

"종의 생존자가 반드시 가장 강한 것은 아니다. 지적으로 가장 우수한 것도 아니다. 그들은 변화에 가장 민감한 자들이다." - 찰스 다윈

"현명한 자는 일할 때 그 일의 특성에 따라 (비록 하나가 가장 명백해 보일지라도) 모든 장점을 동원하여 일한다." -몽테뉴

"오 목신이여, 그리고 이곳에 계신 다른 모든 신들이여, 저에게 내향적인 자의 아름다움을 주소서. 그리고 외향적인 자와 내향적인 자가 하나가 되게 하소서." -소크라테스

유연한 균형을 이룬다는 것은 상반되는 리더십 쌍에서 이동의 자유를 갖는 것을 의미한다. 즉, 상황의 요구에 따라 각 측면에 자유롭게 그러나 너무 자유롭지는 않게 의존하는 것이다. 한편 다방면으로 유연한 균형을 이룬다는 것은 그러한 이동의 자유로움을 모든 주요한 리더십 대립 쌍들, 특히 무엇보다 전략적 및 운영적 리더십과 강압적 및 허용적 리더십에서 누릴 수 있다는 것이다.

## 윌 스톤크래프트: 다방면으로 유연한 균형을
## 이루는 리더에 가까운 모습

윌 스톤크래프트 씨는 이상적인 모습에 매우 근접한 경우이다. 무엇보다 그는 전략과 운영적 측면 모두에 능숙했다. 그는 마음속에 확고한 전략이 서지 않는 한 전술적인 이슈를 제기하지 않았다. 그리고 이야기를 듣는 대상에게 미칠 운영적 측면의 구체적인 시사점들을 논하지 않고 전략을 이야기하는 법도 없었다. 강압적 및 허용적 측면에서는, 매우 직접적으로 이야기하면서도 위협적이지 않고 쉽게 받아들일 수 있게 말하는 뛰어난 능력을 지녔다. 조직에 몸담고 있건 그렇지 않건 간에 이렇게 할 수 있는 사람은 얼마 되지 않는다. 직접적이고 거리낌 없이 말하는 스타일들은 보통 상대방에 대한 요령이 부족하고 감정을 상하게 한다. 만약 그들이 요령을 갖고 있다면 상대방은 자신이 지적 받고 있다는 사실을 눈치 채지 못한다. 윌 스톤크래프트는 다른 사람들의 급소를 찌르면서도, 목소리 톤과 얼굴 표정을 통해 이를 가볍게 처리한다.

윌 스톤크래프트는 많은 방면에 재주를 가지고 있었다. 두 가지 상반되는 리더십 쌍에서 그의 리더십균형지수는 0.90 초반이었다. 이는 사실상 A- 정도의 점수이다. 리더십균형지수에 나타난 그의 균형지수 및 동료들의 코멘트에 담긴 생생한 평가와 함께, 전반적인 효과성에 대해 그의 동료들이 매긴 점수도 10점 만점에 9점대를 기록하며 일관성을 이루었다. 이는 매우 보기 드문 점수이다. 그에 대한 일반적인 코멘트는 다음과 같았다.

"나는 지금껏 일해 오면서 그와 견줄만한 사람을 본 적이 없습니다. 그는 어떤 도전에 부딪히더라도 중요한 공헌을 합니다. 그리고 그의 비전과 리더십, 동기부여 기술은 가히 예외적입니다. 그는 리더란 어떠해야하는지를 모범적으로 보여줍니다... 그에게 당신 회사의 리더를 위한 교과서를 편집해달라고 부탁해보십시오. 이건 그냥 듣기 좋으라고 하는 소리가 아닙니다. 진심입니다."

또 다른 동료는 사람들에게 영향을 미치기 위해 그가 사용하는 폭넓은 레퍼토리에 대해 지적한다.

"나는 그가 일을 처리하기 위해 인간이 알고 있는 모든 영향력 기술을 능숙하게 사용하는 것을 보아왔습니다. 그는 이 영향력 기술을 상사나 부하직원, 동료 모두에게 똑같이 자유자재로 사용할 수 있습니다. 그는 '모범을 보이는 것'에서 아부, 동맹, 훈계, 보상과 인정으로 원활하게 이동할 수 있습니다. 여기서 핵심은 단지 무기고에 이 무기들을 다 갖추는 것뿐 아니라 이들을 언제 사용할지 아는 것입니다. 그는 이 모두를 겸비했습니다."

다음의 주목할 만한 평에서 한 동료는 이 리더가 자신의 강점을 지나침 없이 최대한 활용하는 능력에 대해 이야기한다.

"그는 리드하지 세세하게 관리하지 않습니다. 그는 모범을 보여 가르치지 설교하지 않습니다. 그는 특출하게 유능하지만 잘난 척하지 않습니다. 그는 사람들에게 윽박지르지 않으면서도 그들이 간절히 원하는 높은 기대를 설정합니다. 그는 경청하고 이해합니다. 그러나 수동적이

지 않지요. 그는 사람들에게 권한을 부여하되 지나치게 위임하지 않습
니다.”

이 동료가 월의 레퍼토리와 그것을 능숙하게 불러내는 능력 모두에
주목하고 있는 점을 눈여겨보라. 이러한 능력은 유연한 균형성과 높은
수준의 전반적인 효과성의 주요 특징이다. 즉, 눈을 크게 뜨고서, 능숙하
게 읽고 반응하는 미세 조정 능력 말이다.[1]

이 동료는 월의 유연한 균형을 이루는 능력을 아래처럼 정확히 양
측면을 담아내는 놀라운 시적 언어로 정리해냄으로써 대미를 장식했다.

“그는 보통 번갈아가며 상반되는 리더십 스타일을 사용합니다. 하지
만 그는 부분들의 합보다 큰 전체를 만들어 내지요. 그는 사람들에게
그의 주변에 있을 수 있어서 좋다고 느끼게 하는 성격과 겸손함, 그리
고 동정심으로 이루어진 벨벳 장갑을 끼고 있습니다.”

## 다방면으로 유연한 균형을 이루는 리더의 모습

**그림 10. 1**에 나온 다이어그램은 리더십의 복합 순환 모델이자, 전략
적-운영적 리더십과 강압적-허용적 리더십에 대한 리더십균형지수 점
수를 나타내는 장이다.[2] 좌측 상단 사분면에 있는 전략적 영역은 우측 하
단 사분면에 있는 운영적 리더십과 반대에 위치한다. 좌측 하단 사분면
에 있는 강압적 리더십은 우측 상단 사분면에 있는 허용적 리더십과 대
립된다. 이와 마찬가지로 세 가지 전략적 리더십의 하위 영역들은 각각

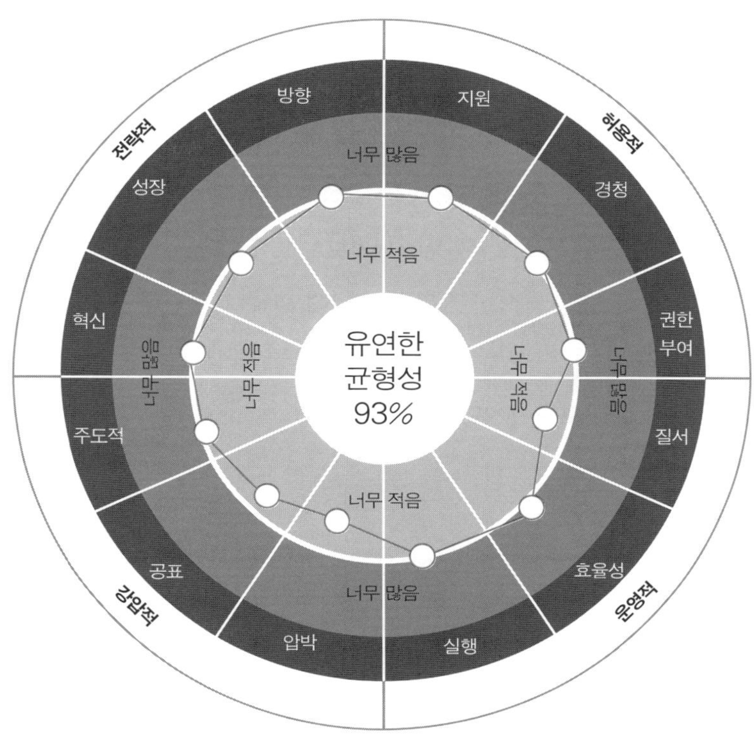



주의: 여기서 윌 스톤크래프트의 프로필은 피드백을 제공한 동료들의 평균 점수에 기반하고 있다. 이 그림의 중간 부분에 나와 있는 그의 유연한 균형성(versatility) 점수는 그가 전략적-운영적 리더십과 강압적-허용적 리더십에서 얼마나 유연한 균형에 근접하고 있는지를 나타내는 지수이다. (이 지수가 계산된 세부적인 방식에 대해서는 부록을 참조하라.)

운영적 리더십의 하위 영역들과 반대편에 마주한다. (가령 비전과 실행 등)

이 다이어그램은 리더의 하위 영역 점수도 보여준다. 이 점수는 너무 많음과 너무 적음, 그리고 적정량으로 표시되어 있다. 윌 스톤크래프트의 하위 영역 점수는 거의 모두 적정량 띠 부분에 나타난다. 그렇지 않은 것은 두 가지 뿐인데, 엄격함(demanding: 그는 부하 직원에게 업무 문제에 대해 지적하길 어려워한다.)과 질서(order: 그는 좀 더 체계적으로 일할 수 있다.) 부분에서 너무 적게 나왔다.

만약 이 다이어그램이 유연한 균형을 이루는 리더의 회의 테이블을 나타낸다면, 그 리더는 상황의 요구에 따라 이 중 어느 자리에나 앉아서 회의를 주재할 수 있을 것이다. 이는 또한 아더왕의 원탁 테이블(카멜롯의 운명을 고려할 때 최상의 비유는 아닐지도 모르겠다.)과도 비슷하다. 하지만 이 테이블의 모든 좌석이 적절한 주인에 의해 채워진다면, 러너와 로웨의 브로드웨이 뮤지컬 〈카멜롯〉에서 나오는 대사처럼, "이보다 더 마음에 드는 곳(congenial spot)"도 없을 것이다.


## 폭풍의 눈 속에서

다음은 윌 스톤크래프트의 가까운 동료가 윌이 어떤 것에 기반을 두어 유연한 균형을 이루고 있는 지를 알려준다.

"그는 사람들이 내보내는 신호에 주의를 기울입니다. 사람들이 무엇을 하고 있고 사무실에서 실제로 어떤 일이 벌어지는지에 관한 신호 말입니다. 그는 '다른 사람들은 나에 대해 어떻게 생각할까?'를 생각하는 것이 아니라, 다른 사람들에게 주파수를 맞춥니다."

자기 자신에 대해서는 신경 쓰지 않고 주변에 일어나는 일들에 보다 많이 신경 쓸 수 있는 것은 사실상 그가 안전하다고 느끼고 있기 때문이다. 그는 직업적으로나 개인적으로 안전하다는 확신을 가지고 있기 때문에, 다른 사람들이 그에 대해 어떻게 생각하는지 쓸데없이 걱정할 필요가 없다. 이는 위에서 언급한 그의 "원활하게 이동하는" 능력을 설명해준다. 이는 그가 왜 "무기고에 도구들을 갖추고 있을" 뿐 아니라 "그것들을 언제 사용해야 하는지 아는" 이유를 설명해준다. 동료는 또한 "그의 기반은 바로 자기 확신이다."라고 말해준다.[3] 월의 리더십은 단단한 기반 위에 기초하고 있는 것이다.

외적 행동에서 다방면으로 유연한 균형을 보여주는 리더들은 내적으로도 안정적이고 균형적인 감정 상태를 보여준다. 다채로운 능력을 지닐수록, 그것은 더욱 더 개인적 안정성에 기초하고 있는 것으로 드러난다.

언뜻 납득이 잘 안 갈 수도 있지만, 그 감정적 안정성은 모든 범위의 감정적 표현(열정, 흥분, 불쾌감, 분노, 상실감 등)를 결코 배제하지 않고 완벽하게 양립한다. 감정은 효과적인 리더십의 핵심적 부분이다.[4] 열정이나 열광, 분노, 실망 등 그 감정의 종류가 무엇이든 간에 중요한 것은 감정 표현을 적절히 통제할 수 있는 것이다. 그것은 감정에 너무 자주 휩쓸리거나 지나치게 자신을 억제하는 것이 아니다. 에피쿠로스가 이상적으로 생각했던 것은 차분함이다.[5] (그는 "먹고 마시고 즐거워하라. 내일이면 우리는 죽을 터이니…"를 전혀 옹호하지 않았다.) 그것은 부당한 두려움과 탐욕, 지나친 야망과 같은 과도한 욕망으로부터 자유로운 상태를 말한다. 그것은 개인에게 상황에 가장 어울리는 반응을 자유롭게 선택할 수 있도록 하는 상태이다. 상황에 관계없이 특정 방식으로 행동하도록 강요하거나 특정 부류의 반응들을 하지 못하도록 막는 상태가 아닌 것이다. 그것은 두려움이나 욕망으로부터 충분히 자유로운 상태이다. 이러한 두려움이나 욕망들은 리더십이란 배를 항로에서 벗어나게 하거나 항구에 꼼짝없이 정박하게 하는 폭풍들이다. 그것은 불필요한 긴장이 없는 강렬함이자 편안한 집중 상태이며, 그 활동에 온전히 참여하면서도 완전한 침착을 유지하는 상태를 말한다. 그것은 어떤 종류의 숙련된 기술을 요하는 운동에서도 최고의 선수를 만드는 소중한 평형 상태이다. 그것은 운동선수들이 빈틈 없는 경기를 하고, 농구선수가 코트 전체를 보는 시야를 가질 수 있게 한다. 궁극적으로 그것은 리더들이 압박감 하에서도 차분하게 사물을 보고 사고하도록 만들어주는 것이다. 미하이 칙센트미하이는 이러한 상태를 "흐름(flow)"이라 부른다. 이는 "정리해야 할 혼란이 있거나, 자아를 보호해야 할 위협이 없기 때문에, 자신이 목적하는 바를 이루기 위해 주의를 자유롭게 기울일 수 있는 상태"를 말한다.[6]

게임에서 차분한 상태를 유지한다는 것은 선수에게 이득이 된다. 그것은 분야를 막론하고 성급하게 공에 달려드는 선수들과 안타까울 정도로 대비를 이룬다. 한 관리자는 자신의 팀이 비난을 받자, 너무 성급히 반박하며 지나치게 응대했다. 반응을 보이기 전에 잠깐이라도 시간을 가졌더라면 훨씬 더 좋았을 텐데 말이다. 그녀는 또한 업무와 개인적 이슈들에 대해 지나치게 성급한 판단을 내림으로써, 다른 사람들의 신뢰를 훼손시켰다. 즉각적이고 통제되지 못한 반응을 피하고 자신이 지닌 선택권들에서 적절하게 선택해낼 만큼의 순간만이라도 잠시 멈출 수 있다면 이는 리더에게 큰 도움이 된다.

신시내티 레즈팀에서 야구 명예의 전당 유격수를 지낸 바 있고 현재 네트워크 스포츠 아나운서를 맡고 있는 조 모건은 메이저리그에서 안타를 치는 열쇠는 공의 속도를 늦추는 것이라고 말한다.

"본능적으로, 나는 플레이트에 가서 하는 수많은 예비 손과 머리 동작
을 잘라냈습니다. 그러자 갑자기 이전과는 다른 방식으로 공이 보이
기 시작했습니다. 마치 공이 슬로우 모션으로 내게 다가오는 것 같았
습니다."

그는 처음 메이저리그에 나와 뛰어난 강속구 투수인 샌디 쿠팩스와
맞섰을 때 공을 전혀 볼 수 없었다. "공이 안 보였다. 그냥 지나가는 소리
만 들렸다…" 공이 오는 것을 볼 뿐 아니라 "그것의 속도를 늦춤"으로써 투
구의 유형과 속도를 더 잘 읽을 수 있는 능력은 "특별히 높은 수준의 집중
력"의 결과이다. 그러한 순수한 집중력을 얻을 수 있었던 것은 플레이트
에서 초조해 하던 것을 멈추고, 침착하게 다른 것에 주의를 빼앗기지 않
고 현재의 도전에 완전히 집중할 수 있었기 때문이라는 점에 주목하라.
그 후 그는 쿠팩스의 공을 꽤 잘 맞히는 몇 안 되는 선수들 중 한 명이 되
는 것에 자부심을 느낄 수 있었다. "얼마 후 나는 실제로 그의 공이 오는
것을 보고 들을 수 있었다."[7]

위대한 레이서들은 항상 마지막 밀리세컨드(1000분의 1초)에 브레
이크를 밟을 충분한 시간을 갖기 위해 운전 속도를 줄이는 것에 대해 이
야기한다. 미식축구의 쿼터백도 상대편 수비수들을 통과해 공을 잘 던질
수 있기 위해 그들이 자신에게 돌진해오는 속도를 늦춘다. 스키, 서핑, 육
상, 탁구 등, 어느 스포츠 종목이든 관계 없이, 경기를 하면서 이러한 자기
통제적 시간 관리 현상을 경험해보지 않은 위대한 선수는 분명 없을 것
이다.[8]

유연한 균형성과 감정적 안정성은 서로를 강화한다. 세상이 당신에게 던지는 많은 일들에 유연한 균형을 유지하는 것, 즉 적절히 반응하는 능력을 갖는 것이 침착함의 비결이다. 그리고 철저히 침착해지는 것보다 유연한 균형을 유지하고 상황을 정확히 읽어내며 과잉반응하거나 과소반응하지 않도록 해주는 더 좋은 방법은 없다. 불안정한 리더십과 불안정한 마음은 함께 간다.



유연한 균형성과 튼튼한 개인적 기반은 또 다른 면에서도 승리의 복식조이다. 그것들은 모든 리더십 역할을 수행하는 것을 쉽게 고려해볼 수 있도록 충분히 큰 시야를 가지도록 해주는 동시에 과잉 행동하지 않도록 충분히 작은 시야도 겸비하게 해준다. 확장적이면서도 겸손할 수 있게 하는 것이다.

그렇다면 어떻게 하면 강력한 기반을 가질 수 있을까? 먼저 감정적 지지와 점진적으로 더 큰 도전을 제공하는 호의적 환경에서 성장하는 방법이 있다. 이를 통해 능력과 자신감을 쌓게 된다. 또는 성인이 된 후, 끊임없는 도전과 친밀한 관계, 그리고 공식적 자기 개발 및 치료 작업을 통해 불안감을 극복하는 방법이 있다. 이를 통해 상처를 충분히 치료함으로써, 민감한 부분들을 완화시키고, 자기 걱정을 감소시키며, 자아관을 단단하게 형성하게 된다.

윌 스톤크래프트는 경험을 통해 자신에 대해 더 확신을 갖게 되면서, 자신이 새로운 임무를 받았을 때 무엇을 해야 하는지 명확히 잡아내는 데 있어 다른 사람들보다 더 빠르다는 사실을 알게 되었다. 이제 40대 후반이 된 그는 나와 내 동료에게 이렇게 말했다. "나는 매우 자신감을 느끼지만 지나치게 느끼지는 않습니다." 그 결과 그는 전혀 생소한 부서로 부임한지 몇 주 만에 자기네 부서가 신제품을 개발하고 시장에 내놓기까지 너무 오래 걸린다는 사실을 알아냈다. "그것은 속도의 문제였습니다. 나는 초기에 그것을 깨달았습니다." 아 태 지역에 두어 번 방문한 후 그는 지역 본부장이 업무를 제대로 수행하지 않는다는 사실을 알 수 있었다. 윌은 곧 그 사실을 당사자와 함께 확인한 후 그를 해고시켰다. 그는 그러한 명확성을 다음과 같은 방법으로 터득했다. "나는 사람들과 대화하고 그들의 어려운 점을 이해하며 수치를 검토하는 등 최대한 사람들과 함께 문제를 해결하기 위해 매주 현장을 방문하였습니다. 그래서 그 사업이 어떤 잠재력을 지녔는지 알 수 있었습니다." 과거에 그는 남에게 직설적으로 얘기하기까지 다소 오래 걸렸고 대범함이 약간 부족했다. 이는 그를 매우 현실적인 사람으로 만들었지만, 동시에 그가 독수리처럼 날아오르는 것을 방해했다. 이제 그는 자신의 범위를 넓히고 그냥 훌륭한 리더에서 정말 탁월하게 훌륭한, 그리고 유연한 균형성을 갖춘 리더로 변모할 수 있었다.

침착성에 관해 마지막으로 한 마디 하고자 한다. 폭풍 속에서 침착성을 유지한다고 해서 좋은 판단을 내린다는 보장은 없다. 만약 당신의 시야가 왜곡되어 있고, 잘못된 가치관을 지니고 있다면, 당신은 잘못된 일을 꽤 침착하게 수행할 수도 있다.


## 지나치게 균형적일 수도 있을까?


도가 지나친 강점을 조절하는 능력을 가지게 되면 뭔가를 잃어버리게 될까? 반대편에 있는 능력을 갖추고 그것을 소중히 여긴다고 해서, 이쪽에 있는 능력이 약해질까? 당신은 위기나 비상사태에 직면했을 때, 절제 상태를 깨뜨리고 상황에 필요한 극단적인 행동을 취할 수 있는가? 소련은 자국을 급속도로 산업화하기 위해 스탈린과 같은 병적인 리더가 꼭 필요했을까? 스탈린이 없었다면 소련은 동부 전선에서 독일군을 격퇴해 그들의 전력을 약화시킴으로써 동맹국들이 D-Day에 서부 전선을 공략할 수 있게 한 전쟁 능력을 가질 수 있었을까? 뉴욕시의 줄리아니 시장은 만약 그가 초공격적인 운영 모드를 완화했다면, 도시를 다시 통치할 수 있도록 만드는 데 필수적인 것으로 보였던 가차 없는 행동을 취할 수 있었을까?

만약 당신이 극도로 제멋대로 행동한다면, 또는 사람들에게 미칠 악영향에 아무런 동정심도 가지지 않는다면, 또는 당신 자신의 감정에 무감각하다면, 동정심과 양심을 갖춘 사람이라면 절대 할 수 없었을 일을 성취해낼 수 있게 될까? 당신은 공격적이고 모진 리더십의 측면을 충족시키지 못 하는 일은 없을 것이다. 아마 그런 실수는 절대 일어나지 않을 것이다. 반면 당신은 정기적으로 그 측면을 지나치게 충족시킬 것이다. 당신은 마키아벨리가 권고한 필수적인 힘의 사용을 넘어설 것이다. 당신은 사람들에게 필요하지도 않은 해를 입힐지도 모른다. 과잉 살상은 당신의 유산이 되고, 시간이 지나면서 부수적 피해가 쌓일 것이다. 어떤 대가를 치르고서라도 결과를 얻어내고야 말겠다고 맞바꾼 모든 것들이 당신에게 걸림돌이 되고 더 중요하게는 당신이 맡은 조직에게도 걸림돌이 될지 모른다.

리더들이 지나치게 균형적일 수도 있는가라는 질문은 위대한 화가들은 신경과민이거나 그보다 더 나쁜 상태일 것이라는 믿음을 떠오르게

한다. 뛰어나고 혁신적인 그림 작업을 하기 위해서 반 고흐와 같은 화가
는 자신의 한 쪽 귀를 잘라낼 만큼 불안정한 상태에 빠져야 했고, 잭슨 폴
락과 같은 화가는 알코올 중독자로 지내다가 결국 술을 먹고 달린 폭주
운전에서 생을 마감해야만 했다. 적대적 환경 속에서 리더 역할을 하거
나 조직적으로 대범하고 전면적인 조치를 취해야 한다고 해서, 무릇 모
든 위대한 소설가나 시인, 과학자 및 철학자가 정신적으로 받는 고통 이
상으로 감정적으로 불안정한 삶을 살아야한다고 생각하지는 않는다.[9]
조지 마샬의 평정심은 그의 효과성을 전혀 손상시키지 않았다. 그것은
오히려 아이젠하워나 패턴과 같은 강력한 장군들을 적재적소에 기용하
도록 하는 데 도움이 되었을 것이다.[10]

　　가끔 너무 균형적인 것으로 잘못 묘사되는 리더 부류로 "합리적인
유형"이 있다. 이런 사람은 모든 주장의 양 측면을 들여다 볼 줄 알고, 신
중한 톤으로 말하며, 과민반응하거나 객관성을 잃지 않는다. 확실히 이
런 접근법에는 존경할만한 점이 많다. 하지만 항상 합리적인 상태를 유
지하는 이런 유형은 "비합리적인 상태"가 될 능력이 부족하다. 화를 낼 합
당한 이유가 있는데도 화를 내지 못하거나, 빨리 단호하게 어느 한 쪽을
선택해야 할 경우에도 그렇게 하지 못하며, 어쩌면 "불가능한 목표"를 성
취할 수도 있는 사람들에게 그것을 기대하는 능력이 부족하다. 이 영원
히 공평하고 안정된 리더들은 지나치게 균형적이라기보다는, 사실 충분
히 균형적이지 못한 것이다. 그들은 강압적인 리더십 측면에서 부족하
다. 그들의 전반적 효과성에 대한 저조한 평가점수는 이러한 한계를 반
영한다.

　　너무 균형적이라고 오해받는 또 다른 부류의 리더로는 "카멜레온
형", 즉 모든 이에게 모든 것이 되고자 하거나, 또는 계속 자신의 마음을

바꾸는 사람이 있다. 논쟁적인 이슈에서 그는 어떤 입장을 취할까? 그건 아무도 알 수 없다. 이런 유형의 리더는 쉽게 변한다. 이건 유연하게 균형적인 것이 아니다.

내가 아는 윌 스톤크래프트와 같은 사람들은 고도로 유연하게 균형적이 됨으로써 매우 적대적인 사업 조건 하에서도 리더로서의 어떤 소중한 능력을 희생시키지 않는다. 물론 나는 그들이 최악의 환경, 가령 전쟁 중의 장군 역할이나 테러리스트의 공격으로 마비가 된 도시의 시장 역할, 또는 이스라엘과 팔레스타인이나 북아일랜드의 경우처럼 다루기 힘든 상황에서 국가 원수의 역할을 어떻게 수행할지는 모른다.


## 편향성의 네 가지 조합


다방면으로 유연하게 균형적이지 않은 리더들은 이상적인 리더십의 모습에서 여러 가지 방향으로 이탈할 수 있다. 어떤 리더들은 전략적-운영적 리더십 쌍과 강압적-허용적 리더십 쌍 모두에서 전반적으로 부족한 모습을 보인다. 어떤 리더들은 한 리더십 쌍에서는 균형적이지만 다른 쌍에서는 편향적이다. 리더들이 전략적-운영적 리더십과 강압적-허용적 리더십 모두에서 편향적일 경우, 네 가지 조합으로 쉽게 구분해 볼 수 있다. (**그림 10.2**를 보라.)

편향적 리더십의 이 네 가지 변형들은 모두 독특한 특징을 지니고 있다. 이들은 말하자면, 리더십이란 우주의 네 가지 가장자리를 차지한다. 오직 유연한 균형성을 갖춘 리더만이 이 우주를 중앙에서 집권할 수 있다. 유연한 균형의 리더십은 어떤 쌍에도 대립적이지 않으며 그것들을

**그림 10.2 편향적 리더십의 네 가지 유형**

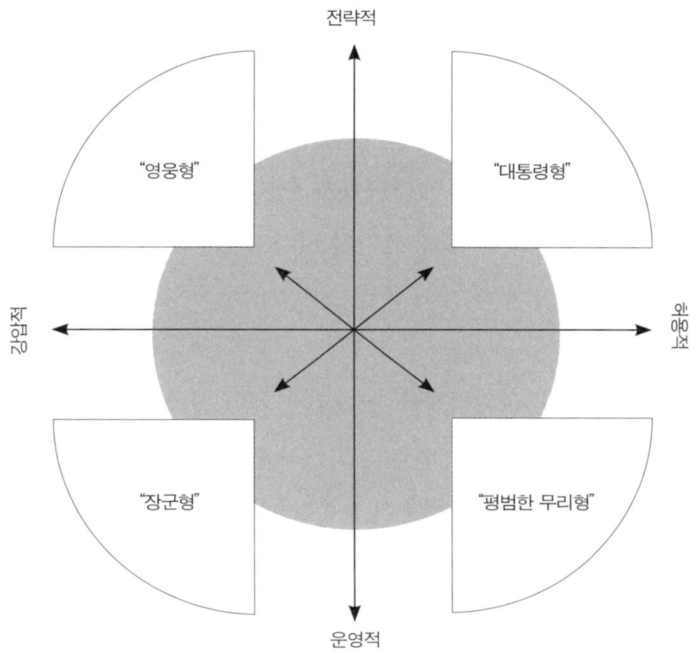



종합한다. 그리고 모든 쌍을 화해시킨다. 유연한 균형성을 갖춘 리더는 서로 대척하는 면들 사이의 모순을 경험하지 않는다.

**그림 10.2**에서 좌측 상단에 나타난 리더들은 이를테면 "영웅적" 타입으로, 전략적 측면과 강압적 측면 쪽으로 기울어져 있다. 그들이 영웅적인 것은, 조직을 위한 거대한 비전을 자랑하고, 영감을 불러일으키는 리더가 될 수 있는 개인적 카리스마와 개성을 소유하고 있기 때문이다. 리치 스파이어가 그런 유형 중 한 명이다.

우측 하단에는 운영적 측면과 허용적 측면 쪽으로 기울어진 유형이 나온다. 영웅적 타입과 반대를 이루는 이 유형은 코치가 선수 역할도 겸하는 "평범한 무리 형"이라 할 수 있다. 이 유형은 보기 드문 종류이다. 강압적이면서 운영적인 경우가 허용적이면서 운영적인 경우보다 훨씬 많이 발견된다. 이 책에 나온 리더들 중에는 2장과 3장에 나온 엘라 솔로가 이 유형에 가장 가깝지만 그것도 대략적인 면에서만 그러하다. 그녀가 이 유형에 들어맞는 이유는 문제가 될 만큼 소매를 걷어붙이고 팀원과 나란히 일한다는 점, 그러면서 지나치게 운영적인 면에 치우쳐져 있다는 점에서 그러하다. 정확히 말해 그녀가 지나치게 허용적이라고 할 순 없지만, 사람들에게 엄격히 대하지 않는다는 점에서는 다소 그런 측면이 있다고 할 수 있다.

우측 상단에는 "대통령적인" 스타일을 지닌 리더들이 있다. 이 유형은 전략적 측면과 허용적 측면으로 지나치게 기우는 우를 범한다. 전략적인 면에서 영웅적 유형과 대등한 모습을 보이는 이들은 강력하게 지배하기보다는 협력적이고 참여적인 방식을 취하는 쪽으로 기울어진다. 6장에서 전략적 측면을 강하게 보인 샘 멘자는 그러면서도 인자하고 허용적인 방식을 취했다. 관리자라기보다는 리더로서의 자질이 강한 그는 팀원과 부하 직원들을 그의 말을 빌자면 "A급 선수"들로 채우고 자유롭게, 즉 우호적 방관(benign neglect)의 상태까지 풀어놓아야 한다고 생각했다.

좌측 하단에는 "장군형"들이 앉아있다. 대통령 유형과 반대되는 이 유형은 강압적 측면과 운영적 측면에서 과잉을 보인다. 이 유형은 일관되게 업무를 수행해야 하는 운영팀의 운전석에서 흔히 발견되는 리더십 유형이다. 6장에서 전략적 리더십보다 운영적 리더십을 편애하는 것으로 묘사된 피트 파워스도 동료의 말을 빌자면 "업무에 있어서는 불도저"와 같았다. 즉 너무 강압적이었던 것이다.

**그림 10.3**에서 볼 수 있듯이, 피트 파워스의 프로필은 강압적 측면과 운영적 측면으로 기울어져있다. 이 강점들은 비록 과잉 사용되긴 했어도

그를 지금의 자리로 승진시키는 데 의심의 여지가 없는 원동력이었다. 하지만 이제 그 요소들은 그를 끌어내리고, 유연한 균형의 리더가 되지 못하도록 방해하고 있는지도 모른다. 그의 균형 점수는 나쁘지 않다. 81퍼센트는 낮은 B와 같다. 하지만 그림에서 나타나듯이 A급 시니어 리더가 되기 위해서는 그의 강압적 측면과 운영적 측면을 줄이고, 전략적 측면과 허용적 측면을 향상시킬 필요가 있다.

## 리더들의 유연한 균형성을 끌어올리는 방법

이 책에서 우리는 유연한 균형성을 끌어올리고 편향성을 바로잡는 몇 가지 방법들에 대해 알아보았다.

먼저, 조사 결과 리더들은 강점과 약점에 대해서는 정기적으로 평가받지만, 지나치게 많이 사용한 강점에 대해서는 평가받지 않는다. 리더들이 정기적으로 과잉 행동을 저지르는데도 말이다. 결핍뿐 아니라 과잉 사용된 강점에 대해서도 평가를 미룰 이유가 있을까? 이와 마찬가지로, 리더십 개발 측면에서 지나치게 많이 사용하는 강점을 조절하는 것도 주요 의제이다. 음량 조절기에 대해 생각해보라. 효과적인 리더가 된다는 것은 너무 낮지도 너무 높지도 않은 그 상황에 맞는 올바른 음량을 갖는 것을 의미한다.

둘째, 자신을 과소평가하는 것은 두 가지 상반된 영향을 미친다. 그 사람에게 뭔가를 회피하게 하고 그것을 너무 적게 하도록 만들거나, 또는 이와 반대로 너무 열심히, 너무 많이 하도록 할 수 있다. 예를 들어 만약 당신이 자신의 똑똑함에 대해 과소평가한다면, 당신은 (a)회의에서

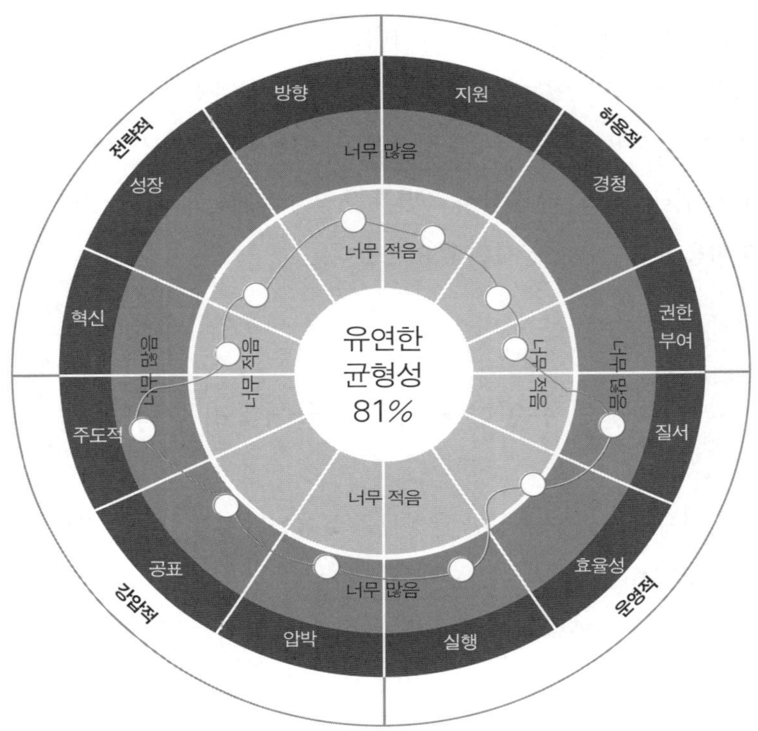


거의 말을 하지 않거나 지적 업무를 회피함으로써 당신을 보호하려 하거나, 또는 (b) 정보로 완전히 무장하거나, 수 천 수 만 번 준비한 다음, 당신이 얼마나 똑똑하고 지식이 많은지 보여주기 위해 오버하는 방식으로 자신을 보호할 수 있다. 이는 종종 강점이나 부족한 역량을 지나치게 많이 사용하게 되는 시발점이다. 그 영향을 지적할 때는 이러한 원인을 염두에 두는 것이 중요하다.

셋째, 무언가를 너무 많이 하는 것과 너무 적게 하는 것은 서로 연결되어 있는 경우가 많다. 왜냐하면 한 가지를 너무 많이 하는 행동은 그에 반대되거나 보완적인 것을 너무 적게 하는 행동을 동반하는 경우가 많기 때문이다. 따라서 우리는 리더십을 서로 상반되는 장점의 측면에서 정의할 필요가 있다. 진정으로 유연한 균형을 이룬다는 것은 다양한 리더십 쌍 들에서 상반되는 양 측면을 적절한 비율로 불러내는 능력을 갖는 것이다. 그러나 일반적으로 사용되는 역량 모델과 다면평가는 일차원적인 경우가 많다. 이 방식을 통해서는 리더들이 이차원적 의미에서 얼마나 유연한 균형을 이루고 있는지 아는 것이 불가능하다. 너무나 많은 리더들이 "균형"이란 말을 입에 올리면서도, 무의식적으로 이차원적 관점에서 그들을 평가하는 능력을 결여한 진단 방법을 그냥 사용하고 있다는 사실은 아이러니하지 않을 수 없다. 우리는 많은 관리자들이 직관적으로 이해하는 이차원적 관점에서 그들을 평가해야 하지 않을까?

넷째, 다양한 리더십 스킬들에서 리더십 쌍인 전략적 및 운영적 리더십과 강압적 및 허용적 리더십은 절대적으로 핵심적인 위치를 차지한다. 이 상반되는 두 가지 리더십 짝을 리더들에게 적용해보는 것만으로도 우리는 중요한 사실을 알 수 있다. 즉 이것 아니면 저것이란 태도는 효과가 없는 것이다. 당신은 두 가지를 모두 할 수 있고 또 자력으로든 다른 사람의 도움을 얻어서든 그렇게 해야만 한다. 이것이 첫 번째 원칙이다. 두 번째 원칙은 리더십의 한 쪽 측면이 다른 쪽 측면을 완전히 밀어낼 정도까지 지배하지 않도록 하는 것이다. 세 번째 원칙은 언제 어떤 방식을 사용할지 아는 지혜를 터득하고, 폭넓은 레퍼토리를 적절한 비율로 적용하는 기술을 개발하는 것이다. 이를 이루기 위해선 단지 낮게 평가된 측면을 끌어올리는 것 뿐 아니라, 과잉 사용된 측면을 조절해야 한다.

다섯째, 리더들은, 문제해결사의 역할을 오랫동안 해온 만큼, 피드백을 주로 고쳐야 할 부정적인 점을 확인하는 기회로 바라본다. 그들에게 피드백의 진짜 가치는 비판에 있다. 그러나 대부분의 관리자들이 완전히 간과하는 점이 하나 있는데, 그것은 바로 긍정적인 피드백이 부정적인 피드백만큼이나 리더십 개발에 있어 중요한 가치를 차지한다는 점이다. 강점을 내면화하는 것은 과잉 사용된 강점을 억제하고 미숙한 부분을 끌어올리는 중요한 발판이 된다. 그러나 자신의 긍정적인 점을 받아들이는 것은 자신의 맹점을 직시하는 것만큼이나 어려운 일이다.

여섯째, 리더십 향상을 위해 노력하는 과정에서 리더들은 자연스럽게 그들의 행동에 직접적으로 개입하는 경향을 보인다. 그리고 이러한 외적 개선 작업도 그 자체로 매우 중요한 내용을 지니고 있다. 그러나 외적 개발 작업만큼이나 중요한 내적 개발 작업은 왜 그냥 지나치는가? 리더들의 과잉행동과 과소행동의 원인이 되는 심리 상태를 고치는 작업, 가령 편향적인 행동과 연관된 편향적 관점을 고치는 작업도 중요하다. 리더들의 업무 수행을 너무 적거나 너무 많이 하는 관점에서 평가하는 것의 장점은 그것이 자연스럽게 리더의 심리 상태를 알려준다는 것이다. 당신의 머릿속에 이것을 더 많이 하지 못하도록 막는 것은 무엇인가? 또는 너무 많이 하게 만드는 동력은 무엇인가? 내적 개발 작업을 외적 개발 작업만큼이나 정당하고 실용적인 것으로 여기는 것은 자신이 가진 강점을 과소평가하는 문제에 완벽한 해결법을 제공한다. 그 강점을 내면화하는 것 말고 그것으로부터 나오는 왜곡을 고칠 수 있는 더 나은 방법이 무엇이겠는가?

일곱째, 평가에 참여하는 리더들은 설득력 있는 데이터를 필요로 한다. 그 사람에게 유효하고 신뢰할 만한 데이터로 여겨질 만큼 충분한 양의 올바른 데이터 말이다. 어떤 평가이던지 목표는 리더에게 설득력 있는 명확성을 제공하는 데 있다. 사람들이 변화에 박차를 가할 수 있도록 충분히 예리한 명확성 말이다. 하지만 데이터만으로는 대부분의 경우 그러한 효과를 얻기가 힘들다. 잘 설계된 평가로부터 얻는 혜택을 최대한 높이기 위해서는 강력한 도움도 필요하다. 그러나 관리자들이 책상 위에 내동댕이쳐진 피드백으로부터 도움을 얻지 못하는 경우는 부지기수이다. 다면평가를 실시하는 우리들은 질적 데이터와 질적 컨설팅을 연결시킬 필요가 있다. 평가나 이행 과정에서 그러한 도움은 감독자나 인력 개발자 또는 리더십 개발 전문가, 동료, 컨설턴트, 그 외 기술과 시간을 가진 누구에게서나 나올 수 있다.

마지막으로, 현대의 리더들에게 적용되는 오래된 법칙이 있다. 바로, 적응하지 못하면 죽는다는 것이다. 적자생존처럼 잔혹하지는 않지만, 법칙은 엄격하다. 조직에서 성장하던지 아니면 퇴출당하는 것, 또는 경력이 완전히 끝장나거나 생존하더라도 그 자리에 정체되는 것이다. 대부분의 리더들에게 문제는 그들이 큰 영향력을 발휘할 것인가 아니면 하찮은 영향력을 발휘할 것인가, 그들이 줄 이로움과 해로움의 비율은 어떠한가, 그리고 성취에 따른 개인적 스트레스가 어느 정도일 것인가이다. 비록 한 종이 다른 종으로 대체되는 데 훨씬 더 엄청난 시간이 걸리는 자연에서의 선택 과정과는 다를지라도, 이는 사람들이 개입해서 속도를 높일 수 있다는 점에서 원예나 동물 교배종과 비슷한 면이 있다.[11] 당신 자신의 발전에 관한 것이든 또는 다른 사람에 관한 것이든, 리더십 영역의 맹점을 피해가면서 되도록 완전한 리더십 개발 전략과 전술을 활용하는 것이 어떻겠는가?

# 리더십균형지수(LVI)
# 개발 연구

롭 카이저

이 부록의 목적은 이 책의 핵심적인 다면평가 방법인 "리더십균형지수"의 개발과 유효성을 위한 개념 및 통계적 기초를 세우는 것이다. 먼저 이 부록의 일부는 독자들에게는 너무 기술적일 수도 있다는 사실을 밝히고자 한다. 통계적 방법이나 자세한 분석에 관심이 없는 독자들을 위해서는 연구 결과를 보조 상자에 쉽게 요약해놓았다.

## LVI에 대한 전반적 개괄

리더십균형지수는 컨설팅과 연구를 동시에 겸하는 "액션 리서치(action-research)"에서 발전하였다. 그 원형은 1993년 처음 설계되고 사용되었다. 이 도구와 그 뒤에 놓인 이론은 통계 조사 및 관리자들과의 실전 경험을 통해 계속해서 정교화 과정을 거치고 있는 중이다.

우리의 유연한 균형성 개념은 시니어 관리자들과 실시한 집중적인 평가 및 피드백 세션 과정에서 발견한 관찰 결과에 근거하고 있다. 관찰 결과 그들은 편향성을 띠는 경향이 있었다. 즉, 그들은 결과 지향적 vs. 사람 지향적, 독단적 vs. 권한 부여적, 사고 vs. 실행, 장기 vs. 단기 등과 같은 "리더십 대립 쌍"에서 어느 한 쪽에 너무 많은 무게를 두는 반면 다른 쪽에는 너무 적은 무게를 두었다. 예를 들어 어떤 관리자들은 결과에 너무 집중하는 반면 사람들에 대해서는 충분히 관심을 두지 않았고, 어떤 관리자들은 사람들에게 너무 관심을 둔 나머지 업무를 소홀히 했다. 둘 다 잘 하는 리더들은 상대적으로 드물었다.

리더십균형지수는 매니지먼트에서 나타나는 두 가지 주요 리더십 대립 쌍을 측정한다. 강압적 vs. 허용적 리더십과 전략적 vs. 운영적 리더십이 그것들이다. 두 개의 쌍을 이루는 네 가지 차원은 또한 표 A.1에서 보듯이 각각 그 밑에 세 가지 하위 영역들을 두고 있다.

## 평가도구의 개발

관리자를 상대로 컨설팅과 연구를 병행하는 동안 이 책의 공동저자 봅 캐플랜은 표준적인 평가도구들이 "많을수록 좋다"는 가치관을 내포하는 등급 척도를 사용하고 있다는 사실을 깨달았다. 그러나 많은 의뢰인들의 문제가 사실은 주도권을 쥔다던가, 성과를 위해 사람들에게 압력을 가한다던가, 변화를 도입한다던가, 심지어 의사결정 과정에 사람들을 포함시키는 데 있어 과잉을 저지르는 것에서 비롯되었다. 또 다른 단점은 리더들의 유연한 균형성이나 그것의 반대편에 있는 편향성을 측정하

| 강압적 리더십 | 허용적 리더십 |
|---|---|
| 주도권을 쥐고, 자기주장을 펼치며, 업무를 위해 압박을 가한다. | 다른 사람들이 앞장서게 하고, 스스로 권한을 갖게 하고, 조직에 기여할 수 있는 조건을 만든다. |
| 주도한다.<br>공표한다.<br>압박한다. | 다른 사람들에게 권한을 부여한다.<br>경청한다.<br>지원한다. |
| 전략적 리더십 | 운영적 리더십 |
| 전략을 세우고, 확장적이며, 혁신 지향적이다. | 단기 목표에 집중하고, 효율성과 실현가능성, 그리고 성과를 담보할 수 있는 과정에 집중한다. |
| 방향<br>성장<br>혁신 | 실행<br>효율성<br>질서 |

는 평가도구가 없다는 것이었다.

캐플랜은 강압적 및 허용적 리더십을 평가하는 도구의 원형을 1993년에 디자인했다. 몇 년 후 필자도 이런 노력에 동참했고, 우리는 일련의 통계 조사와 관련 자료 검토를 거쳐 기존의 도구를 수정하고 전략적 및 운영적 리더십을 추가하는 새로운 평가도구를 만들었다.

## 새로운 반응 척도

결핍뿐 아니라 적정량과 과잉을 포착하기 위해 우리는 리더십균형지수를 위한 새로운 평가 척도를 개발해냈다. 이는 그림 A.1에 나와 있다. 여기서 최고 점수는 중간지점, 즉 0점이다. 이를 중심으로 왼쪽에는 결핍이, 오른쪽에는 과잉이 펼쳐져 있다. 이 도구의 여러 부분들은 응답자들에게 이 척도가 "많을수록 좋은" 보통의 선형적 타입이 아니라는 것을 알

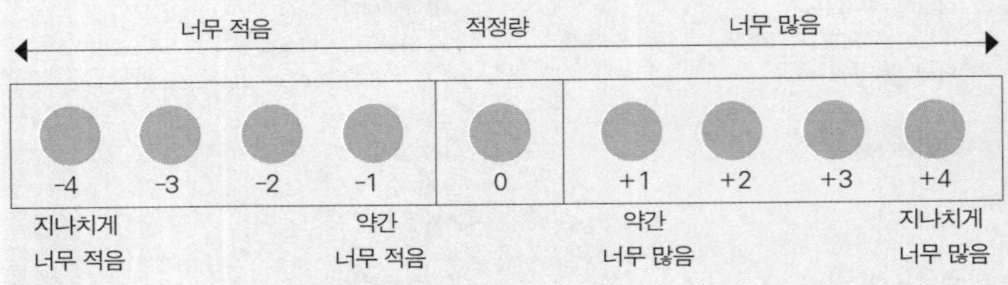


려주도록 고안되었다. 결핍을 나타내는 마이너스 점수와 과잉을 나타내는 플러스 점수는 이 두 가지 서로 상반되는 수행 문제에 주의를 환기시킨다. 그리고 평가에 포함된 심리적 과정에 대한 최근의 연구 결과들이 보여주는 바와 마찬가지로, 마이너스와 플러스 숫자(및 화살표)들은 응답자에게 이 척도의 양 측면이 별개의 것이라는 사실을 전달한다. 낮은 것은 높은 것의 결핍이 아니라 그 반대편인 것이다. (Schwartz, 1999)

### 리더십 대립 쌍

LVI의 항목들은 쌍으로 이루어져 있다. 강압적 리더십의 각 항목들은 (가령 "주도권을 쥔다"처럼) 또한 그에 상응하는 허용적 항목(가령 "타인에게 권한을 부여한다. 그냥 내버려둘 줄 안다"처럼)을 가지고 있다. 전략적 리더십의 각 항목들도 (가령 "큰 그림을 그린다") 그에 상응하는 운영적 항목을 가지고 있다. (가령 "디테일을 지향한다") 이러한 디자인 원칙은 행동적 차원뿐 아니라 각각의 리더십 대립 쌍 및 그 하위 항목 차원에서 대칭성을 담보해준다. 다시 말해, 리더십 대립 쌍을 마스터한다는 개념은 이 도구의 디자인 구조에서 처음부터 끝까지 핵심적인 것이다.

LVI 조사에서 각 항목들은 한 번에 하나씩 제시된다. 응답자들은 먼저 강압적 리더십 항목들을 체크한 후 허용적 리더십 항목으로, 그리고 전략적 리더십 항목과 마지막으로 운영적 리더십 항목으로 이동한다. 그러나 피드백 리포트에서는 각 리더십 대립 쌍에 대한 결과가 나란히 제시된다.

**의뢰인들의 리더십 개발 결과에 기초를 두다**

각 항목은 긍정적 역할모델이든 부정적 역할모델이든 우리의 의뢰인들로부터 영감을 얻었다. 항목을 만드는 데 사용한 재료는 대부분 의뢰인들의 상관이나 동료, 부하직원들과 실시한 인터뷰에서 가져왔다. 우리는 특정 행동을 지나치게 많이 하거나 특정 항목에서 편향성을 보이는 것으로 언급된 사람들의 사례들을 모았다. 이런 점에서 우리가 사용한 방법은 중요사건 기법과 비슷하다.(Flanagan, 1954) 우리는 또한 이 인터뷰들에서 핵심적 행동을 직접 가져옴으로써 적절성과 유효성을 얻을 수 있었다. 관리자들이 서로의 업무 수행을 묘사하기 위해 사용하는 언어를 사용함으로써 우리는 언어적 친숙성을 얻을 수 있었다. 이는 평가 과정을 좀 더 수월하게 하고, 좀 더 의미 있는 피드백을 얻도록 해주었다.

**개념적 구조**

LVI의 구조는 각 항목들을 중간 항목으로, 그리고 중간 항목을 상위 항목으로 묶어내는 작업으로 이루어져 있다. 우리는 현재의 구조를 위하여 경험적 방법론과 이론적 방법론을 모두 사용했다. 먼저 우리는 탐색 요인 분석이라 부르는 통계 기법을 사용하여 이전 버전 평가도구들의 항목 평가를 분석함으로써 구조를 연역해냈다. 이 절차는 같은 그룹으로 묶인 것 내에서의 유사성을 최대화하는 한편 그룹들 간의 중첩 부분은 최소화하는 방식으로 항목들을 묶어내는 가장 엄격한 방법을 식별한다. 우리는 또한 연역적으로 추론해낸 구조의 적절성을 테스트하기 위하여 다양한 샘플들을 대상으로 확인 요인 분석을 실시하였다. 이는 아래에 좀 더 자세하게 다루도록 하겠다.

LVI의 구조를 고안하는 두 번째 접근법은 개념적인 것이었다. 먼저 우리는 리더십 행동에 관한 연구들을 검토하였다. 우리의 강압적, 허용적, 전략적 그리고 운영적 리더십 항목들과 유사한 것들을 파악해 보았고, 이 항목들이 어떻게 이론적 그리고 행동적으로 정의되었는지를 조사하였다. 둘째, 가능한 선에서 우리는 이러한 개념들의 구조와 관련된 경험적 연구들을 검토하였다. 특기할 만한 것은 우리가 발견한 내용의 대부분이 강압적 및 허용적 리더십과 관련된 것들이라는 사실이다. 전략적 리더십과 운영적 리더십의 구조에 관한 이론적 및 경험적 연구 작업은 매우 드물었다.

LVI에서 가장 중요한 구조적 구분은 리드의 방식과 리드의 내용을 구분하는 것이다. 이러한 구분은 리더십 학자들 사이에서 리드하는 것의 사회적 측면과, 기능적/사업적 측면을 점차 구분하는 데서 비롯되었다. 자카로(2001)는 리더들이 사회적 교환 및 인간관계의 역학에 미치는 직접적 영향과, 방향이나 조직 구조 또는 목표에 관한 의사 결정을 내림으로써 발휘하는 간접적 영향을 대비시켰다. 안토나키스와 하우스(2002)는 사람간의 관계에 관한 문제인 영감을 주는 리더십과, 방향을 설정하고 목표 달성을 촉진하는 도구적 리더십의 차이에 대해 논했다. 우리가 보기에 리드하는 방식, 즉 리더십의 사회적/인간관계적 측면은 강압적 및 허용적 리더십으로 나타난다. 반면 리드하는 내용, 즉 리더십의 기능적/사업적 측면은 전략적 및 운영적 리더십으로 나타난다. 아래는 LVI

의 구조를 만드는 과정에서 우리의 사고를 인도하기 위해 사용한 주요 개념과 정의들을 요약해놓은 것이다.

**강압적 및 허용적 리더십.** 강압적 및 허용적 리더십은 리더십의 인간 관계적 행동들의 두 축을 이룬다. 버나드 바스(1990)는 리더십에 관한 지성사(intellectual history) 및 방대한 과학적 연구를 검토하면서 적극적인 리더십 행동을 이루는 두 개의 큰 그룹이 있다고 결론지었다. 하나는 "독재적" 권력의 사용과 업무에 대한 집중에 중심을 두는 반면, 다른 하나는 "평등한" 권력의 사용과 사람들에 대한 관심에 중심을 둔다. 바스에 따르면, 이 두 개의 뚜렷이 구별되는 그룹 내에서는 오랫동안 논의해온 서로 중첩되는 리더십 행동들이 존재한다. 이렇게 좀 더 미세한 구분들이 모여 우리의 강압적 및 허용적 리더십의 세 가지 하위 항목들의 근간을 이룬다. 표 A.2는 리더십의 방식에 관한 두 가지 측면을 이전 학자들이 개념화한 것과 그것들이 우리의 강압적 및 허용적 리더십 개념에 미치는 영향을 보여준다.

**전략적 및 운영적 리더십.** 리더십의 내용은 리더들이 집중하는 일 또는 조직적 문제와 관계된다. 이들은 목표나 구조, 정책 결정 등을 통해 업무 수행에 간접적으로 영향을 미친다. 우리는 이 공간을 서로 상반되는 전략적 리더십과 운영적 리더십의 영역으로 나눈다. 우리가 보기에 이 두 영역은 리더십 관련 문헌에서 대조되거나 병치된 적이 거의 없다. 한 가지 특기할만한 예외가 있다면, 존 코터(1990)가 리더십과 관리를 구분해놓은 것이 있다. 우리가 전략적 및 운영적 리더십을 바라보는 시각과 비슷하게, 그의 모델도 변화에 대한 비전을 통해 영감을 불러일으키는 리더십과, 잘 규율된 통제로서의 관리로 구성되어 있다. 표 A.3은 리더십의 내용적 측면 즉, 전략적 리더십과 운영적 리더십의 하위 항목들에 관한 우리의 시각을 형성하는 데 도움을 준 기존의 개념들을 담고 있다.

## LVI의 내적 특성

다음은 LVI가 측정 도구로서 얼마나 잘 작동하는지 그에 관한 통계적 분석을 요약해놓고 있다. 분석 결과는 신뢰도와 타당성 측면으로 제시되었다. 일단 이 도구의 내적 특성을 고려한 후 외적 특성을 검토하는 방식을 통해 LVI 점수가 다른 변수들과 어떤 관계를 맺는지 알아보았다. (예를 들어 비슷한 개념의 다른 측정 도구들과 리더십 효과성, 부하직원들의 직업 만족도 등) 다음의 자료들 중 일부는 어쩔 수 없이 기술적인 내용을 포함한다. 통계와 심리측정 이론에 친숙한 사람은 그로부터 도움을 얻을 수 있지만, 우리는 모든 독자들이 이해할 수 있는 방식으로 개념들을 설명하고자 하였다. 주요 결과물은 또한 보조 상자에 비전문적 용어로 요약해놓았다.

LVI는 여러 번의 과정을 통해 발전하고 정교화 되었다. 현재 사용되는 도구는 네 번째 버전으로, 제4세대 강압적 및 허용적 리더십 척도와, 제3세대 전략적 및 운영적 리더십 척도로 이루어져있다. 이 책을 쓸 당시 이 새로운 척도들에 관한 자료들은 아직 수집 중이었고, 따라서 여기 보고된 결과들은 이전 버전의 도구를 사용해 측정한 것들이다. 별다른 표기가 없는 한, 다음의 분석들은 총 5,334명의 동료들이 총 562명의 관리자들에 대해 매긴 다면평가 점수에서 7개의 독자적 샘플을 추출해 근거

**표 A.2 리더십의 방식에 관한 개념들**

| | 업무에 대한 독재적 집중<br>강압적 리더십 | 사람들에 대한 평등한 배려<br>허용적 리더십 |
|---|---|---|
| **권력의 소재: 주도권을 쥔다 vs. 타인에게 권한을 부여한다** | | |
| Stogdill & Coons (1957) | 주도 | 배려 |
| Likert (1967) | 영향력의 기술 | 상호작용의 기술 |
| Zaleznik(1974) | 권력 지향적 | 권력 공유 |
| **의사결정: 공표한다 vs. 경청한다** | | |
| Lewin & Lippit (1938) | 독재주의 | 민주주의 |
| House (1971) | 명령적 | 참여적 |
| Vroom & Yetton (1973) | 명령적이고 자율적 | 참여적이고 포함적 |
| Bass & Valenzi (1974) | 명령적/ 설득적 | 상담적/ 참여적 |
| **지향: 업무를 위해 사람들에게 압박을 가한다 vs. 지원한다** | | |
| Bales (1950) | 업무 성과 | 유지 |
| Fleishman (1953) | 구조 주도 | 배려 |
| Blake & Mouton (1964) | 생산 강조 | 사람 강조 |
| Fiedler (1967) | 업무 지향적 | 사람 지향적 |
| Hersey & Blanchard (1969) | 지시 | 지원 |
| House (1971) | 성취에 초점을 맞춤 | 지원적 |
| Quinn (1988) | 제작자 및 관리자 역할 | 멘토 및 촉진자 역할 |

한 것들이다. 이 샘플들은 **표4.4**에 자세히 나와 있다. 모든 데이터는 리더십 개발 관련 피드백을 얻기 위한 목적임을 명확히 밝히고 수집되었고, 모든 참여자들에게는 그들의 점수가 익명으로 처리될 것이란 설명을 드렸다. 단, 상관들의 경우는 그렇지 않다고 말씀드렸다.

### 신뢰도

신뢰도란 측정을 되풀이해도 같은 값의 결과가 나올 가능성과 관련 있다. 모든 측정은 불완전하고 일정 정도의 과오를 포함한다. 신뢰도란 이런 성질의 추정치이다. 우리는 LVI 척도의 신뢰도 문제를 크게 두 가지 방식에서 검토하였다. 먼저 개별 평가자 차원에서는 내적 일관성의 측정을 위해 크롬바 알파(Cronbach's alpha)를 계산하였다. 각 척도의 평균값은 표 A.5에 나와 있다. 누널리(1978)는 0.70을 알파의 최소 허용치로 추천하면서도 실전에서는 0.80의 사용을 선호한다고 밝혔다.



두 번째 방법은 같은 대상에 대해 점수를 매긴 다양한 평가자들 간의 수렴 정도였다. 다면 평가에서는 다양한 평가자들을 상대하기 때문에, 우리는 기존의 전통적인 세 가지 평가 출처인 상관, 동료, 부하직원 내에서 평가자들 간의 유사성 정도를 검토하였다. LeBreton, Burgess, Kaiser, Atchley 및 James(2003)가 추천한 절차에 따라, 우리는 평가자간 신뢰도와 평가자간 합의 정도를 모두 고려하였다. 전자는 상호연관성에 기초한 기법으로 동일한 대상에 대해 다양한 평가자들이 내린 점수가 어느 정도까지 일치하는지, 얼마나 같은 정도의 높낮이 패턴을 보이는지 제시한다. 한편 평가자간 합의 정도는 절대적 등급 레벨에 기초한 것으로, 동일한 대상에 대해 다양한 평가자들이 내린 점수가 어느 정도까지 같은 크기를 나타내는지 보여준다. 이 차이는 미묘해보일지도 모르지만, 평가의 유사성 문제를 얘기하는 데 꼭 필요한 것들이다.

평가자간 신뢰도는 급내상관계수(Intraclass Correlation Coefficient, ICC; Shrout & Fiese, 1976)를 사용하여 계산하였다. 먼저 우리는 평가자 한 명의 신뢰도를 계산하였다. [ICC(1)] 그런 다음 각 평가 집단에 속한 다양한 평가자들 간의 평균 신뢰도를 계산하였다. [ICC(k), 여기서 k

**표 A.3 리더십의 내용에 대한 개념들**

| | 미래지향적 변화<br>전략적 리더십 | 사람들에 대한 평등한 배려<br>허용적 리더십 |
|---|---|---|
| **시간 일정과 활동: 장기적 방향 vs. 단기적 실행** | | |
| Barnard (1938) | 방향을 제시한다. | 매일 매일의 운영을 관리한다. |
| Kotter (1990) | 방향을 세운다. | 계획을 세운다. |
| Bennis & Nanus (1985) | 비전 | |
| Conger & Kanungo (1994) | 비전 | |
| Zaccaro (2001) | 방향 수립 | 이행, 전술 |
| Antonakis & House (2002) | 전략적 리더십 | 작업 촉진 |
| Bossidy & Charan (2002) | | 실행 |
| **지향: 성장 vs. 효율성** | | |
| Mintzberg (1975) | 기업가적 역할 | |
| Miles & Snow (1978) | 새로운 기회를 전망한다. | 포지션을 방어한다. |
| Porter (1996) | 성장 | 운영적 효율성 |
| Neiman (2004) | | 초점 |
| Prince (2005) | 부가 가치 | 비용 절감 |
| **풍토: 혁신 vs. 질서** | | |
| Fayol (1949/1916) | | 기획, 조직, 통제 |
| Quinn (1988) | 혁신가 역할 | 코디네이터 및 모니터 역할 |
| Kotter (1990) | 변화를 만듦 | 통제를 구축 |
| Conger & Kanungo (1994) | 현 상황에 도전함 | |
| Kouzes & Posner (1987) | 프로세스에 도전함 | |
| Huy (2002) | 변화 | 연속성 |

는 평가자의 수이다.] 우리는 상관에게는 $k=2$와 $k=4$를 사용하고, 동료 및 부하직원들에게는 $k=4$ 및 $k=7$을 사용하였다. 이는 충분한 수의 평가자들로부터 인풋을 얻는 것의 중요성을 보여주기 위함이다. (평가자의 수가 올라갈수록 신뢰도도 높아진다.) ICC(1)의 값은 보통 0.00에서 0.50의 범위 안에 있으며, 평균은 약 0.12이다.(James, 1982) 0.05만 돼도 정당화하기에 충분히 높다고 생각된다.(Bliese, 2000) 다양한 출처에서 관리자

표 A.4 **리서치 샘플에 대한 설명**

| | | | | | 척도 버전 | |
| 샘플 | 대상자 수 | 대상 | 평가자 수 | 수집 기간 | 강압적 – 허용적 | 전략적 – 운영적 |
| --- | --- | --- | --- | --- | --- | --- |
| 1 | 58 | 간부 | 456 | 1994-1997 | 1 | – |
| 2 | 131 | 간부 | 1230 | 1998-2001 | 2 | 1 |
| 3 | 54 | 관리 감독자 | 568 | 2001 | 3 | – |
| 4 | 59 | 간부 | 373 | 2002-2003 | 3 | 1 |
| 5 | 74 | 중간 관리자 | 849 | 2003-2004 | 3 | 2 |
| 6 | 89 | 중간 관리자 | 832 | 2003-2004 | 3 | 2 |
| 7 | 97 | 간부 | 1026 | 2003-2004 | 3 | 2 |

주의: 강압적-허용적 척도의 경우, 아래 보고된 조사 결과에서 사용된 항목 수는 다음과 같다. 제1버전=9쌍, 제2버전=5쌍, 제3버전=8쌍. 전략적-운영적 척도의 경우, 제1버전=5쌍, 제2버전=8쌍이다.

의 등급을 매길 경우, ICC(1)의 값은 0.2에서 0.45 범위에 있고 ICC(k) 의 가치는 0.50(k=3의 경우)에서 .60(k=5의 경우) 사이에 있다.(Conway & Huffcut, 1997; Greguras & Robie, 1998; LeBreton, Burgess, Kaiser, Atchley & James, 2003을 보라.) ICC(k)에서 선호되는 마지노선은 0.70 이지만, 0.50에서 0.70 사이는 보통 허용 가능한 것으로 받아들여진다. 평 가자간 신뢰도는 평가 받는 사람과 맺는 위계질서에 따라 높아진다. (부 하직원들의 경우 가장 신뢰도가 낮은 반면, 상관의 점수는 가장 신뢰도가 높다.) 이는 또한 점수를 매기는 사람의 수가 증가함에 따라 증가한다.

　　마지막으로 평가자 간 합의는 r 통계를 사용하여 결정하였다. 이 지 표는 동일한 대상에 대해 등급을 매기는 다양한 사람들이 각 항목에 어 느 정도나 똑같은 점수를 주는지 나타낸다. 이를 위해 각 대상별로 같은 집단에 속한 모든 평가자들의 점수를 계산한다. 그런 다음 각 집단의 r 평균을 계산한다. 0.70보다 큰 r 평균값은 일반적으로 수용 가능한 것으

### 표 A.5 평가 출처별로 알아본 척도 평균 신뢰도

| 척도 | α | 상관 ICC(k) | | | | 동료 ICC(k) | | | | 부하직원ICC(k) | | | |
|---|---|---|---|---|---|---|---|---|---|---|---|---|---|
| | | ICC(1) | k=2 | k=4 | r | ICC(1) | k=4 | k=7 | r | ICC(1) | k=4 | k=7 | r |
| 강압적 | 0.82 | 0.53 | 0.69 | 0.82 | 0.89 | 0.38 | 0.71 | 0.81 | 0.85 | 0.31 | 0.64 | 0.76 | 0.85 |
| 허용적 | 0.81 | 0.36 | 0.53 | 0.69 | 0.91 | 0.37 | 0.70 | 0.80 | 0.88 | 0.26 | 0.58 | 0.71 | 0.89 |
| 전략적 | 0.79 | 0.25 | 0.40 | 0.57 | 0.92 | 0.22 | 0.53 | 0.66 | 0.89 | 0.22 | 0.53 | 0.66 | 0.89 |
| 운영적 | 0.53 | 0.36 | 0.53 | 0.69 | 0.93 | 0.23 | 0.54 | 0.68 | 0.88 | 0.20 | 0.50 | 0.64 | 0.86 |
| 평균 | 0.74 | 0.38 | 0.54 | 0.69 | 0.91 | 0.30 | 0.62 | 0.74 | 0.88 | 0.25 | 0.56 | 0.69 | 0.87 |

주의: 여기 보고된 데이터는 6개의 독자적 샘플에서 계산한 평균값에 근거한 것이다. (표 A.4에 나온 샘플 2~7을 참조하라. 샘플 1은 평가자-레벨 데이터가 없어서 통계 계산이 불가능했다.)

로 받아들여진다. 1.00에 가까울수록 합의 수준이 높은 것이다. (Bliese, 2000: James, Demaree, & Wolf, 1984)

표 A.5는 각 평가 출처별로 각 척도의 평균 신뢰도를 내적 일관성과 평가자간 신뢰도[ICC(1)과 ICC(k)] 및 평가자간 합의(r)의 측면에서 보여준다.

전반적으로 LVI에 관한 다양한 신뢰도 통계 결과는 다면 평가 관련 연구들에서 보고된 값들에 부합하고, 일반적인 허용 기준을 충족시킨다. 하지만 이러한 호의적 해석에는 두 가지 자격요건이 있다. 하나는 평가자간 신뢰도에서 평균 0.70 기준을 충족시키기 위해서는 네 명의 상관과 여섯 명의 동료, 그리고 일곱 명의 부하직원이 필요하다는 것이다. 실전에서는 최소한 이 정도의 평가자 수를 갖추어야 한다. 둘째, 운영적 리더십에 관한 척도는 바람직한 수준보다 내적 일관성이 부족했다. 이 문제에 관해 우리는 최근 세 가지 하위 항목들을 서로 좀 더 비슷한 것으로 재규정함으로써 해결하고자 하였다.

## 타당성

타당성은 종종 "테스트가 원래 측정하기로 되어 있는 것을 어느 정도나 측정하는지"를 지칭하는 것으로 일컬어져왔다. 이를 결정하는 방법 중 한 가지는 점수들이 이론과 일치하는 방식으로 서로 연관되는지, 그리고 테스트 외적 변수들과도 연관되는지 검토하는 것이다.(Cronbach & Meehl, 1955)

LVI의 내적 구조를 평가함에 있어 타당성과 관련해서는 두 가지 중요한 고려사항이 있다. 하나는 강압적 리더십과 허용적 리더십, 그리고 전략적 리더십과 운영적 리더십 사이의 상관관계와 관련 있다. LVI를 구

**표 A.6 상반된 리더십들간의 평균 상관관계**

| 평가 출처 | 강압적 - 허용적 | | | 전략적 - 운영적 | | |
|---|---|---|---|---|---|---|
| | k | N | r | k | N | r |
| 본인 | 7 | 529 | -0.26 | 5 | 443 | 0.06 |
| 상관 | 7 | 487 | -0.61 | 5 | 420 | 0.01 |
| 동료 | 6 | 447 | -0.63 | 5 | 424 | 0.06 |
| 부하직원 | 6 | 464 | -0.56 | 5 | 432 | 0.12 |

주의: k는 상관계수의 수, N은 평가의 대상이 된 총 관리자의 수, r은 k간의 평균 상관관계이다. 샘플 1에서 동료 및 부하직원의 평가는 분리가 불가능했다.

성하는 이론은 관리자들이 이러한 리더십 대립 쌍들에서 종종 어느 한 편에 치우친다고 가정한다. 즉 어느 한 쪽을 지나치게 많이 하는 반면 다른 한 쪽을 지나치게 적게 하는 경향이 있는 것이다. 이는 리더십 대립 쌍 간의 부정적 상관관계, 즉 어느 한 쪽을 많이 하면 다른 한 쪽은 적게 하는 관계가 성립한다는 것을 의미한다. 우리는 이를 "양극 효과(polarity effect)"라 부른다. 부정적인 상관관계란 관리자들이 한 쪽으로 좀 더 이끌리는 한편 다른 쪽으로부터는 점점 멀어지는 경향을 통계적으로 나타내기 때문이다.

표 A.6은 일곱 개의 샘플에서 강압적 리더십과 허용적 리더십, 그리고 전략적 리더십과 운영적 리더십 사이의 평균적 상관관계를 요약하여 보여준다. 이를 위해 먼저 각 집단 별로 평가자들의 점수를 모두 계산하여 평균을 내고 이를 종합하여 상관관계를 계산한다.

조사 결과는 혼합적인 모습을 보여준다. 한편에서는, 강압적 리더십과 허용적 리더십 사이에 예상된 관계가 발견된다. 양극 효과는 특히 동료 그룹에서 −0.56에서 −0.61 사이의 평균 상관관계를 기록하며 가장 강하게 나타난다. 반면 전략적 리더십과 운영적 리더십에서는 전반적으로

LVI는 상반되는 리더십 항목들의 편향성을 측정하도록 되어 있다. 그러므로 강압적 및 허용적 리더십(과 전략적 및 운영적 리더십) 사이의 상관관계는 부정적이어야 한다. 즉, 어느 한 측면에서 높은 점수를 얻을수록, 반대 측면에서는 낮은 점수를 얻어야 하는 것이다. 우리가 발견한 결과도 이와 같다. 강압적 및 허용적 리더십 사이의 상관관계는 부정적이며 이는 다소 강력한 경향을 띤다. 반면 전략적 및 운영적 리더십 사이의 상관관계는 부정적이지 않았다. 그보다는 둘 사이에 특별한 관계가 없다고 말해야 할 것이다. 이는 전략적 차원에서 "과잉"을 나타내는 평가가 전반적으로 낮은 데서 연유하는 듯 보인다. 전략적 및 운영적 리더십을 이루는 여러 가지 측면 중 전략적 행동에서 과잉을 나타내는 경우, 이들의 상관관계는 부정적인 것으로 나타났다.

양극 효과를 나타내는 증거를 찾을 수 없었다. 이들의 상관관계는 0에 가까우므로 본질적으로 아무런 관계가 없다고 할 수 있다. 데이터를 좀 더 면밀히 조사해본 결과, 이는 우리가 고른 샘플의 인위성뿐 아니라 도구의 한계에서 비롯된 것일 수 있다는 가능성이 제기되었다. 구체적으로 전략적 리더십에서 과잉 성향을 보인 평가는 낮게 나타났다. (반면 강압적 리더십에서 과잉 성향을 보여준다는 평가는 전략적 리더십보다 세 배 가량 많았다.) 점수의 범위가 이렇게 제한적이면, 통계적 관계를 찾기가 매우 어렵다. 우리는 최근의 LVI 항목 수정을 위해 이 결과를 매우 심각하게 받아들였다. (수정 자료는 아직 보고할 단계가 아니다.)

전략적 리더십의 점수 범위가 이렇게 제한적인 이유는 전략적 리더십에서 과잉 행동을 보이는 경향이 상대적으로 드문 현상이기 때문이다. 가령 Lombardo와 Eichinger(2000)는 3000명 이상의 관리자를 상대로 실시한 광범위한 평가에서, 가장 공급이 부족한 능력으로 창조성과 애매모호함을 다루는 능력, 비전 및 목적 관리, 기획, 전략적 민첩성을 들었다. 그렇다고 해서 전략적 리더십 행동에서 지나치게 행동하는 경우가 없다는 것은 아니다. 이와 반대로 우리는 전략적 리더십에서 다양한 과잉 행동들을 발견했다. 다만 상대적으로 빈도수가 덜할 뿐이다.

전략적 및 운영적 리더십 중 특정 측면들은 역관계를 보여주는 증거를 찾았다는 점도 특기할 만하다. 예를 들어 제2세대 척도에서(샘플 5,6,7) 우리는 "장기적 전략에 집중한다.(전략적 리더십)"와 "단기적 결과에 집중한다(운영적 리더십)"란 항목에서 부정적 상관관계($r=-0.17$)를 발견할 수 있었다. 또한 우리는 성장과 효율성이란 하위 항목에서도 부정적 상관관계($r=-.35$)를 발견했다. 성장은 전략적 리더십의 확장적인 측면이다. 반면 효율성은 운영적 리더십의 좀 더 집중적이고 제한적인 측면을 말한다. 여기서 부정적인 상관관계를 이루는 항목들로는 "기꺼이 대범한 행동을 취한다."와 "점진적으로 변화를 도입한다." ($r=-0.24$), "틀에 박히지 않은 창조적 사고를 장려한다"와 "이미 검증된 것들에 머무른다"($r=-0.31$), 그리고 "공격적으로 성장을 추구한다"와 "한계를 존중한다"($r=-0.21$) 등이 있다. 공교롭게도, 이 전략적 항목들은 과잉 행동하는 경향이 많은 것들이다. ("너무 많음"을 받은 점수가 많았다.) 이러한 결과를 통해 우리는 과잉 행동을 좀 더 쉽게 감지하는 전략적 리더십 척도를 만들 수 있었다.

전략적 리더십과 운영적 리더십 사이에 전반적으로 긍정적인 상관관계를 찾지 못했다는 사실은 좋은 신호이다. 만약 이런 관계가 발견되었다면 이는 우리의 리더십 대립 쌍의 개념과 LVI의 측정 방식에 의문을 던졌을 것이다.

LVI의 내적 타당성에 관한 두 번째 고려사항은 데이터가 위계적 모델로 구성된 개념 구조와 얼마나 잘 어울리는가하는 문제와 관련된다. 강압적, 허용적, 전략적, 운영적이란 네 가지 리더십 항목마다 세 가지 하

강압적 리더십과 허용적 리더십 사이의 구분 아래로 좀 더 정교한 세 가지 하위 구분이 있다. 책임을 맡는다와 임파워한다, 선언한다와 경청한다, 사람들에게 압력을 가한다와 지원한다가 그것이다. LIV의 내적 타당성에 대한 또 하나의 테스트는 "데이터가 이 세 가지 구분을 뒷받침하는가?"이다. 조사 결과 실제로 뒷받침하는 것으로 드러났다. 그러나 지금까지 전략적 및 운영적 리더십의 세 가지 하위 구분에 대해서는 데이터가 분명한 뒷받침을 제공해주고 있지 않다.

위 항목이 있던 것을 떠올려보기 바란다. 이전에 우리는 강압적 및 허용적 리더십이 두 개의 변별적인 그러나 상관관계를 지닌 일반 요소임을 보여주는 요인 분석에 대해 보고한 바 있다.(Kaiser & Craig, 2001) 이 분석에서 우리는 강압적 리더십 및 허용적 리더십 밑에 세 가지 하위 항목들이 존재하는 위계적 구조의 타당성에 대해 설명했다. 반면 이와 유사한 전략적 및 운영적 차원의 구조 분석은 보고하지 않았다. 이는 이 리더십 대립 쌍의 최신 척도에서 얻은 결과가 모델과 일치하지 않았기 때문이다. 이러한 한계는 이 척도들을 수정하는 핵심적인 문제가 되었다.

우리는 강압적 및 허용적 리더십 척도의 구조를 개발하고 두 가지 단계로 테스트를 실시하였다. 먼저 우리는 개념 구조에 잘 맞는 항목들을 찾아내기 위해 샘플 3과 4번을 이용해 항목 분석과 탐색 요인 분석을 실시하였다. 그런 다음 샘플 5, 6, 7번에서 추출한 데이터들이 이 모델에 얼마나 잘 부합하는지 테스트하기 위하여 확인 요인 분석을 실시했다. 후와 벤틀러(1995)의 안내에 따라 우리는 각 샘플의 데이터가 개념적 모델에 전반적으로 얼마나 잘 부합하는지 평가하기 위해 다층적 통계 지수를 사용하였다.

확인 요인 분석 결과, 세 가지 강압적 리더십의 하위 항목(주도권을 쥔다, 공표한다, 사람들에게 압박을 가한다)과 세 가지 허용적 리더십의 하위 항목(권한을 부여한다, 경청한다, 지원한다)을 측정하기 위해 탐색 요인 분

**표 A.7 강압적 및 허용적 리더십의 위계적 모델 부합도 지수**

| 대상자 | N | $X^2$ | df | CFI | GFI | TLI | RMSR | RMSEA |
|---|---|---|---|---|---|---|---|---|
| 중역 및 중간 관리자 (샘플 5, 6, 7) | 2,839 | 1962.55 | 109 | .91 | .92 | .89 | .08 | .07 |

주의: N은 평가자들의 수이다. (본인, 상관, 동료 및 부하직원 등) 부합도 수치를 해석하는 기준으로 먼저 비교적합도 지수(Comparative Fit Index)와 기초부합지수(Goodness of Fit Index), 터커 루이스 지수(Tucker-Lewis Index)의 경우는 〉0.90, 그리고 평균 잔차 제곱근(Root Mean Square Residual)과 평균 제곱근 오차(Root Mean Square Error of Approximation)의 경우는 〈0.80이다.

석에서 선택된 17가지 항목들은 적절한 측정 모델을 제공했다. 구체적인 모델 부합도는 **표 A.7**에 나와 있다. 이 개념적 구조의 시각적 표현은 **그림 A.2**에서 제시된다.

이 17가지 항목은 현재 개정된 강압적 및 허용적 리더십 척도의 토대가 되었다. 현재의 모델이 경험적 데이터에 잘 부합한다는 점에서 우리는 다음 세대의 항목들이 (이러한 분석 결과와, 새로운 유형을 통해 실시한 평가 경험의 축적을 통해) 좀 더 탄탄한 모델을 제공하게 되길 바란다. 우리는 전략적 및 운영적 리더십의 척도를 재구성하기 위해 비슷한 논리를 사용하였고 얼마나 잘 적용했는지 테스트하기 위해서는 데이터 수집을 좀 더 기다려봐야 한다.

### 유연한 균형성의 측정

강압적 리더십과 허용적 리더십, 그리고 전략적 리더십과 운영적 리더십이라는 두 가지 주요 리더십 대립 쌍을 측정하는 방법을 찾아낸 우리에게 놓인 다음 과제는 각 쌍에 대한 유연한 균형성의 수치를 유추해내는 것이었다. 한 쌍을 이루는 서로 대립되는 측면들에 대해 너무 많지도 너무 적지도 않은, 우리의 유연한 균형성에 대한 개념적 정의를 양적

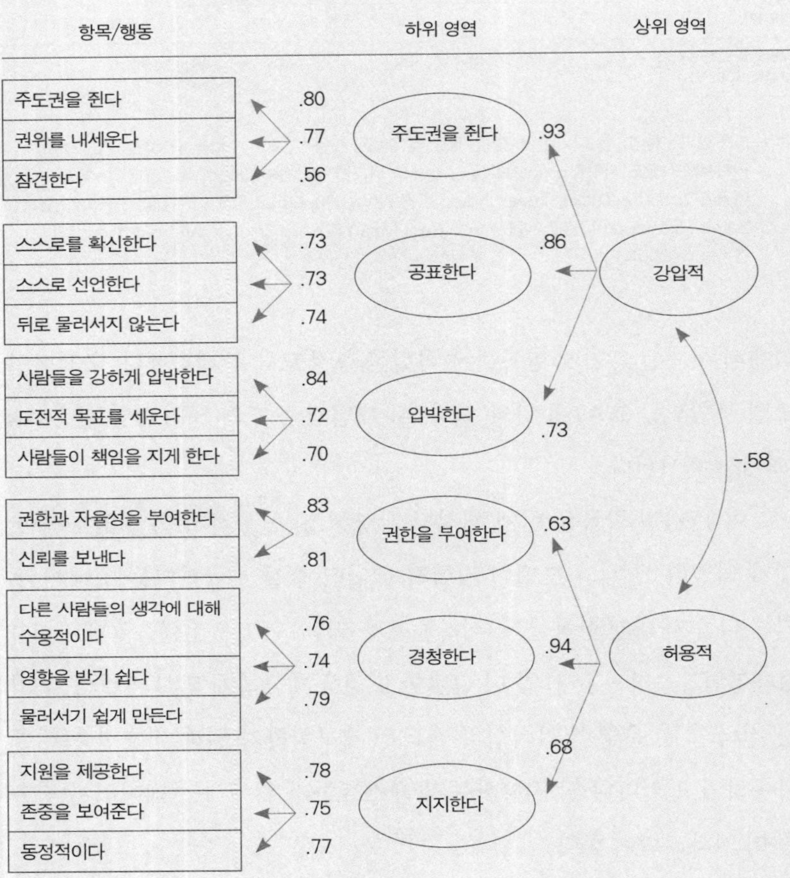


주의: 여기에서는 각 항목의 핵심적 행동들만 제시되어 있다. 여기 나온 계수들은 잠재적인 표준인자 적재값들이다. (측정 오차에 따라 달라질 수 있음)

으로 나타내줄 숫자 말이다. 각 쌍에 대한 균형성 점수는 평가가 양 측면 (예를 들어, 전략적 리더십과 운영적 리더십)에서 0(적정량)에 얼마나 가까운 가를 고려하여 계산한다. 이는 그 개인이 두 가지 대립 모드를 자유롭게 이동하는 정도, 예를 들어 강압적 측면과 허용적 측면(또는 전략적 측면과

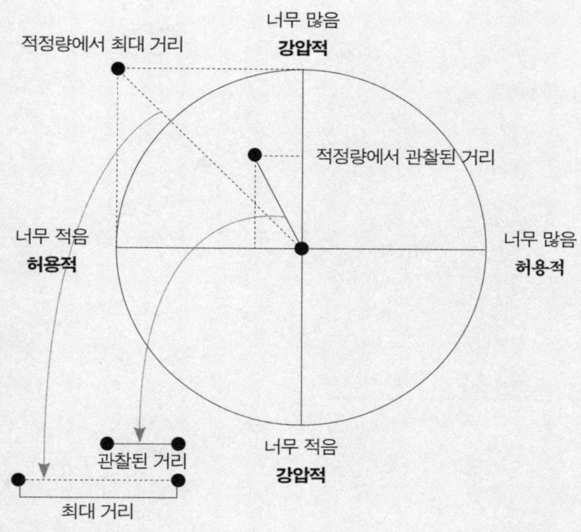


운영적 측면)을 모두 최적 상태로 활용하는 정도를 나타낸다. 점수가 높을수록 더욱 많은 유연한 균형성을 나타낸다.

균형 점수는 기하학을 사용해 계산된다. 그리스 철학자인 아리스토텔레스가 미덕으로 여긴 것이 결핍(과소 행동)과 과잉(과잉 행동) 사이에 놓인 지점이었듯이, 우리는 "이중적 미덕"으로서 유연한 균형성을 양적으로 나타내기 위해 그리스의 수학자 피타고라스에게 의존했다. 유연한 균형성 점수는 대립 구조의 양 쪽 측면에 대한 평가 점수가 얼마나 0(적정량)에 가까운가에 대한 수학적 표현이다. 유연한 균형성 점수는 0(가장 극단적인 –4와 +4를 받았을 경우)에서 100(가장 완벽하게 0과 0을 받았을 경우)까지 나올 수 있다. 균형성 점수는 그림 A.3에 나온 것처럼 피타고라스

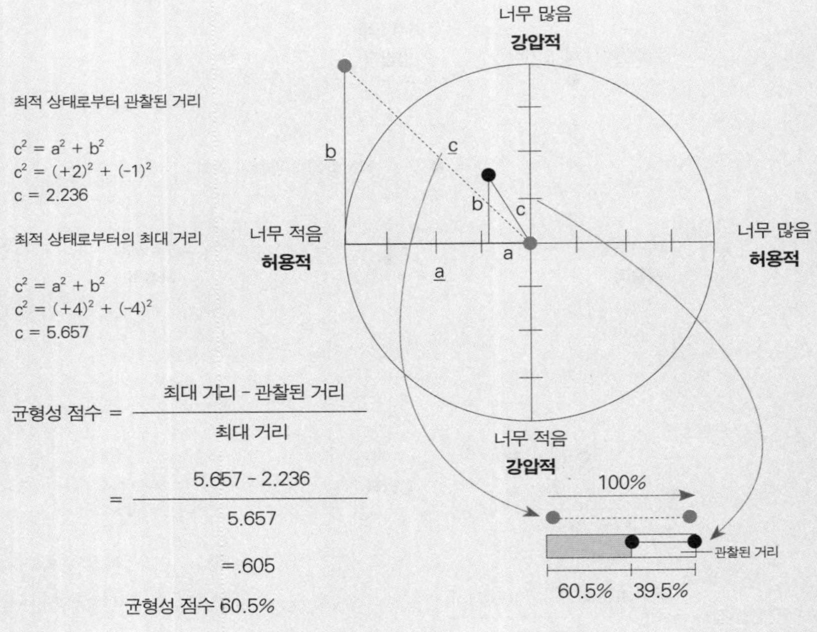


주의: 강압적-허용적 척도의 경우, 아래 보고된 조사 결과에서 사용된 항목 수는 다음과 같다.
제1버전=9쌍, 제2버전=5쌍, 제3버전=8쌍. 전략적-운영적 척도의 경우, 제1버전=5쌍,
제2버전=8쌍이다.

정리와 계산법을 사용해 계산한다.

이 방법을 사용해 강압적 및 허용적 리더십이나 전략적 및 운영적 리더십을 구성하는 각 항목들의 균형성 점수를 계산한다. 각 평가자별로 이 값을 계산한 후 모든 항목을 통틀어 평균을 계산한다. 이 평균값이 바로 그 평가자가 그 대립 쌍에 대해 매긴 전반적인 균형성 점수가 된다. 마지막으로 특정 그룹의 모든 평가자들을 통틀어 평균 균형성 점수를 계산한다. 이렇게 계산된 균형성 점수는 그 관리자가 모든 평가자와 세부 항목들을 통틀어 대립 쌍의 양 측면에 대해 얼마나 "적정량"에 가까운 평가

**표 A.8 평가 출처별 균형성 점수의 신뢰도**

| 척도 | $\alpha$ | 상관 ICC(k) | | | | 동료 ICC(k) | | | | 부하직원 ICC(k) | | | |
|---|---|---|---|---|---|---|---|---|---|---|---|---|---|
| | | ICC(1) | k=2 | k=4 | r | ICC(1) | k=4 | k=7 | r | ICC(1) | k=4 | k=7 | r |
| 강압적 허용적 | 0.85 | 0.45 | 0.62 | 0.76 | 0.93 | 0.39 | 0.72 | 0.82 | 0.88 | 0.33 | 0.66 | 0.78 | 0.92 |
| 전략적 운영적 | 0.85 | 0.37 | 0.54 | 0.70 | 0.95 | 0.28 | 0.61 | 0.73 | 0.90 | 0.24 | 0.56 | 0.69 | 0.89 |
| 평균 | 0.85 | 0.41 | 0.58 | 0.73 | 0.94 | 0.34 | 0.66 | 0.77 | 0.89 | 0.29 | 0.61 | 0.73 | 0.90 |

주의: 여기 보고된 데이터는 일곱 가지 샘플에서 얻은 평균수치에 근거하였다.

를 받았는지 나타내게 된다.

그림 A.4는 각 항목마다 균형성 점수가 어떻게 계산되는지 보여주는 예시이다. 이 사례에서 강압적 리더십 항목의 점수는 +2.00, 그리고 허용적 리더십 항목의 점수는 -1.00으로 나타났다.

그림 A.4에서 볼 수 있듯이, 이 가상적 계산에 따르면 이 강압적-허용적 리더십 항목의 균형성 점수는 60.5이다. 이는 관리자가 양 쪽 행동을 "적정량"으로 사용하는 데 있어 60.5%의 점수를 받았다는 뜻이다. 강압적-허용적(또는 전략적-운영적) 리더십 척도를 이루는 각 항목마다 개별적으로 이 값을 계산한 후, 이것의 평균값을 통해 그 대립 쌍에서의 전반적인 균형성을 나타내게 되는 것이다.

균형성 점수는 신뢰도가 높다. 이는 강압적, 허용적, 전략적, 운영적 리더십 척도의 신뢰도가 상당히 높기 때문에 예상 가능한 결과이다. 표 A.8은 강압적-허용적 리더십과 전략적-운영적 리더십에 대한 각 평가 출처별 균형성 점수의 평균 신뢰도를 내적 일관성($\propto$)과 평가자간 신뢰도[ICC(1)과 ICC(k)], 그리고 평가자간 합의(r)를 통해 보여준다. 이러한 평균은 상기한 일곱 가지 샘플에서 계산해낸 것들이다.

여기서 중요한 문제는 균형성 점수가 얼마나 "좋은지" 또는 "좋지 않은지"를 어떻게 해석할 것인가이다. 연구 결과 균형성 점수의 평균은 약 80% 정도였고, 분포 범위는 54%와 98% 사이였다. 이러한 분포는 학교에서 성적을 재던 방식과 놀랍도록 흡사하다. 우리도 균형성 점수를 이에 따라 해석하기로 했다. (90~100%는 A, 80~89%는 B, 70~79%는 C 등)

# LVI의 외적 특성

지금까지 LVI의 신뢰도와 구조적 타당성을 증명하고, 비록 강압적 및 허용적 척도는 호의적인 결과가 나왔지만 전략적 및 운영적 척도는 좀 더 다듬을 필요가 있다는 결론을 얻었다. 이러한 결론은 전적으로 LVI의 내적인 부분, 즉 이 도구의 구조적 특징에 관한 고려와 검토에 입각하여 이루어졌다. 이제 우리는 또 하나의 중요한 고려사항에 눈을 돌리고자 한다. 이는 LVI 점수가 외적 변수들, LVI 외에 다른 평가 수단으로 측정되는 것들과 어떤 관계를 맺는지와 관련 있다. LVI 점수가 예견하는 것은 과연 무엇일까? LVI 점수는 비슷한 개념의 다른 측정들과 수렴하는가? 그리고 다른 측정수단들과 비교할 때 그것은 얼마나 결과를 잘 예측한다고 할 수 있는가?

### 유연한 균형성과 전반적인 리더십 효과성

일곱 가지 연구 샘플 모두에서 우리는 전반적인 리더십 효과성에 관한 사람들의 평가를 예측하는 데 있어 유연한 균형성의 타당성을 검토했다. 전반적인 효과성의 측정은 한 가지 항목으로 이루어졌다. "리더로서 이 사람의 전반적인 효과성을 10점 척도에서 평가하라. 여기서 10점은 매우 뛰어남인 반면 5점은 적절함이다."

분석 결과, 이 단일항목 평가는 전반적인 효과성에 대한 합리적으로 믿을 만하고 유효한 인지도 측정방법임이 드러났다. 구체적으로 ICC(1)과 ICC(k)는 신뢰도의 허용 기준을 충족시킨다. [상관, 동료, 부하직원 각각 순서대로 ICC(1)=0.46, ICC(1)=0.30, ICC(1)=0.33이었고, ICC(k)=0.77(k=4), ICC(k)=0.75(k=7), ICC(k)=0.78(k=7)이었다.]

평가자간 합의도 허용할만한 수치였다. 상관의 경우 평균 r=0.84, 동료 r=0.79, 부하직원 r=0.82였다. 평가 출처별 평가는 서로 적당한 상관관계를 보여 집중타당성(convergent validity)의 증거를 보였다. (각 출처 사이의 평균 상관관계가 상관-동료의 경우 r=.46, 상관-부하직원의 경우 r=.40, 동료-부하직원의 경우 r=0.43이었다.) 더구나 어떤 샘플에서는 단일항목 평가가 전반적인 리더십 효과성에 관한 다섯 항목 척도와 강력한 상관관계를 지녔다.(r=0.86) 이는 집중타당성에 대해 더 많은 증거를 제공한다. 우리는 이 측정이 사람들이 리더에게 내리는 전반적 평가, 즉 리더에게 갖는 전반적 호감도와 명성을 나타내는 것이라 생각한다.

우리는 유연한 균형성과 전반적 효과성의 관계를 세 가지 방법으로 조사했다. 먼저, 동일한 평가 출처 내에서의 상관관계를 살펴보았다. (예를 들어 이는 부하직원들이 내린 유연한 균형성 평가의 평균점수를 이용해 부하직원들이 내린 효과성 평가의 평균점수를 예측하는 방식이다.) 둘째, 우리는 서로 다른 출처가 서로 다른 변수에 대해 내린 평가의 상관관계를 살펴보았다. (가령 부하직원들이 내린 유연한 균형성 평가를 이용해 상관들이 내린 전반적 효과성의 평가를 예측해보는 방식이다.) 마지막으로 우리는 동일 집단 내에서 두 변수에 대해 서로 다른 사람들이 내린 평가간의 상관관계를 살펴보았다. (가령 부하직원 중 절반이 내린 유연한 균형성 평가의 평균 점수를 이용해 나머지 절반이 리더십 효과성에 대해 내린 평가의 평균 점수를 예측하는 방식이다.) 마지막 두 가지 기법은 동일한 사람들이 유연한 균형성과 효과성을 모두 측정하는 방식의 문제점을 제거해준다. 평가자 내의 상관관계는 "동일인의 눈"에 비친 유연한 균형성과 효과성의 관계에 대해 말해준다. 한 집단의 평가가 다른 집단의 평가를 예측하기 위해 사용된 경우, 이는 주관성의 영역에서 벗어나 외부에 존재하는 관계에 대해 말해준다.

표 A.9는 강압적-허용적 리더십에서 유연한 균형성과 전반적 효과성 사이의 평균 상관관계를 출처별, 그리고 출처 내 모두에서 다루고 있다. 대각선 모양으로 볼드체로 표시된 것은 출처 내 상관관계이고(각 출처 내 모든 평가자들의 평균에 근거하였다), 나머지는 출처별 상관관계이다. 표 A.10은 전략적-운영적 리더십에서 유연한 균형성과 효과성 사이의 상관관계를 담고 있다.

표 A.11은 동일 출처 내에서 또 다시 소그룹을 나누었을 때의 평균 상관관계를 제시한다. 이들은 표A.9와 A.10에서 대각선 라인의 상관관계와 비교할 때, 한 가지 중요한 점을 제외하고 모두 비슷하다. 이들은 같은 출처 내에서 계산되었지만 서로 다른 사람들을 사용했다. 이 수치를 얻기 위해 우리는 샘플 5, 6, 7에서 모든 부하직원과 동료, 상관을 랜덤으로 반으로 나누고, 이들의 평균 유연한 균형성과 전반적 효과성 점수를 계산했다.

강압적 및 허용적 리더십에서의 유연한 균형성은 전략적, 운영적 리더십에서의 유연한 균형성과 마찬가지로 전반적인 리더십 효과성에 대한 평가와 상관관계가 매우 높다. 유연한 균형성과 효과성을 같은 사람이 평가할 경우 이러한 상관관계는 매우 높아진다. 그러나 다른 사람이 측정할 경우에도 상관관계는 여전히 의미심장했다.

이후 우리는 첫 번째 절반 그룹이 내린 평균 균형성 점수와 두 번째 절반 그룹이 내린 평균 효과성 점수 사이의 상관관계를 조사했다. 또 두 번째 절반 그룹이 내린 평균 유연한 균형성 점수와 첫 번째 절반 그룹이 내린 평균 효과성 점수 사이의 상관관계도 조사했다. 마지막으로 이 두 상관관계의 평균을 측정하여 "동일 출처 내 소그룹별" 상관관계를 나타냈다. 이를 강압적-허용적 균형성과 전략적-운영적 균형성 및 각 집단별로 나누어서 실시하였다.

이 표들의 타당성 계수에 관해 세 가지 특기할만한 점이 있다. 첫째, 두 가지 리더십 대립 쌍 모두에서 유연한 균형성과 전반적 효과성에 대한 인식 사이에 상관관계가 있다는 상당한 증거가 존재한다. 대부분의 상관관계들이 비교적 높은 수치를 나타냈다. 특히 본인이 아니라 동료들의 경우가 그러하다. 상관, 동료, 부하직원들의 데이터에 근거한 모든 평균 상관관계가 유의미했다. (p<0.001) 그 범위는 낮은 경우 0.23에서 0.60을 넘는 것도 여럿 있었고, 평균 0.42를 기록했다. 둘째, 본인이 내린 유연한 균형성 평가의 경우 본인이 내린 효과성 평가를 예측하기는 하지만 그 상관관계는 다른 집단에 비해 눈에 띄게 약했다. 또한 본인이 내린 유연한 균형성 평가는 동료들이 내린 전반적 효과성 평가와 거의 아무런 상관관계가 없었다. (r의 범위는 -0.01에서 0.14였다.) 본인이 내린 유연한 균형성 평가는 동료들의 평가와 매우 다른 무언가를 반영하는 것처럼 보였다. 아마 4장에서 다룬 왜곡된 사고나 감정적 편견이 자기 인식 과정에 작용한 것일 수도 있다.

가장 중요한 세 번째 특징은 유연한 균형성과 효과성 사이의 상관관계가 비교적 강한 편이긴 하지만, 상관관계의 정도는 누가 어떤 것을 평가했는지에 따라 달라진다는 점이다. 동일 집단 내에서 같은 이들이 내린 유연한 균형성과 효과성 평가 사이의 상관관계가 가장 강했다. (상관, 동료, 부하직원 집단에서 평균적으로 강압적-허용적 균형성은 r=0.62, 전략적-운영적 균형성은 r=0.65이다.) 두 번째로 가장 높은 상관관계는 동일 집단 내 소그룹별 샘플이었다. (평균 강압적-허용적 균형성은 r=0.35, 전략적-운영적 균형성은 r=0.38이다.) 그 다음은 집단간 상관관계였다. (본인이 내린 평가는 제외한다. 평균 강압적-허용적 균형성 r=0.29, 전략적-운영적 균형성 r=0.32) 이렇듯, 비록 동일 집단 내에서

### 표 A.9 강압적-허용적 리더십에서 유연한 균형성과 전반적 효과성의 평균 상관관계

| 강압적-허용적 균형성 출처 | 출처별 전반적 효과성 평가 | | | |
| --- | --- | --- | --- | --- |
| | 본인 | 상관 | 동료 | 부하직원 |
| 본인 | **0.28** | 0.13 | 0.12 | 0.14 |
| 상관 | 0.12 | **0.60** | 0.30 | 0.37 |
| 동료 | 0.15 | 0.29 | **0.58** | 0.23 |
| 부하직원 | 0.10 | 0.29 | 0.28 | **0.68** |

주의: 일곱 개의 독자적 샘플에서 얻은 결과에 근거하였고, 모든 상관관계는 $p < 0.01$일 때 유의미하다. 동일 집단 내의 상관관계는 볼드체로 표시하였다.

### 표 A.10 전략적-운영적 리더십에서 유연한 균형성과 전반적 효과성의 상관관계

| 전략적-운영적 균형성 출처 | 출처별 전반적 효과성 평가 | | | |
| --- | --- | --- | --- | --- |
| | 본인 | 상관 | 동료 | 부하직원 |
| 본인 | **0.36** | 0.12 | 0.11 | −0.01 |
| 상관 | 0.13 | **0.64** | 0.25 | 0.35 |
| 동료 | 0.17 | 0.34 | **0.64** | 0.26 |
| 부하직원 | 0.16 | 0.36 | 0.35 | **0.68** |

주의: 다섯 개의 독자적 샘플에서 얻은 결과에 근거하였고, 모든 상관관계는 $p < 0.01$일 때 유의미하다. (단, 본인이 내린 유연한 균형성 평가와 부하직원이 내린 효과성 평가는 제외.) 동일 집단 내의 상관관계는 볼드체로 표시하였다

### 표 A.11 동일 출처 내 소그룹별 유연한 균형성과 전반적 효과성의 평균 상관관계

| 평가 출처 | 강압적-허용적 균형성 | 전략적-운영적 균형성 |
| --- | --- | --- |
| 상관 | 0.43 | 0.44 |
| 동료 | 0.29 | 0.32 |
| 부하직원 | 0.34 | 0.37 |

주의: 이 분석에선 샘플 5, 6, 7번만 대상으로 하였다.

같은 이들을 사용한 상관관계가 가장 높긴 하지만, 다른 이들을 사용해 두 가지 변수를 측정했을 때에도 그 상관관계는 실제적, 통계적으로 유의미했다.

마지막으로 우리는 전반적 효과성 평가를 예상하는 데 있어 강압적-허용적 균형성과 전략적-운영적 균형성을 모두 사용하는 것의 타당성을 검토해보았다. 둘 모두 전반적 효과성과 각각 중요한 상관관계를 가진다는 점을 고려할 때, 둘을 합칠 경우에는 얼마나 잘 예측할 수 있을까? 이에 대한 답을 찾기 위해 우리는 다섯 개의 샘플을 대상으로 다중회귀분석을 실시했다. 여기에는 강압적-허용적과 전략적-운영적 측정결과가 모두 포함되어 있다. 결과를 간단히 하기 위해, 우리는 (상사와 동료, 부하직원 등) 모든 집단을 통합하여 계산한 강압적-허용적 균형성과 전략적-운영적 균형성, 그리고 전반적 효과성의 평균 점수를 사용했다. 분석 결과는 표 A.12에 나와 있다.

표 A.12의 결과는 세 가지 중요한 결론을 나타낸다. 먼저, 두 가지 유형의 유연한 균형성 모두 전반적 효과성에 대한 인식에 각자 상당부분 기여한다는 점이다. 둘째, 전략적-운영적 균형성이 강압적-허용적 균형성보다 전반적 효과성을 더 잘 예측한다.

각자의 기여에 대한 대략의 추정치를 제공하는 베타 점수를 비교해보면, 다섯 개 샘플 모두 전략적-운영적 균형성이 강압적-허용적 균형성보다 더 높은 결과 예측력을 보여주었다. 전자의 평균 베타 점수는(b=0.51) 후자(b=0.27)의 거의 두 배에 가까웠다. 세 번째 결론은 이 두 가지 유연한 균형성이 전반적 효과성에 대한 인식과 매우 상관관계가 높다는 것이다. 평균 다중 상관관계는 R=0.71로서, 효과성 평가에서 보이는 차이의 절반이 이 두 가지 유연한 균형성의 기능임을 보여준다.(즉, R2=0.71(2)=0.50) 다른 말로 하면, 효과적인 리더로 여겨지는 요인의 절반이 강압적-허용적 및 전략적-운영적 균형성으로 포착된다는 것이다. 리더로서의 평판에 관여하는 것이 무엇이든지 간에, (물론 다른 중요한 요소도 있을 것이다) 유연한 균형성보다 중요한 건 없다. 이것은 단순한 의견이 아니라 하나의 통계적 사실이다. 유연한 균형성은 매우 효과적으로 인식되는 리더와 그렇지 못한 리더를 구분 짓는 요인의 절반을 설명해낸다. 나머지 절반은 다른 요소를 전부 합쳐야 설명가능하다.



　　이상 종합해볼 때, 유연한 균형성과 전반적 효과성 사이의 상관성 조사결과는 LVI에 호의적이라 할 수 있다. LVI가 측정한 행동들은 리더가 전반적으로 어떻게 평가받는지에 있어 핵심적인 부분을 차지한다. 이는 같은 평가 출처 내에서 특히 그러하고, 다른 출처들 간에도 일반적으로 적용된다. 한 사람이 내린 유연한 균형성 평가를 통해 다른 사람이 내린 효과성 평가를 예측할 수 있는 것이다. 단, 한 가지 예외가 있는데, 본인이 내린 유연한 균형성이 그것이다. 이 점수는 동료들이 내린 점수와 관계가 없다. 이렇게 LVI는 관리자들에게 그들의 동료가 그들을 어떻게

**표 A.12 다중회귀분석 결과**

| | | | F-E Vers. | S-O Vers. | Model Statistics | |
|---|---|---|---|---|---|---|
| 샘플 | N | 대상 | $\beta$ | $\beta$ | R | F |
| 2 | 131 | 간부 | 0.19 | 0.58 | 0.73 | 41.46*** |
| 4 | 59 | 간부 | 0.24 | 0.65 | 0.71 | 60.79*** |
| 5 | 74 | 중간 관리자 | 0.30 | 0.34 | 0.60 | 19.55*** |
| 6 | 89 | 중간 관리자 | 0.21 | 0.51 | 0.69 | 40.70*** |
| 7 | 97 | 간부 | 0.43 | 0.45 | 0.79 | 75.98*** |
| | | 평균 | 0.27 | 0.51 | 0.71 | |

주의: 모든 회귀 모델들은 p<0.001일 때 유의미하다. 모든 베타는 p<0.01일 때 유의미하다. F-E는 강압적-허용적이고 S-O는 전략적-운영적 균형성이다. 유연한 균형성과 효과성 변수를 측정하기 위해 모든 동료들에 대한 평균적인 평가가 사용되었다.

다르게 보는지, 그리고 이 차이가 전반적 효과성과 어떻게 연결되는지 이에 대한 피드백을 제공해준다는 면에서 혜택이 있다.

### 비슷한 측정도구들과의 비교

린드버그와 카이저(2004)는 관리자의 유연성을 측정하는 세 가지 방법을 비교 연구했다. LVI의 유연한 균형성 측정 모델, 퀸-스프라이처-하트(1992)의 측정 절차에 기댄 비슷한 개념의 유연성 모델, 그리고 유연성 자체를 하나의 특성으로 접근하는 전통적 척도가 그것이다. 이들은 리더십 개발 프로그램에 참여한 29명의 중간 관리자들에 대해 264명이 내린 평가를 샘플로 삼았다. (저자들은 이러한 샘플의 작은 규모 때문에 이 연구를 예비적 성격으로 간주했다.) 이 연구는 이 세 가지 측정방법의 서로 비슷하면서도 변별적인 타당성을 검토하고, 위에서 설명한 전반적 효과성에 대한 평가를 예측해내는 데 있어 각각의 타당성을 비교해보았다.

전통적인 유연성 측정방법은 다섯 항목으로 이루어진 평가 척도였다. 이는 유연성을 그 사전적 의미에 따라 글로벌한 개념으로 규정하는 방식을 따르고 있다. 즉, 새롭거나 다른, 또는 변화하는 요구조건에 적응하는 능력이 그 정의이다. 여기에서 구체적인 행동 범위는 자신의 행동을 환경에 맞게 변화시켜내는 일반적인 경향보다 중요하지 않다. 예를 들어, 이 척도는 "상황에 따라 자신의 접근법을 바꾼다."나 "행동을 조절한다."와 같은 항목들을 포함시키고 있다. 평가 척도는 3점으로 이루어져 있다. (1점=발전시킬 필요가 있음, 2점=보통, 3점=강점) 이 유형은 실전에서 가장 흔히 사용되는 유연성 측정방법이다.

두 번째 유연성 측정방법은 LVI 모델과 비슷한 개념을 지니고 있다. 둘 다 유연성 개념을 서로 반대되는 구체적 행동들에 대한 숙련도를 반영하는 고차원적 기술로 바라본다. 퀸-스프라이처-하트(1992)의 작업에 기댄 이 유연성 측정방법의 항목으로는 "강인한 사랑(Tough Love)" (업무 달성과 그룹 통합이라는 대립 구조로 이루어져 있다.)과 "실용적 비전 (Practical Vision)"(혁신과 안정이라는 이항 구조로 이루어져 있다.) 등이 있다. LVI 모델처럼 그 항목들은 (달성과 통합 또는 혁신과 안정) 각각 따로 점수가 매겨진 후 통계 방식을 통해 하나의 변수로 통합된다. 하지만 LVI와 다른 점은, 전형적인 리커트 유형의 척도를 사용해 등급을 매긴다는 것이다.

린드버그와 카이저(2004)는 LVI와 퀸-스프라이처-하트의 연구 (1992)에 기댄 측정 방법 사이에 또 다른 유사점을 발견했다. 각 모델에 사용된 두 가지 대립 쌍은 리더십의 방법과 내용 사이의 구분을 나타낸다. 먼저 사회적/대인 관계적 측면은 강압적-허용적 균형성과 "강인한 사랑"으로 나타난다. 한편 리더십의 기능적/업무적 측면은 전략적-운영적 균형성과 "실용적 비전"으로 나타난다.

이렇듯, 세 가지 방법론과 다섯 가지 측정방법들이 있다. 유연성 자체를 하나의 특성으로 접근하는 전통적 척도, 유연성을 서로 반대되는 특성을 자유자재로 구사하는 능력으로 접근하는 LVI의 강압적-허용적 리더십의 유연한 균형성과 전략적-운영적 리더십의 유연한 균형성 척도, 그리고 퀸-스프라이처-하트(1992)의 연구에 기반 한 강인한 사랑과 실용적 비전 척도가 그들이다. 이 변수들이, 전반적 효과성에 관한 평가와 맺는 상관관계는 표 A.13에 제시되어 있다.



이들의 집중타당성에 관해 말하자면, 다섯 개의 유연성 측정 방법 모두 유의미한 그리고 긍정적인 상관관계를 맺고 있다. 이는 이들이 공통의 내용을 측정하고 있다는 사실을 암시한다. 그러나 대부분의 상관관계는 그저 적절한 정도의 크기만을 나타낼 뿐이다. 좀 더 면밀히 조사해보면, 대부분의 집중타당성이, 유연성을 대립되는 행동들에 대한 숙련도로 접근하는 두 방법론, 즉 LVI 균형성 측정 방법과 강인한 사랑 및 실용적 비전 측정 방법에서 명백하다는 사실을 알 수 있다. 사실, 집중타당성과 판별타당성이 모두 나타나는데, 강인한 사랑은 강압적-허용적 균형성과 가장 깊은 관련을 맺고 있고(r=0.43), 실용적 비전은 전략적-운영적 균형성과 가장 깊은 관련을 맺고 있다는 점(r=0.50)에서 그러하다. 이는 리더십의 방법과 내용을 나누는 것과, 유연성을 대립항들에 대한 숙련도라는 방식으로 접근하는 것의 구성타당성(construct validity)을 제공한다.

다음의 고려대상은 전반적 효과성에 관한 평가를 예측하는 데 있어

**표 A.13 유연성 측정방법들과 전반적 효과성 평가 간의 상관관계**

| 측정방법 | 1. | 2. | 3. | 4. | 5. |
|---|---|---|---|---|---|
| 1. 전통적인 유연성 측정 방법 | (0.74) | | | | |
| 2. 강인한 사람 | 0.39 | (0.78) | | | |
| 3. 실용적 비전 | 0.32 | 0.33 | (0.72) | | |
| 4. 강압적-허용적 균형성 | 0.30 | 0.43 | 0.35 | (0.73) | |
| 5. 전략적-운영적 균형성 | 0.26 | 0.29 | 0.50 | 0.51 | (0.79) |
| 6. 전반적 효과성 | 0.28 | 0.37 | 0.49 | 0.52 | 0.61 |

주의: N＝264. 모든 상관관계는 유의미하다.(p<0.001) 신뢰도 추정치는 대각선 라인을 따라 나타난다. 이 표는 제19회 산업 및 조직 심리학 학회 학술대회(시카고)에서 발표된 J. T. 린드버그와 R.B. 카이저(2004)의 『관리자 행동 유연성 평가: 방법론 비교 Assessing the behavioral flexibility of managers: A comparison of methods』에 기초하고 있다.

각 방법이 얼마나 유효한가하는 문제였다. 표 A.13 마지막 란에서 볼 수 있듯이, 전통적인 측정 방법은 상관관계가 가장 낮았다. (r=0.28) 그 다음이 강인한 사람(r=0.37)과 실용적 비전(r=0.49)이었고, 가장 높은 상관관계를 보여준 것은 LVI의 강압적-허용적 균형성(r=0.52)과 전략적-운영적 균형성(r=0.61)이었다. 이렇듯, 관리자의 유연성을 측정하는 세 가지 방법 중 LVI가 가장 유효한 것으로 보인다.

마지막 고려대상은 증분타당도(incremental validity)였다. 전반적 효과성을 예상하는 데 있어 각 방법이 기여하는 바는 다른 두 방법을 합친 것과 비교해볼 때 얼마나 되는가? 세 방법 모두 서로 상관관계를 가지고 있었기 때문에, 린드버그와 카이저(2004)는 각 방법이 독자적으로 기여하는 바를 확정짓고자 했다. 이를 테스트하기 위해 그들은 세 가지 위계적 회귀 분석 모델을 검토했다. 먼저 두 가지 방법들의 내용을 입력한 다음 나머지 방법이 추가적으로 가져온 변화를 검사하는 것이다. 조사 결과 전통적인 유연성 측정 방법은 나머지 두 접근법에 아무런 증분타당

강압적-허용적 균형성은 직원의 직업에 대한 만족도와 헌신, 이직률과 관련된다. 유연한 균형성을 갖춘 관리자들은 자신들보다 더 만족도와 헌신의 정도가 높은 부하직원들을 둔다. 그러나 편향적인 리더를 둔 부하직원들은 일자리에 대한 만족도와 회사에 대한 헌신의 정도가 더 낮으며, 새로운 고용주를 찾으려는 생각을 더 많이 한다.

도도 추가하지 않았다. 다시 말해, LVI와 퀸-스프라이처-하트에게서 나온 측정방법들이 전통적인 측정법의 모든 기준-관련 변화를 포함하고 있다는 뜻이다. 강인한 사랑과 실용적 비전으로 나타낸 퀸의 방법은 전반적 효과성에 관한 예측을 특징 기반 및 유연한 균형성 방법을 합쳐서 얻은 42.5%보다 4.2% 상승시켰다. 마지막으로 유연한 균형성 방법은 특징 기반 및 퀸 방법을 합쳐서 얻는 29.4%보다 17.4% 상승시켰다. 이상에서 볼 수 있듯, 유연성을 대립되는 행동들에 대한 숙련도로 접근하는 두 가지 방법이 상당한 유사성을 보여줌에도 불구하고, LVI가 다른 방법보다 전반적 효과성에 관해 네 배 정도 많은 차이를 보여준다. (17.4/4.2=4.14)

린드버그와 카이저(2004)는 이 연구로부터 세 가지 결론을 이끌어냈다. 첫째, 회사에서 유연성을 평가하는 전형적인 방법(유연성 자체를 하나의 특성으로 접근하고, 유연성의 일반적 경향을 다루는 항목 구성과 전통적인 평가 척도를 사용하는 방법)은 심각한 결함을 안고 있다. 그 방법은 가장 낮은 타당성을 보여주었다. 둘째, 유연성을 서로 반대되는 행동들에 대한 숙련도로 바라보는 접근법들은 고차원적 개념화의 가능성을 보여주었다. LVI의 유연한 균형성과 퀸의 강인한 사랑 및 실용적 비전 방법은 집중타당성 및 판별타당성 모두에서 구성타당성을 보여주었다. 더구나 그들은 전통적인 방법보다 전반적 효과성과 훨씬 더 높은 상관관계를 보여주었다. 마지막으로, LVI 유연한 균형성 측정방법은 전반적 효과성을 예측하는 데 가장 유효한 방법이었다. LVI는 퀸의 방법들보다 타당성 계수가 더 높았고, 전반적 효과성과 관련해서는 네 배나 더 많은 차이를 만들어냈다. 저자들은 이러한 차이가 과잉과 결핍을 별개의 수행 문제로 다루는 LVI 고유의 평가 척도에서 기인하는 것일지도 모른다고 추측하며 마무리했다.

**유연한 균형성, 직업 만족도, 그리고 직업에 대한 헌신**

LVI에 관한 마지막 연구는 효과성 평가 외에 추가적 결과를 예측하는 문제와 관련된다. 박사 학위 논문에서 코벌리(2004)는 산학 협동연구 센터들을 대상으로 리더십과 조직적 헌신 사이의 관계에 대해 연구했다. 이 센터들은 미국국립과학재단 등과 같은 연방정부 프로그램들의 재정 지원을 받거나, 대학 연구진에게 관심 있는 주제에 관한 응용 연구를 의뢰하는 민간 기업들의 후원을 받는다. 이러한 연구 센터들은 다양한 대학 내에 위치하지만, 그 관리 감독은 산업계 관리자들이 담당한다. 그들은 신제품 및 새로운 처리과정에 관한 연구개발을 담당한다. 연구진의 참여는 자발적으로 이루어지고, 이 연구 센터들의 성공은 일류 연구진의 발굴 및 보유에 달려있다고 여겨진다. 코벌리(2004)는 연구센터에 대한 대학 연구진의 만족도와 헌신에 기여하는 요소를 검토한다.

코벌리(2004)는 연구진의 직업 만족도를 예측하는 요인으로서 재정적 요소와 보상 요소(이는 성취감과 같은 내적 보상과 다른 사람의 인정이나 특권과 같은 외적 보상을 포괄한다.), 리더십(강압적 및 허용적 균형성 척도의 축약 버전) 등이 포함된 이론적 모델을 발전시켰다. 이러한 직업 만족도는 이후 연구 센터에 대한 헌신과 잔류 가능성(현재 센터에 머무를지 아니면 다른 곳으로 떠날지에 대한 생각)을 예측하는 것으로 기대되었다. 그는 인터

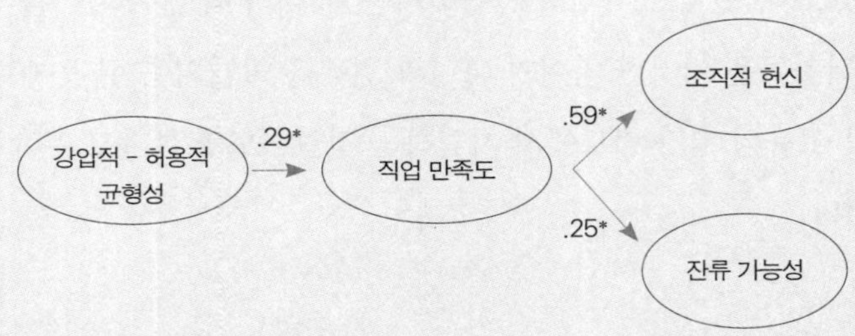


주의: 여기서의 계수는 표준화된 경로 적재량이다. *=p<0.05
출처: B.M 코벌리(2004), 〈Faculty Satisfaction and Organizational Commitment with Industry-University Research Centers〉 Ann Arbor, MI: Dissertation Information Service, University Microfilms International.

넷 설문조사를 통해 미국 전역에 위치한 36개 산학 연구센터에 근무하는 198명의 연구진들로부터 데이터를 수집하였다.

코벌리의 경로 분석(구조적 관계에 대한 통계 테스트) 결과는 그녀의 이론적 모델을 뒷받침했다. 구체적으로, 그녀는 강압적-허용적 균형성이 직업 만족도를 예측해낸다는 사실을 발견했다. 직업 만족도는 또한 연구 센터에 대한 헌신의 정도를 강하게 예측해내었고, 잔류 가능성도 어느 정도 예측해냈다. 이들의 결과는 그림 A.5에 제시되어있다.

코벌리(2004)는 또한 보상과 재정적 변수도 직업 만족도를 예측해낸다는 사실을 발견하였다. 이는 강압적-허용적 균형성의 예측력 크기를 비교하게 해 주었다. 구체적으로 내적 보상은 직업 만족도의 가장 강력한 예측요인이었다. (경로계수=0.38) 그 뒤를 외적 보상(0.29)과 감독자의 리더십 유연한 균형성(0.29)이 뒤따랐고, 마지막으로 재정적 수준이 장식했다.(0.15) 연구 센터에 대한 연구진의 헌신도와 잔류 욕구를 예측하는 데는 직업 만족도가 핵심 변수이다. 그리고 직업 만족도는 주로 내적 보상(일에 대한 도전, 개인적으로 의미 있는 목표 달성 등)과 외적 보상(인정), 그리고 감독자의 강압적 및 허용적 리더십 측면에서의 유연한 균형성이 어우러진 결과이다. 이는 LVI가 직원들이 얼마나 만족도를 느끼는지, 그리고 그들이 회사를 기꺼이 떠날지 아니면 헌신을 다짐하며 남아 있을 가능성은 얼마나 되는지에 관한 데이터를 제공해준다는 것을 나타낸다.

리더십 균형 지수의 개념적 토대는 본 회사가 실시한 실전 경험과 리더십에 관한 연구 문헌에 기초하고 있다. 그리고 그 도구는 과잉과 결핍을 두 가지 독자적인 업무 수행 문제로 분리시켜 접근하는 새로운 유형의 평가 척도를 통해 업무 수행 평가에 있어 일종의 혁신을 나타낸다.

LVI의 내적 자질과 관련해 살펴볼 때, 통계적 분석들은 일반적으로 호의적인 결과를 나타낸다. 먼저 LVI의 척도들은 적절한 내적 일관성을 갖추고 있고(단, 운영적 리더십 제외), 평가자간 신뢰도와 평가자간 합의 정도도 수용할 만하다. 둘째, 강압적 리더십과 허용적 리더십 사이에 존재하는 강한 부정적 상관관계와, 전략적 리더십과 운영적 리더십의 특정 측면에서 발견되는 부정적 상관관계의 존재는 유연한 균형성의 이론적 배경과 일치한다. 셋째, 중간 관리자 및 고위 간부급을 대상으로 수집한 데이터는 강압적 및 허용적 척도의 복잡한 개념 구조, 즉 "주도권을 쥔다" 및 "타인에게 권한을 부여한다", "공표한다" 및 "경청한다", "사람들에게 압력을 가한다" 및 "지원한다"라는 세 가지 하위 항목에 잘 들어맞는

다. 현재 단계에서 LVI의 주요 한계는 운영적 척도의 내적 일관성 부족, 전략적 및 운영적 측면 사이에 부정적 상관관계의 결핍, 그리고 전략적 및 운영적 리더십 대립의 개념 구조를 뒷받침할 경험적 데이터의 부족이다. 하지만 LVI의 경험적 한계를 바탕으로 척도에 수정을 가하고 있고, 이 부분과 관련한 리더십은 아직까지 학문적 관심을 많이 받지 못했다는 점에서 일부 위안을 삼고자 한다.

LVI의 외적 유효성, 즉 다른 중요한 변수를 예측하는 능력과 관련해서 살펴볼 때도, 통계적 결과는 호의적인 반응을 보인다. 강압적-허용적 균형성과 전략적-운영적 균형성 모두 전반적인 효과성 인식에 대해 훌륭한 예측을 보여준다. 더 나아가 전반적 효과성을 구성하는 차이 중 약 절반 정도가 두 가지 대립에서의 유연한 균형성으로 설명될 수 있다. LVI가 효과적인 리더로 여겨지는 것의 의미를 많은 부분 설명할 수 있다는 것은 분명한 사실이다. 내적 구조에 대한 근거가 다소 부족한 전략적-운영적 대립 쌍도 전반적 효과성에 대해 훌륭한 예측력을 보여주었다.

LVI의 집중타당성과 판별타당성을 보여주는 증거도 있다. LVI는 관리자의 유연성을 측정하는 다른 방법들과 상관관계를 가진다. 더 나아가, 리더십의 방법과 내용의 구분을 나타내는 LVI의 강압적-허용적 균형성 및 전략적-운영적 균형성은 경험적으로도 성립한다. 그리고 관리자의 유연성을 측정하는 대안적 방법들에 관한 연구에 따르면, 전반적 효과성을 예측하는 데 있어 LVI가 가장 뛰어난 방법인 것으로 나타난다. 물론 이러한 결과를 확대 재생산하기 위해서는 추가의 연구가 필요할 것이다.

LVI는 또한 리더십의 효과성과 관련된 좀 더 구체적인 프로세스들과 연관된다. 관리자가 지니는 강압적-허용적 균형성의 정도가 어떻게 부하 직원의 직업 만족도와 연결되는지, 그리고 직업 만족도는 어떻게 그 직원의 조직에 대한 헌신도와 잔류에 관한 의견을 예측하는 요인이 될 수 있는지를 보여주는 연구 결과도 있다. 유연하게 균형 잡힌 리더를 둔 부하직원들은 더 높은 직업 만족도와 조직에 대한 헌신의 정도를 갖는 것으로 나타났다. 반면 편향적인 리더를 둔 부하직원들은 만족도가 낮았고, 조직에 대한 동일시가 낮았으며, 새로운 고용주를 찾는 일에 더 많은 관심을 보였다.

이 모든 것을 종합해볼 때 이러한 데이터들은 리더들에 관한 동료들의 전반적 평가와 그 팀의 참여 및 헌신을 이끌어내는 데 핵심적인 위치를 차지하는 리더십의 측면들을 측정해내는 데 있어 LVI가 믿을 만하고 유효한 도구임을 드러낸다. 따라서 LVI의 피드백이 개인과 조직의 업무수행을 높이는 잠재력을 지니고 있다고 말하는 것은 타당하다고 할 수 있다.

주(註)



1. 롭 카이저와 내가 이러한 간과점을 지적하는 논문을 발간한 이후에도, 우리는 계속해서 "강점"과 "약점(또는 한계)"이라는 전통적인 제목을 사용해왔다. 최근에 들어서야 "강점"과 "약점, 그리고 지나치게 사용된 강점"이란 용어 사용으로 넘어갔다.

2. kennedy, P. (1987). The rise and fall of the great powers: Economic change and military conflict from 1500 to 2000. New York: Random House.

3. Emerson, R.W. (1968). Napoleon: Man of the world. In Selected writings of Ralph Waldo Emerson. Atkinson, B. (Ed.). New York: Modern Library, 1968.

4. Aristotle (undated). Nicomachean ethics. Translated by H. Rackham (1982). Cambridge, MA: Harvard University Press.

5. 리더십 분야가 업무 수행 문제에 관한 개념 정립이나 리더십 측정 도구에 있어 지나치게 많이 하는 것에 대한 공간을 만들어두지 않았다는 것이 놀랍지 않은가? 이러한 간과는 아마 약점을 뭔가 채워 넣어야 할 공백으로 여기는 사회적 통념에서 비롯되었을 것이다. 어쩌면 그것은 많을수록 좋다는 집단적인 무의식을 반영하는 것일 수도 있다. 그리고 우리는 평가도구가 상용화된 지난 수십 년간 이러한 제도화된 편견이 어떤 영향을 미쳐왔는지 궁금해질 수밖에 없다. 이것이 미국 매니저 업계에 이미 널리 만연해있는 경향을 한층 더 강화시켰을까? 알기 어렵다. 우리가 말할 수 있는 건 과잉 행동에 대한 측정 부재가 이러한 경향을 주도적으로 통제하지 못했다는 사실이다. 어찌되었건 상당한 집단적 맹점이 존재해왔다고 할 수 있다.

6. Kaplan, R.E., & Kaiser, R.B. (2003). Developing versatile leadership. MIT Sloan Management Review, 44(4), 19-26.

7. 과잉이 결핍만큼이나 중요한 수행의 이슈를 이룬다는 생각은 현대 리더십 개발에 관한 사고의 주요 내용이다.(McCall & Lombardo, 1983; McCall, 1988) 하지만 이러한 생각은 표준적인 평가도구의 디자인에는 거의 반영되지 않는다. 설

사 고려된다 하더라도, 주요 내용이기보다는 추가나 보조 기능으로 다루어진다. 예를 들어, 매니저가 수많은 특정 행동들을 얼마나 자주 하는지 물어본 다음, 마지막에 가서 각각의 특정 행동이 아니라 여러 개의 특정 행동들로 이루어진 큰 항목에 대해 매니저가 그 항목을 더 많이 해야 할지 또는 더 적게, 혹은 같은 양으로 해야 할지 물어보는 도구들도 더러 있다. 그리고 한편에서는 매니저가 특정 행동을 "얼마나 자주"하는지, 그리고 다른 한편에서는 통계적 공식을 사용하여 추정된 "이상적인 양"을 비교하여 처방을 내려주는 도구들도 있다. 그러나 이런 도구들은 드문 경우에 속한다. 최근 유명한 다면평가도구들을 검토한 결과, 이러한 보완적 통계 해법을 기용한 도구들이라고 해봐야 겨우 세 가지에 불과하다는 사실이 밝혀졌다. (이 방법들의 구체적 예시에 대해서는 Center for Creative Leadership의 『Feedback to Managers』[Leslie & Fleenor, 1998]에 실린 다면평가도구 검토를 보라.) 과잉 행동에 대한 고려는 우리들의 동료인 마이크 롬바르도와 밥 아이칭어가 개발한 평가 방법에도 들어있다. 그들의 도구 "보이스(Voices)"는 역량 측정 외에도 그들이 탈선자(derailer), 경력 말뚝자(career staller), 그리고 중단자(stopper)라 부른 또 다른 부류의 특징들을 측정하도록 되어있다. 이들의 목록은 업무 수행의 문제들로 이루어져 있는데, 이중 일부는 우리가 과잉 행동이라 여길만한 것들(가령 "지나치게 야심차다.", "지나치게 관리한다." 등)을 포함한다. (Lombardo & Eichinger, 2000) 최근 롬바르도와 아이칭어는 기존의 역량평가 방법에 우리의 연구 개발에서 영감을 얻은 새로운 혁신을 추가시켰는데, 이는 평가자가 전형적인 리커트 타입의 온라인 평가 척도에서 가장 높은 두 가지 항목을 선택하면, 다른 화면이 나타나서 그 사람이 그 특정 스킬을 과잉 사용하는지 물어보는 것이다. (Lombardo, 2004년 12월 2일, 롭 카이저와의 사적 교신에서.)

우리는 비록 드물지만 주목할 만한 이러한 예외들을 인정하긴 하지만, 이들은 오늘날 회사에서 흔히 사용되는 피드백 도구들이 과잉행동을 간과한다는 규칙에 그야말로 예외에 해당될 뿐이다.

Lesile, J.B., & Fleenor, J.W. (1998). Feedback to managers: A review and comparison of multi-rater instruments for management development. Greensboro, NC: Center for Creative Leadership. Lombaro, M.M., & Eichinger, R.W. (2000). The leadership machine. Minneapolis, MN: Lominger Limited, Inc.

McCall, M.W., (1998). High flyers: Developing the next generation of leaders. Boston, MA: Harvard Business School Press.

McCall, M.W., & Lombardo, M.M. (1983). Off the track: Why and how successful executives get derailed. Greensboro, NC: Center for Creative Leadership.

8. 현대의 평가도구들이 왜 과잉 탐지 기능을 결여해왔는지 설명하기란 어렵다. 어쩌면 평가 척도의 역사적 발전 과정에 그 해답이 놓여있는지도 모른다. 오늘날 사용되는 기본적 포맷은 원래 태도 측정의 문제를 해결하기 위해 렌시스 리커트(Rensis Likert, 1932)가 개발한 것이다. 리커트는 응답자들에게 일련의 진술문을 제시한 후 각각에 대해 응답자들이 얼마나 동의하는지를 5점 만점의 동의/반대 척도에 표시하도록 만들었다. 이 방법을 수행 측정 방법에 적용하는 과정에서, 자신의 태도를 묘사하는 것만큼이나 다른 사람의 행동을 평가하는 것에도 이것이 똑같은 적절성을 가진 것으로 가정되었던 듯하다. 이러한 가정이 얼마나 타당한지는 논쟁적이다.(Kaiser & Kaplan, 2005a; 2005b) 그러나 한 가지는 확실하다. 평가자들에게 "너무 많음"을 표시하도록 하는 것은 리커트의 방법을 수행 평가에 적용하는 과정에서 분명히 간과되었다는 것이다.
Kaiser, R.B., & Kaplan, R.E. (2005a). Overlooking ovekill? Beyond the 1-to-5 rating scale. Human Resources Planngin, 28(3), 7-11
Kaiser, R.B., & Kaplan, R.E. (2005b). On the folly of linear rating scales for a non-linear world. In S. Reddy (Ed.), Performance appraisals: A critical view (Ch. 12, pp. 170-197). Nagarjuna Hills, Hyderabad, India: ICFAI University Press.
Likert, R. (1932). A technique for the measurement of attitudes. Archives of Psychology, 140, 5-33.

9. 나도 종종 이러한 간과의 노예가 되곤 한다. 내가 고안한 첫 번째 리더십 질문지인 SKILLscope for Managers®는 동일한 한계를 지닌 전통적 척도를 사용하고 있다. 그 질문지는 과잉을 포착해내지 못했다. 여타의 다른 리더십 질문지처럼 그것도 그러한 물고기를 잡도록 설계되지 않았기 때문에 그 물고기를 놓칠 수밖에 없었다.

10. McLean, B., & Elkind, P. (2005). The smartest guys in the room. New York: Penguin.

11. Ibid, pp. 27, 39, 71-76, 78, 84-90.

1. 이는 경영자 개발의 고유성에 관한 내 초기 연구의 핵심적 발견 중 하나이다. (Kaplan, 1984) 시니어 리더들은 다른 이들이 그들의 업무 수행을 어떻게 바라보는지에 관한 정보를 가장 적게 받았다. 상방향의 피드백은 특히 조직의 최고위층으로 갈수록 극히 드물었다. Kaplan, R.E. Drath, W.H., & Kofodimos, J. (1984). High Hurdles: The challenges of executive self-development. Academy of Management Executive, 1, 195-205.

2. 우리는 전통적인 빈도수와 효과성 평가 척도를 사용하는 몇몇 상업적 및 독점적 다면평가도구에 관한 방대한 데이터베이스 분석을 통해, 평가등급의 약 70~75%가 5점 척도 중 3점이나 4점이라는 것을 발견했다. 평균 항목 점수를 다양한 평가자들로부터 취하여 계산하면 평가 척도 점수의 약 85%가 3.25점에서 4.25점 사이에 떨어진다. (Kaiser & Kaplan, 2005; 또한 LeBreton, Burgess, Kaiser, Atchley, & James, 2003도 보라.) 척도 상층부에 모여 있는 점수들을 보면, 맨눈으로 주목할 만한 최고점과 최저점을 감지해내는 것은 쉬운 일이 아니다. 즉, 상대적인 강점과 개발이 필요한 점을 구별해내는 것은 어려운 일인 것이다.
Kaiser, R.B., & Kaplan, R.E. (2005). On the folly of linear rating scales for a non-linear world. In S. Reddy (Ed.), Performance appraisals: A critical view (Ch. 12, pp. 170-197). Nagarjuna Hills, Hyderabad, India: ICFAI University Press.
Lebreton, J.M., Burgess, J.R.D., Kaiser, R.B., Atchley, E.K., & James, L.R. (2003). The restriction of variance hypothesis and interrater reliability and agreement: Are ratings from multiple sources really dissimilar? Organizational Research Methods, 6, 78-126.

3. 가령, 우리의 관여 덕분에 모토롤라는 응답자들에게 "더 많이 한다." 또는 "더 적게 한다."를 나타내는 응답 척도를 채택했다. 이 척도는 효과성 척도와 함께 사용되었다. (Kaiser, Craig, Kaplan, & McArthur, 2002) 덧붙여 말하면, 이 "더 많이 한다/더 적게 한다" 척도는 이 설문조사의 예측 타당성을 상당히 배가시켰다. (Kaiser & Kaplan, 2005)
Kaiser, R.B., Craig, S.B., Kaplan, R.E., & McArthur (2002, April). Practical science and the development of Motorola's leadership standards. In K.B. Brookhouse (Chair), Transforming leadership at Motorola. Practitioner Forum

presented at the 17th annual Conference of the Society for Industrial and Organizational Psychology, Toronto, Ontario.

Kaiser, R.B., & Kaplan, R.E. (2005). Overlooking overkill? Beyond the 1-to-5 rating scale. Human Resources Planning, 28(3), 7-11.

4. 이들은 107명의 시니어 매니저들에 대해 총 507명의 부하직원들이 내린 평균 점수이다.

5. 물론 이것이 평가에서 과잉 사용된 강점을 선별해내는 유일한 방법이 아닐 수도 있다. 가령 동료직원들과 인터뷰를 실시하거나 그들에게 코멘트를 작성하게 하면 해당 매니저가 무언가를 너무 자주 하거나 지나치게 강도 높게 하는 경우들을 종종 끄집어낼 수 있다. (Kaplan & Palus, 1994) 하지만 동료들이 내리는 평가는 너무나 일상적으로 일어나기 때문에 과잉을 감지해내는 공간을 독자적으로 마련하도록 패러다임을 수정할 필요가 있는 것으로 보인다.

Kaplan, R.E., & Palus, C.J. (1994). Enhancing 360-degree feedback for senior executives: How to maximize the benefits and minimize the risks. Greensboro, NC: Center for Creative Leadership.

6. 비록 1990년대 초에 나는 Inventory of Executive RolesTM라는 이름의 도구로 과잉행동을 측정하고 편향성을 평가하겠다는 생각을 하게 되었지만, 1997년부터 롭 카이저와 긴밀히 작업해오면서 그 도구를 현재의 리더십 균형 지수라는 형태로 다듬었다.

7. 이 케이스 사례를 단순화하기 위해 나는 엘라의 결과 중 그녀의 리더십에 관한 핵심을 포착하는 하위세트를 신중히 선별해냈다. 전체 평가는 총 64개의 리더십균형지수 평가 항목과 그녀의 직장 동료들이 그들의 언어로 진술한 여러 페이지에 달하는 주관식 코멘트로 이루어져있다.

8. Arthur Freedman(1998; 2005)은 많은 매니저들이 진급하는 과정에서 겪는 어려움의 배후에 놓인 심리를 묘사한 바 있다. 그의 오솔길과 갈림길 모델(pathways-and-crossroads)에 따르면, 좀 더 큰 업무로의 진급은 매니저들에게 기존에는 부적절했던 스킬과 관점을 추가로 습득할 것과 함께, 전에는 효력을 발휘했지만 이제는 쓸모없어진 것은 내보내고, 유용한 것은 계속 보유할 것을 요구한다. 하지만 이전 업무에서 효력을 발휘하던 것에 의존하려는 경향은 강력하다. 이는 부분적으로 그것이 가져온 성공이 떨쳐내기 힘든 "행동 중독(behavioral

addiction)"을 만들어낼 수 있기 때문이다. 위로 한 단계씩 올라갈 때마다 매니지먼트의 역할이 어떻게 변화하는지 설명한 최근의 베스트셀러 『The Leadership Pipeline』(Charan, Drotter, & Noel, 2001)에도 이와 비슷한 현상이 설명된다. 우리가 직접 실시한 조사결과에 따르면, 성공의 비결은 중간 단계와 상층 단계가 서로 다르다. (Kaiser & Craig, 2004, 2005) 중간 관리자에게 효과성이란 단호함과 행동지향성에 달려있다. 타인에게 권한을 부여하고 참여를 이끌어내는 스타일은 거의 요구되지 않았다. 반면 중역들의 경우에는 이와 반대였다. 상층부에게 효과성이란 참여적 접근 방식에 달려있는 것으로, 행동 지향성은 효과성을 감소시켰다. 효과적인 매니저를 만드는 요소에서의 이러한 교차는 새로 부임한 중역들에게 도전을 제공한다.

Charan, R., Drotter, S., & Noel, J. (2001). The leadership pipeline. San Francisco: Jossey-Bass.

Freedman, A. (1998). Pathways and crossroades to institutional leadership. Consulting Psychology Journal: Practive and Research, 50, 131-151.

Freedman, A. (2005). Swimming upstreamL The challenge of managerial promotions. In R. B. Kaiser (Ed.), Filling the leadership pipeline (Ch. 2, pp. 25-44). Greensboro, NC: Center for Creative Leadership.

Kaiser R.B., & Craig S.B. (2004, April). What gets you there won't keep you there: Managerial behaviors related to effectiveness at the bottom, middle, and top. In R.B. Kaiser and S.B. Craig (Co-chairs) Filling the pipe I: Studying management development across the hierachy. Symposium presented at the 18th Annual Conference of the Society for Industrial and Organizational Psychology, Chicago, Illinois.

Kaiser, R. B. & Craig, S. B. (2005, October). How is executive success different? Presented at Leadership at the Top, Fall Consortium sponsored by the Society for Industrial and Organizational Psychology, St. Louis, Missouri.

9. 자연스럽게 결과지향적인 행동 계획으로 이끄는 '축과 바퀴살 모형의 지도'를 그림으로써 피드백 데이터의 진수를 추려내는 방법에 대해 좀 더 알고 싶다면 내 책 『Individual Assessment』(Kaplan, 1998)을 보라.

Kaplan, R.B. (1998). Getting at character: The simplicity on the other side of complexity. In R. Jeanneret & R. Silzer (Eds.), Individual assessment: The art and science of personal psychological evaluation in an organizational setting. San Francisco, CA: Jossey-Bass.

10. Diane Ducat, personal communication, July 12, 2005.

## CHAPTER 3

1. 여기에서의 움직임은 미국 정신의학회장을 지낸 바 있는 마틴 셀리그먼에 의해 "긍정 심리학(Positive Psychology)"으로 불려왔다. 그와 그의 동료들은 병리학에 대한 치료를 넘어 충족의 삶을 고취시키는 일(즉, 개인들에게 깊은 만족감과 안녕을 경험하고, 재능을 찾고 활용하며, 삶의 의미와 목적을 확립하도록 돕는)에 전념하고자한 일련의 심리학자들에게 영감을 불어넣었다. (Seligman & Csikszentmihalyi, 2000; Seligman, 2002) 조직 개발 분야에서 케이스웨스턴리저브대학교의 데이비드 쿠퍼리더도 긍정혁명(appreciative inquiry)이라는 이름의 이와 유사한 이론과 방법론을 창시했다. 쿠퍼리더(1995)에 따르면, 긍정혁명이란 자신이 종종 무의식적으로 자신에게 부과하는 한계를 극복하기 위해 잠재적 가능성과 가치 및 강점에 초점을 맞추는 것이다.

Cooperrider, D.L. (1995). Introduction to appreciative inquiry. In W. French & C. Bell (Eds.), Organization development (5th ed.). Englewood Cliffs, NJ: Prentice Hall.

Seligman, M.E.P. (2002). Authentic happiness: Using the new positive psychology to realize your potential for lasting fulfillment. New York: Free Press/Simon & Schuster.

Seligman, M. E. P., & Csikszentmihalyi, M. (2000). Positive psychology: An introduction. American Psychologist, 55, 5–14.

2. 여기서 나는 The Gallup Organization이 판촉하고 『Now, Discover Your Strengths』(Buckingham & Clifton, 2001)를 통해 제공되는 "StrengthsFinder"를 지칭하고 있다. 성격 테스트와 매우 흡사하게 디자인 된 이 도구에서 응답자들은 일련의 진술문들에 대해 그들의 동의 정도를 나타낸다. 이 진술문들은 각각 34가지 영역에 대해 자신이 (어느 분야에서) 잘 하는지를 묻는다. (성취형, 관계형, 분석형, 자신감형 등) 이 책을 통해 테스트를 받는 사람들은 그들의 최고 다섯 가지 강점들과 그것이 어떻게 적용될 수 있는지에 대한 피드백을 얻는다. 이 테스트의 이론적 근거는 대부분의 사람들이 그들의 강점을 모른다는 것과, 만약 알게 되기만 한다면 더 많이 사용할 수 있을 것이라는 점이다. 그러나 이 도구가 간과하는 중요한 점들이 있는데, 이는 (1) 많은 사람들이 그들의 강점을 과잉 사용한다는 점과, (2) 그들의 강점을 객관적으로 바라보고 진정으로 내면화하는 데 상당한 어려움을 겪을 수도 있다는 점이다.

Buckingham, M., & Clifton, D.O. (2001). Now, discover your strengths. New York: Simon & Schuster.

3. 비록 매니저들이 언어적 인풋을 통해 동료들이 자신의 업무 수행에 대해 얼마나 만족 또는 실망하는지 느낄 수 있고, 또 정량적인 다면 평가 등급을 통해 자신의 상태를 추론할 수 있긴 하지만, 이 모든 부분들이 모여 전체적으로 어떤 성적을 이루는지는 알지 못한다. 그러므로 가능하다면 평가도구에 전반적인 효과성에 대한 측정을 포함시키는 것이 좋다. 이는 당신이 어디에 서 있는지를 알 수 있게 해주는 또 다른 방법이다.

4. 처음에는 자신을 과소평가하는 것이 (지나치게 어떤 것을 적게 하거나 많이 하는 것처럼) 상반된 반응을 이끌 수 있다는 점이 의아해보일 수도 있다. 하지만 이 중 어느 길로 가느냐는 잘 하지 못한다는 느낌에서 오는 위협을 어떻게 상대할 것인지에 관한 전략에 달려있다. 예를 들어 사회심리학자 캐롤 드웩(1986)은 두 가지 학습 동기 유형에 대해 설명한다. 하나는 그 과목을 섭렵하는 것을 목적으로 하고 다른 하나는 자신의 수행능력이 어떻게 평가받을 것인지에 대해 걱정한다. 이 중 후자는 자신의 능력을 증명하기 위해 온갖 노력을 다 기울이는 사람과, 바보같이 보이지 않으려고 애쓰는 사람으로 나뉜다. 흥미롭게도, 이 두 상반된 동기들은 모두 자신의 역량에 대한 낮은 평가와, 실패에 대한 두려움과 연결되어 있다. (Eliot & Church, 1997) 더 나아가 토리 히긴스(1997)는 실패에 대한 두려움이 일으키는 감정처럼 강력한 감정들과 상대하는 매우 다른 두 가지 방법에 대해 묘사한다. "촉진 지향적인" 관점을 채택하는 사람들은 그들의 이해를 진척시키고 이기기 위해 그들이 할 수 있는 것이 무엇인지에 집중한다. 반면, "예방 지향적인" 관점을 채택하는 사람들은 위험을 최소화하고 문제로부터 떨어져 있는 방법이 무엇인지에 집중한다. 이 두 가지 상반된 반응들은 매우 근본적인 것으로서, 투쟁 또는 도주 반응에 뿌리내리고 있는 것처럼 보인다. (Kaiser & Kaplan, in press)

Dweck, C. (1986). Motivational processes affecting learning. American Psychologist, 41, 1040-1048.

Elliot, A., & Church, M. (1997). A hierarchical model of approach and avoidance achievement motivation. Journal of Personality and Social Psychology, 72, 218-232.

Higgins, E.T. (1997). Beyond pleasure and pain. American Psychologist, 52, 1280-1300.

Kaiser, R.B. & Kaplan, R.E. (in press). Outgrowing sensitivities: The deeper work of executive development. Academy of Management Learning and Education.

5. 아이칭어와 롬바르도(2003)의 최근 연구조사는 자신에 대한 과대평가에서 나오는 문제점을 강조한 바 있다. 다면평가를 받은 수천 명의 매니저들을 상대로 그들의 동료들이 내린 평가와 자신이 내린 평가의 패턴을 비교해본 그들은 동료들보다 자신을 후하게 평가한 매니저들이 가장 낮은 수행능력을 보인다는 점을 발견했다. 이보다 더 흥미로운 것은, 이들이 향후 2년 내에 해고될 확률이 50%나 더 많다는 것이다. 탈선에 대한 또 다른 연구결과는 초기에 궤도에서 이탈할 신호를 보여주던 중간 매니저 그룹들이 자신에 대한 격상된 시각을 가지고 있었으며 실제로 탈선할 가능성이 높다는 점을 발견했다. 그러나 방향을 돌려 다시 제자리로 돌아온 사람들은 동료들이 내린 평가에 훨씬 근접한 자기평가를 가지고 있었다. (Shipper & Dillard, 2000)

Eichinger, R.W., & Lombardo, M.M. (2003). 360-degree assessment. Human Resource Planning, 26(4), 34-44.

Shipper, F., & Dillard, J.F. (2000). A study of impending derailment and recovery of middle manager across career stages. Human Resource Management Journal, 39, 331-345.

6. 이는 꽤 흔히 일어나는 현상처럼 보인다. 가령, 두 명의 심리학자는 최근 「Unskilled and Unaware」라는 제목의 매우 폭넓게 읽혀진 연구를 발간하였다. 사람들의 시선을 끈 이 연구조사의 결과는 유머나 문법 또는 논리처럼 특정 사회적 혹은 지적 영역에서 가장 스킬이 낮은 사람들일수록 자신의 역량을 과대평가할 가능성이 높다는 것이었다. 게리슨 케일러의 워비곤 호수에 나오는 아이들처럼, 이들은 모두 자신이 "평균 이상"일 것이라고 보았다. 그러나 이보다 더 주목할 만한 사실은 실제 업무 수행에 있어 가장 웃기거나, 글을 잘 쓰거나, 논리적인 사람들이 자신을 그냥 "평균적"일 뿐이라고 묘사한다는 점이다. 4번의 연속적 연구 결과, 이 연구자들은 뛰어난 역량을 가진 사람들이 다른 사람들도 그들과 같은 역량을 가졌다고 가정하며 자신의 고유한 장점을 보지 못한다는 사실을 밝혀냈다. (Kruger & Dunning, 1999)

Kruger, J., & Dunning, D. (1999). Unskilled and unaware of it: How difficulties in recognizing one's own incompetence lead to inflated self-assessments. Journal of Personality and Social Psychology, 77, 1121-1134.

7. 엘라는 모리슨과 화이트, 그리고 반 벨저(1987)가 여성 중역들에게서 발견한 "겸손 효과"에 부분적으로 반대할지도 모른다.

Morrison, A.M., White, R.P., & Van Velsor, E. (1987). Breaking the glass ceiling. Reading, MA: Addison-Wesley.

8. 개인에게 그의 강점에 관한 피드백을 강력하게 융단 폭격하는 방법에 대해서는 Center for Creative Leadership에서 발행한 내 보고서를 참조하라. (Kaplan 1999)

Kaplan, R.E. (1999). Internalizing strength: An overlooked way of overcoming weaknesses in managers. Greensboro, NC: Center for Creative Leadership.

9. 사회심리학자 빌 스완은 왜 사람들이 칭찬을 좀 더 흔쾌히 받아들이지 않는지에 대해 설명해줄 수 있는 조사를 20년간 실시했다. 적어도 프로이트 이래로, 심리학자들과 일반인들은 모두 제1의 동기가 쾌락의 원칙이라고 가정해왔다. 즉, 자아를 긍정하고 강화하며 고취시킬 수 있는 기회를 추구하고, 부정적이고 고통스런 경험은 피한다는 것이다. 스완의 연구가 보여주듯, 우리 자신에 대해 일관된 시각을 유지할 필요성은 적어도 우리 자신에 대해 좋은 감정을 느낄 필요성만큼이나 강력하다는 것은 분명하다. (Swann, 1997; Swann, Griffin, Predmore, & Gaines, 1987; Swann, Pelham, & Krull, 1989) 이는 왜 자기 자신의 강점에 대해 낮은 시각을 가지고 있는 매니저의 생각을 끌어올리는 데 강력한 개입(이 경우, 긍정적인 피드백의 강력한 투입)이 필요한지 설명해준다.

Swann, W.B. (1997). The trouble with change: Self-verification and allegiance to the self. Psychological Science, 8, 177-180.

Swann, W.B. Griffin, J.J., Predmore, S., & Gaines, B. (1987). The cognitive-affedtive crossfire: When self-consistency confronts self-enhancement. Journal of Personality and Social Psychology, 52, 881-889.

Swann, W.B., Pelham, B.W., & Krull, D.S. (1989). Agreeable fancy or disagreeable truth? Reconciling self-enhancement and self-verification. Journal of Personality and Social Psychology, 57, 782-791.

10. See Chapter 5 in Beyond Ambition (Kaplan, 1991).

Kaplan, R.E. (with W.H. Drath & J.R. Kofodimos). (1991). Beyond ambition: How driven manager can lead better and live better. San Francisco, CA: Jossey-Bass.


CHAPTER 4

1. Dorfman, H., & Kuehl, K. (1995). The mental game of baseball: A guide ot peak performance. South Bend, IN: Diamond Communications.

2. 경영자교육 분야가 왜 리더십 개발이 인성적 성장도 유용하게 포함할 수 있다는 생각 (Kaplan, 1991)으로부터 안전거리를 유지하였는지는 의아한 일이다. 예를 들어, 가장 흔한 형태의 경영 훈련은 행동 모델에 기초하고 있다. (Burke & day, 1986; Wexley & Latham, 1991) 이는 그 용어가 함축하는 바대로 외적 개발 작업을 강조하고 내적 개발 작업을 소홀히 하는 경우가 많다. (Kaiser & Kaplan, in press)

Burke, M.J., & Day, R.R. (1986). A cumulative study of the effectiveness of managerial training. Journal of Applied Psychology, 71, 232-246.

Kaiser, R. B., & Kaplan, R. E. (in press). Outgrowing sensitivities: The deeper work of executive development. Academy of Management Learning and Education.

Kaplan, R.E. (with W.H. Drath & J.R. Kofodimos). (1991). Beyond ambition: How driven managers can lead better and live better. San Francisco: Jossey-Bass.

Wexley, K.N., & Latham, G.P. (1991). Developing and training human resources in organizations (2nd ed.). New York: HaperCollins.

3. 시니어 리더십 역할에 입문하고 온전히 책임을 맡는데 걸리는 시간에 대한 예상치는 다양하다.(Gabbarro, 1987; Watkins, 2003) 최근에 나온 파이프라인 모델(Charan, Drotter, & Noel, 2001)이나 오솔길 및 갈림길 경력 이동 모델(Freedman, 1998; 2005)은 감독자에서 기능적 수장 및 중간 매니저를 거쳐 중역으로 이동하는 과정을 급진적인 변화 과정으로 묘사한다.

Charan, R., Drotter, S., & Noel, J. (2001). The leadership pipeline: How to build the leadership-powered company. San Francisco: Jossey-Bass.

Freedman, (1998). Pathways and crossroads to institutional leadership. Consulting Psychology Journal, 50, 131-151.

Freedom, A. (2005). Swimming upsteram: The challenge of managerial promotions. In R. Kaiser (Ed.), Filling the leadership Pipeliner (Ch. 2, pp. 25-44), Greensboro, NC: Center for Creative Leadership.

Gabarro, J.J. (1987). The dynamics of taking charge. Boston, MA: Havard Business School Press.

Watkins, M. (2003). The first 90 days. Boston, MA: Havard Business School Press.

4. 하버드의 발달 심리학자 볼 키건은 이것을 성인들의 성숙이 의미하는 바의 핵심으로 본다. 그는 성인 발달의 "기본 문법"을 무언가에 완전히 종속된 상태에서 그것을 객관적으로 바라볼 수 있게 되는 상태로 이동하는 과정으로 묘사한다. (Kegan, 1982, 1994) 종속된 상태란 그것을 의식하지 못하거나 당연한 것으로 여기고 객관성을 잃어버리는 것을 뜻한다. 무언가를 객관적으로 바라볼 수 있는 상태란 그것을 의식적으로 의식한다는 것이다. 우리가 어떤 신념이나 가정, 두려움에 종속되어 있을 때 우리는 그것의 통제 하에 놓여있다고 할 수 있다. 즉 우리는 그것의 소유물이다. 반면 우리가 그에 대해 객관적인 상태가 될 때 우리는 그것을 통제할 수 있는 수단을 얻게 된다.

Kegan, R. (1982). The evolving self: Problem and process in human development. Cambridge, MA: Havard University Press.

Kegan, R. (1994). In over our heads: The mental demands of modern life. Cambridge, MA: Havard University Press.

5. 여러 연구자들이 밝힌 바와 같이 완벽주의를 구성하는 것은 높은 기준만이 아니다. 실수하는 것에 대한 과도한 근심이나, 그러한 실수에 대해 타인이 내릴 가혹한 판단에 대한 두려움도 존재한다. 이들은 완벽주의자들이 겪는 개인적 동요의 원인이 된다. (Blatt, 1995; Frost, Marten, Lahart, & Rosenblate, 1990)

Blatt, S.J. (1995). The destructiveness of perfectionism: Implications for the treatment of depression. American Psychologist, 50, 1003-1020.

Frost, R.O., Marten, P., Lahart, C., & Rosenblate, R. (1990). The dimensions of perfectionism. Cognitive Therapy and Reserach, 14, 449-468.

6. 역할놀이는 행동을 변화시키는 또 하나의 기법이다. 그 효과성을 증언하는 연구 문서들은 수없이 많다. (Goldstein & Sorcher, 1974) 핵심은 새롭게 변화된 행동을 비교적 안전한 환경에서 반복적으로 연습할 수 있는 기회를 얻는 것처럼 보인다. 이 환경에서 개인은 수행에 대한 불안이나 두려운 기대에 압도당하지 않아도 된다. (다양한 업무 수행 수준에 대해 당신의 역할 놀이 파트너와 대화를 나누는 것처럼) 성찰과 심화를 병행할 경우, 역할 놀이는 단순히 행동적인 기법을 넘어 당신의 정신적 모델까지 바꿀 수 있다. 여기에 나온 사례에서는 매니저가 자신의 행동 강도에 대한 이해를 어떻게 재조정할 수 있는 기회를 얻게 되었는지도 살펴볼 수 있다.

Goldstein, A.P., & Sorcher, M. (1974). Changing supervisor behavior. New York: Pergamon.

7. 예민한 부분이 어떻게 업무 수행에 영향을 미치는지, 그리고 어떻게 매니저들이 이것을 관리하고 뛰어넘을 수 있는지에 대해 좀 더 알고 싶다면 Kaplan and Kaiser(2003) 및 Kaiser and Kaplan (in press)을 보라.

Kaiser, R.B., & Kaplan, R.E. (in press). Outgrowing sensitivities: The deeper work of executive development. Academy of Management Learning and Education.

Kaplan, R.E. & Kaiser, R.B. (2003). The turbulence within: How sensitivities throw off performance in executives. In R.J. Burke & C.L. Cooper (Eds.), Leading in turbulent times (Ch. 2, pp. 31-53). Oxfrod: Blackwell.

8. 심리치료사이자 학자인 시드니 블랫은 이것을 방어적 회피라고 부른다. 그의 성인 성장 모델에 따르면, 우리는 한 가지 인간 발달 계통과 강력히 동일시할 뿐 아니라, 이와 상보적인 발달 계통을 적극적으로 회피하고 있는 것이기도 하다. (Blatt & Shichman, 1983)

Blatt, S.J. & Shichman, S. (1983). Two primary configurations of psychopathology. Psychoanalysis and Contemporary Thought, 6, 187-254.

9. 매니저와 개인뿐 아니라 어떻게 다양한 문화들이 보통의 대립에서 한쪽 측면을 선호하고 다른 측면에 반감을 보이는지 알고 싶다면, Charles Hampton-Turner(1981)의 연구 작업을 보라.

Hampton-Turner, C. (1981). Maps of the mind. New York: Collier Books.

CHAPTER 5

1. 내가 나눈 강압적 리더십과 허용적 리더십이란 구분은 오랜 전통을 가지고 있다. 줄리어스 시저는 갈리아 전쟁에 대한 글에서 자신의 리더십 스타일을 이 두 가지 방식에 따라 설명한 바 있다.(Bass, 1990) 리더십에 관한 현대적 학문 작업들도 다양한 "이중 요인" 이론의 지배를 받아왔다. (Yukl, 1989) 그 초기 연구로, 소집단의 의사처리 과정에 관한 독창적인 연구에서 쿠르트 레빈은 매우 다른 두 가지 권력 사용 방법인 독재주의와 민주주의에 대해서 연구한다. (Lewin & Lippit, 1938) 그 후 이 주제는 여러 가지 형태로 반복적으로 대조된다. 이들은 현대 리더십 연구의 첫 번째 주요 흐름인 "리더십 행동" 패러다임을 떠받치는 두 기둥이 되었고, 두 번째 주요 패러다임인 "상황적합이론(contingency theory)"에서도 핵심적 역할을 맡았다.

버나드 배스(1990)는 이 두 가지 측면의 구분에 대한 자세한 지성사를 제공한다. 50년

이 넘는 기간에 걸친 연구조사를 자세히 검토한 배스는 적극적인 리더십 행동에 두 가지 큰 그룹이 있다는 결론을 내린다. 한 그룹은 "독재적"인 권력 사용과 업무 중심적인 경향이 강하다. 반면 다른 한 그룹은 "평등주의적"인 권력 사용과 사람에 대한 관심을 중심으로 한다. 분명, 우리가 말하는 강압적 리더십은 배스의 "독재주의적" 그룹에, 허용적 리더십은 "평등주의적" 그룹에 속한다고 할 수 있다.

Bass, B.M. (1990). Bass and Stogdill's handbook of leadership: Theory, research, and managerial applications (3rd ed.). New York: The Free Press.
Lewin, K., & Lippit, R. (1938). An experimental approach to the study of autocracy and democracy: A preliminary note. Sociometry, 1, 292-300.
Yukl, G. (1998). Leadership in organizations (4th ed.). Upper Saddle River, NJ: Prentice Hall.

2. 블레이크와 무통(1964)은 최초로 이런 입장을 취한 사람들 중 하나이다. 그들의 영향력 있는 저서, 『The Managerial Grid』에서 그들은 생산에 대한 관심과 사람에 대한 관심의 다양한 결합 정도에 대해 묘사한다. 그들은 생산과 사람에 대한 관심이 모두 높은 리더십 스타일이 가장 이상적이라고 주장했다. 그 이후로 상당히 많은 통계적 조사가 그들의 입장을 뒷받침해왔다. 이 조사 결과들은 리더십의 양 측면 모두를 다양한 리더십 효과성 측정에 긍정적으로 연결시킨다. (가령 Judge, Piccolo, & Ilies, 2004에 나온 정량적 검토를 보라.) 이 연구들 중 아마 가장 흥미로운 연구는 인터내셔널 하베스터에서 실시된 것일 것이다. (Fleishman & Harris, 1962) 이 연구는 업무 지향적이고 명령적인 리더십은 그 매니저가 협력적이고 사려 깊은 사람일 경우에만 긍정적인 직원 태도 및 업무 수행과 연결된다는 결과를 통해 리더십을 이루는 양 측면 모두의 중요성을 보여주었다. 명령적이면서 사려 깊지 못한 매니저는 실제로 그의 직원들에게 부정적인 영향을 미쳤다.

Blake, P.R., & Mouton, J.S. (1964). The managerial grid. Houston, TX: Gulf.
Fleishman, E.A., & Harris, E.F. (1962). Patterns of leadership behavior related to employee grievances and turnover. Personnel Psychology, 15, 43-56.
Judge, T.A., Piccolo, R.F., & Ilies, R. (2004). The forgotten ones? The validity of consideration and initiating structure in leadership research. Journal of Applied Psychology, 898, 36-51.

3. 맥그리거(1960)는 『The Human Side of Enterprise』에서 이러한 주장을 펼친 바 있

다. 사람들에게 널리 읽힌 이 책은 참여적 매니지먼트 운동의 개막에 도움을 주었다.
McGregor, D. (1960). The human side of enterprise. New York: McGraw-Hill.

4. The Managerial Mystique (Zaleznik, 1989)의 237 페이지를 참조하라.
Zaleznik, A., (1989). The managerial mystique: Restoring leadership in business. New York: Basic Books.

5. 여기에 보고된 연구 결과를 좀 더 자세히 알고 싶다면 부록을 참조하라.

6. 여기에 인용된 데이터 및 전통적 평가 척도의 문제점에 관한 논의, 그리고 우리의 평가 척도의 잠재적 가능성에 대해서는 "Overlooking Overkill"(Kaiser & Kaplan, 2005)을 보라.
Kaiser, R.B., & Kaplan, R.E. (2005). Overlooking overkill? Beyond the 1-to-5 rating scale. Human Resources Planning, 28(3), 7-11.

7. 팀 저지와 그의 플로리다 대학 동료들은 20세기 중반 오하이오 주립대학의 연구원들이 세운 배려와 구조 주도 간의 고전적인 구분을 탐구한 130개의 연구 결과들을 검토했다. (Judge, Piccolo, & Illies, 2004) 그들의 조사 결과에 따르면, 리더십 행동에 관한 이 다양한 측정 방법들 중 리더행동기술 질문서 XII(LBDQ-XII; Stogdill, 1963)의 유효성이 가장 높은 것으로 나타났다. 이 도구의 척도가 직원만족도나 동기부여, 업무 수행 등과 같은 리더십 효과성의 지표들과 가장 높은 상관관계를 보여주었다. 더구나 LBDQ-XII의 배려와 구조 주도 간의 평균 상관관계는 +0.46이었다.
Judge, T.A., Piccolo, R.F., & Ilies, R. (2004). The forgotton ones? The validity of consideration and initiating structure in leadership research. Journal of Applied Psychology, 89, 36-51.
Stogdill, R.M. (1963). Manual for the Leader Behavior Description Questionnaire Form XII. Columbus, OH: Bureau of Business Research, Ohio State University.

8. 내러티브 검토에서 배스(1990)는 많이 연구된 배려와 구조 주도 간의 구분을 강조한다. 그는 이렇게 말한다. "이론적으로 볼 때… 주도와 배려는 서로 독립적이어야 하지만 사실은 그렇지 않다."(p.515) 더 나아가 그는 "[둘] 사이에 일상적으로 발견되는 긍정적인 연관관계"가 문제적이고 소위 "후광 오류"라 불리는 일반적인 편향적 평가 요인의 결

과잉 가능성이 높다고 말하기도 한다. 게리 유클(1998)도 리더십에 관한 그의 교재에서 이와 비슷한 진술을 한다. 이보다 먼저 슈리스하임과 스토그딜(1975)도 측정 방법 연구에서 비슷한 말을 한다.

Bass, B.M. (1990). Bass and Stogdill's handbook of leadership: Theory, research, and managerial applications (3rd ed.). New York: The Free Press.

Shriesheim, C. A., & Stogdill, R.M. (1975). Difference in factor structure across three versions of the Ohio State leadership scale. Personnel Psychology, 28, 189-206.

Yukl, G. (1998). Leadership in organizations (4rd ed.). Upper Saddle River, NJ: Prentice Hall.

9. 비록 쿠르트 레빈이 독재주의와 민주주의를 리더십의 양 측면으로 설립하긴 했지만 (Lewin & Lippit, 1938) 그는 자유방임 또는 "비-리더십"이라 불리는 세 번째 패턴도 발견했다. 레빈의 구분에 따르면 첫 번째 두 가지는 적극적인 리더십의 형태인 반면, 자유방임형은 수동적인 형태에 속한다.

Lewin, K., & Lippit, R. (1938). An experimental approach to the study of autocracy and democracy: A preliminary note. Sociometry, 1, 292-300.

10. 독재주의 대 평등주의적 리더십이란 상위 차원에서의 두 가지 분류가 유용하긴 하지만 (이 장의 주 1번에서 설명한 배스[1990]의 작업을 보라.) 그러한 대분류 내에 좀 더 섬세한 구분의 필요성도 존재한다. 리더십의 이 두 가지 측면에 대한 다양한 개념화를 문헌에서 조사한 결과 우리는 이것이 세 가지 하위 부류로 나뉠 수 있다고 생각한다. 이에 대한 자세한 내용은 부록에 제시되어 있다.

Bass, B.M. (1990). Bass and Stogdill's handbook of leadership: Theory, research, and managerial applications (3rd. ed). New York: The Free Press.

## CHAPTER 6

1. 강압적 리더십과 허용적 리더십 사이의 구분은 행동과학에서 긴 역사를 가지고 있지만, 전략적 및 운영적 리더십처럼 좀 더 기능적이고 사업 지향적인 차원에 관한 학문적 연구는 이보다 훨씬 적다. 〈Leadership Quarterly〉의 편집자였던 제리 헌트가 추정한 바에 따르면, 리더십 연구의 90%가 일정 형태의 대인간의 영향력에 관한 내용이며, 대부분이 이전 장에서 설명한 두 가지 요인을 다룬다고 한다.(Hunt, 1991) 그러나 연구자들도

차츰 이러한 간과를 깨닫기 시작하는 것 같다. 가령 스티브 자카로(2001)는 최근, 리더들이 사회적 교류나 대인 관계에서 발휘하는 직접적 영향력과, 방향이나 조직 구조, 목표 등에 관한 결정을 통해 발휘하는 간접적 영향력을 대비시킨 바 있다. 그리고 존 안토나키스와 봅 하우스(2002)도 최근, 대인간의 문제인 영감적 리더십과, 전략 수립이나 목표 달성 촉진과 관련된 도구적 리더십의 차이에 관해 주목한 바 있다.

Antonakis, J.,& House, R. J. (2002). An analysis of the full-range leadership theory: The way forward. In B.J. Avolio & F.J. Yammarino (Eds.), Transformational and charismatic leadership: The road ahead (pp. 3-33). Greenwich, CT: Elsevier Science/JAI Press.

Hunt, J.G. (1991). Leadership: A new synthesis. Newbury Park, CA: Sage.

Zaccaro, S.J. (2001). The nature of executive leadership: A conceptual and empirical analysis of success. Washington, DC: American Psychological Association.

2. 리더십과 매니지먼트를 구분하는 경우는 많다. 존 코터(1990)는 자신의 책 『A Force for Change』에서 이러한 구분들을 개괄한 뒤, 두 역할 모두 조직의 효과성에 있어 매우 중요함을 많은 분량에 걸쳐 강조한다.

Kotter, J.P. (1990). A force for change: How leadership differs from management. New York: The Free Press.

3. (287명의 중역과 163명의 중간 매니저 등) 총 450명의 매니저로 이루어진 5가지 샘플에서 우리가 발견한 전략적 및 운영적 리더십에서의 유연한 균형성과 전반적 효과성 사이의 평균 상관관계는 0.65였다. (이에 관한 좀 더 자세한 조사결과에 대해서는 부록을 참조하라.)

4. 롭 카이저와 나는 강압적 리더십과 허용적 리더십 사이에서만큼이나 강한 역관계를 전략적 리더십과 운영적 리더십 사이에서는 발견하지 못했다. 이에 대한 설명으로는 아마 매니저가 지나치게 전략적이라는 평가를 받는 일이 드물기 때문일 것이다. 적어도 지금까지 우리가 만든 항목들에서는 그러했다. 역관계가 성립하기 위해서는 대립 쌍의 양 측면 모두에서 활발한 과잉 행동이 일어나야 한다. 우리는 전략적 및 운영적 리더십을 좀 더 나중에 다루기 시작했고, 따라서 강압적-허용적 리더십보다 운영한 기간도 짧다. 아마 우리가 만든 전략적 평가 항목들은 지나치게 많이 하기에는 적합하지 않은 것들일 수도 있다. 또한 매니저들 사이에서 전략적 리더십을 지나치게 발휘하는 경우가 낮을 수도

있다. 이 점에 관한 우리의 연구조사를 좀 더 보고 싶다면 부록을 참조하라.

5. 이 연구는 새로운 사업기회를 창출하는 방법에 대한 이해를 높이기 위해 두 명의 센트럴
미시건대학교 연구자가 다우 케미컬에서 실시한 것이다. (Janovics & Christiansen,
2003) 이들에 따르면, 신규 사업 개발의 최전선에서는 무엇에도 제약받지 않는 사고와
추상적 가능성을 지닌 시설이 새로운 아이디어를 떠올리는 데 매우 중요하다. 하지만 아
래로 갈수록, 그 새로운 아이디어를 실현하기 위해서는 실용성과 철저한 현실주의가 매
우 중요해진다. 더 나아가, 새로운 아이디어를 끌어내는 데 도움이 되는 특성들은 잘 통
솔된 실행을 억제하는 특성들이기도 하고 그 역도 마찬가지로 성립한다. 이는 전략적 기
능과 운영적 기능 간의 역관계를 보여주는 좋은 사례이기도 하다.
Janovics, J.E., & Christiansen, N.D. (2003). Profiling new business
development: Personality correlates of ideation and implementation: Social
Behavior and Personality, 31, 71-80.

6. 450명으로 이루어진 다섯 개의 샘플에서, 롭 카이저와 나는 매니저가 강압적, 허용적,
운영적 리더십 보다는 전략적 리더십에서 너무 적게 한다는 점수를 받는 것이 훨씬 흔하
다는 사실을 발견했다. 이는 직급이 낮은 단계의 매니저들뿐 아니라 상급 매니저들 사이
에서도 마찬가지이다. 지나치게 전략적이라는 평가를 받은 매니저는 소수에 불과했다.
가장 자주 과도하다고 평가된 전략적 행동은 "성장에 대해 공격적이다"와 "새로운 전략
적 가능성에 열려있다"였다.
롬바르도와 아이칭어(2000)도 130개 이상의 회사에서 3,000명 이상의 매니저들을 대
상으로 실시한 광범위한 역량 평가에 대한 분석을 바탕으로 비슷한 결론에 도달했다. 그
들에 따르면 감독자에서부터 경영자에 이르기까지 고위를 막론하고 매니저들 사이에서
가장 발달이 덜 된 역량은 창조성과 애매모호함을 다루는 능력, 비전 및 목적 관리, 기
획, 그리고 전략적 민첩성이었다.
Lombardo, M.M., & Eichinger, R.W. (2000). The leadership machine.
Minneapolis, MN: Lominger Limited, Inc.

7. 강압적, 허용적 리더십과 마찬가지로, 전략적, 운영적 리더십 및 그 세 가지 하위 항목들
에 대한 우리의 시각은 다른 리더십 이론가들이 제공한 비슷한 견해들로부터 영향을 받
았다. 우리의 개념이 어떻게 이 다른 시각들과 부합하는지는 부록에 나와 있다.

8. B.C. 650년경, 피타고라스는 서로 상반되는 10가지 특성으로 이루어진 대립항 표를 만

들었다. 무제한적과 제한적, 홀수와 짝수, 일 대 다, 오른쪽과 왼쪽, 남성과 여성, 쉬고 있는 상태와 움직이는 상태, 곧게 뻗은 것과 구부러진 것, 빛과 어둠, 좋음과 나쁨, 정사각형과 직사각형 등이 그것이다. 이들은 모두 우주의 구조를 나타낸다고 여겨졌다. 피타고라스에게 아름다움이란 이러한 반대 항들 사이의 구조적 균형과 조화의 결과였다.
Pythagoras (undated). The Pythagorean sourcebook and library. Translated by K.S. Guthrie, edited by David Fideler (1987). Grand Rapids, MI: Phanes Press.

9. 만프레드 케츠 드 브리스는 정신분석학적 성향의 리더십 연구자로서, 자아도취적 리더들이 웅장한 아이디어를 추구하는 경향이 있다고 보고한다. 이 아이디어들은 처음에는 그럴 듯 해보이지만 현실에 기반 해 있지 않고 성공적인 실행이 어렵기 때문에 종국에는 많은 낭비와 스트레스를 일으킨다. (Kets de Vries & Miller, 1985)
Kets de Vries, M.F.R., & Miller, D. (1985). Narcissism and leadership: An object relations perspective. Human Relations, 38, 583–601.

10. Emerson, R.W. (1968), Napolean: Man of the world. In B Atkinson (Ed.), Selected writings of Ralph Waldo Emerson. New York: Modern Library.

11. 매니저가 어떻게 자신의 팀을 운영하는지와 기능적 경험을 연결시키는 연구들도 꽤 많이 있다. 예를 들어, 마케팅이나 R&D에서 일한 배경을 지닌 매니저들은 혁신이나 위험 감수, 새로운 기회 모색을 강조하는 "발굴자(prospector)"의 방식을 취하는 경향이 있다. (Miles & Snow, 1978) 반면, 재정이나 제조 쪽에 일한 경험을 지닌 매니저들은 안정과 효율성, 그리고 품질의 신뢰도에 관한 고객들의 평판 등을 강조하는 "수비자"의 자세를 선호하는 경향이 있다. (Gupta & Govindarajan, 1984) 전자는 전략적 리더십에, 후자는 운영적 리더십에 부응한다.
Gupta, A.K., & Govindarajan, V. (1984). Business unit strategy, managerial characteristics, and business unit effectiveness at strategy implementation. Academy of Management Journal, 27, 25–41.
Miles, R.E., & Snow, C.C. (1978). Organizational strategy, structure, and process. New York: McGraw–Hill.

12. 융의 성격이론을 적용한 성격유형지표로서 매우 널리 퍼져있지만 과학적으로는 의심스러운 마이어스–브릭스 성격유형지표(MBTI)에 대해 좀 더 자세히 알고 싶다면

Myers & McCaulley(1985)를 보라. 문제를 해결하는 두 가지 스타일인 적응자와 혁신자의 구분에 관해서 좀 더 알고 싶다면 Kirton(1994)을 보라.

Kirton, M.J. (1994). Adapters and innovators: Styles of creativity and problem solving (2nd ed.). London: Routledge.

Myers, I.B., & McCaulley, M.H. (1985). Manual: A guide to the development and use of the Myers-Briggs type indicator. Palo Alto, CA: Consulting Psychologists Press.

[13.] 그 사람의 성격이 어떻게 경력에 관한 선택을 형성하는지, 그리고 그 결정들은 또 어떻게 그 성격을 강화하고 좀 더 정교하게 다듬는지를 가장 잘 다룬 연구로는 아마도 존 홀랜드(1966)의 연구일 것이다.

Holland, J.L. (1996). The psychology of vocational choice: A theory of personality types and medel environments Waltham, MA: Blaisdell.

[14.] 마이크 롬바르도와 봅 아이칭어는 가장 성공적인 중역들의 커리어 경로가 "갈 지(之)자"라는 사실을 보여준다. 즉, 그들은 꽤 많은 횡단적 이동과, 매우 많은 새롭고 낯선 임무들, 그리고 매우 다양한 기능 분야에 관여한다는 것이다. 이와 반대로 많은 "탈선자"들을 비롯하여 그다지 성공적이지 못한 매니저들의 커리어 경로는 "급행열차행 선로를 쭉 타고 올라가는" 특징을 보인다. 그들은 각 자리에서 보내는 시간은 적으면서, 비슷한 역할과 책임에 관한 일을 여러 번 반복한다. (Lombardo & Eichinger, 2000) 경력 상의 이러한 차이는 전자의 매니저 집단이 폭넓은 스킬과 레퍼토리를 발전시키는 반면, 후자의 매니저 집단은 좀 더 제한적이고, 특정 분야의 스킬은 과도하게 발달된 반면 다른 분야의 스킬은 부족하게 되는 원인이 될 수 있다.

Lombardo, M.M., & Eichinger, R.W. (2000). The leadership machine. Minneapolis, MN: Lominger Limited, Inc.

## CHAPTER 7

[1.] 리더십 분야가 과잉 행동에 거의 주의를 기울이지 않았다는 내 주장에 대한 또 한 번의 특기할만한 예외로 Center for Creative Leadership에서 모건 맥콜과 마이크 롬바르도(1983)가 행한 독창적인 "탈선" 연구와 이들의 후속 작업이 있다. (Lombardo & Eichinger, 2000: McCall, 1998)

Lombaro, M.M., & Eichinger, R.W. (2000). The leadership machine.

Minneapolis, MN: Lominger Limited, Inc.

McCall, M.W. (1998). High flyers: Developing the next generation of leaders. Boston, MA: Harvard Business School Press.

McCall, M.W., & Lombardo, M.M. (1983). Off the track: Why and how successful executives get derailed. Greensboro, NC: Center for Creative Leadership.

2. 이는 심리학적 연구 결과를 베스트셀러로 만들어내는 재능을 지닌 말콤 글래드웰의 최근 책 『Blink』(2005)에서 설명한 직관적이고 신속한 인지력을 가리킨다.

Gladwell, M. (2005). Blink: The power of thinking without thinking. Boston: Little, Brown.

3. 긴장과 신경과민을 관리하는 몇 가지 방법들은 "긴장완화 기법"이란 제목 하에 분류된다. 이들은 심호흡이나 심상법, 응용이완(Ost, 1987) 및 점진적 근육 이완(Jacobson, 1938) 등과 같은 단순한 요법에서부터 자율훈련(Schultz & Luthe, 1969), 초월적 명상(Benson, 1975) 등과 같은 좀 더 정교하고 강도 높은 방법들에 이르기까지 다양하다. 초보자를 위한 훌륭한 보조도구로 "긴장완화 학습"이라는 카세트테이프가 있다. 이는 비영리적인 교육기구인 Institute for Rational-Emotive Therapy에서 구할 수 있다. (www.rebt.org)

Benson, H. (1975). The relaxaction response. New York: Avon. Jacobson, E. (1938). Progressive relaxtion. Chicago: University of Chicago Press. Ost, L. (1987). Applied relaxation: Description of a coping technique and review of controlled studies. Behavior Research and Therapy, 25, 397-409. Schultz, J.H., & Luthe, W. (1959). Autogenic training: A psychophysiologic approach in psychotherapy. New York: Grune and Strattron.

4. 다년간의 연구는 지속적인 피드백이 목표를 달성케 하는 핵심 요소라는 점을 일관되게 확인시켜주었다. (Locke & Latham, 1990) 너무나 많은 과잉 행동이 일상적이거나 습관적으로 일어나는 것이기 때문에, 피드백은 그것이 일어날 때마다 그 사람에게 이를 환기해준다. 게다가, 피드백은 그 사람에게 개발 목표에 계속 집중하도록 만들고 피드백을 제공하는 동료직원들에게 그 사람의 행동 변화를 주의 깊게 살펴보도록 한다.

Locke, E.A., & Latham, G.P. (1990). A theory of goal setting and task performance. Englewood Cliffs, NJ: Prentice Hall.

5. 사회 심리학 연구의 위대한 발견 중 하나는 공개적 약속(public commitment)의 힘이
다. 일단 다른 사람들과 목표를 공유한 개인들은 그 목표를 성취할 가능성이 급격하게
상승한다. 왜냐하면 그 목표에 대한 개인의 헌신과 노력이 강화되기 때문이다.
Cialdini, R.B. (2001). Influence: Science and practice (4th ed.). Boston: Allyn
and Bacon.

6. 서로 변별적이지만 긴밀히 연관되어 있으며 궁극적으로는 상호의존적인 두 가지 학습
방법, 게슈탈트 심리학의 구성모델과 행동주의 학파의 기술 습득에 관해 봅 호건과 로
드니 워런펠츠(2003)가 쓴 최근 글을 보라. 요점은 이 두 가지가 통합적 학습 주기의 두
가지 측면이라는 것이다. 어떤 효과적인 학습 전략도 외적 측면과 내적 측면을 모두 고
려해야한다.
Hogan, R., & Warrenfeltz, R. (2003). Educating the modern manager.
Academy of Management Learning and Education, 2, 74-84.

7. 여기 인용된 필 심스는 1996년 뉴욕타임스의 기사에서 가져왔다. (Anderson, 1996)
Anderson, D. (1996, September 29). Required reading for Brown and O'
Donnel. The New York Times, pp. D1, D3.

8. 샌디 쿠팩스의 이 이야기는 원래 1940년 〈Sports Illustrated〉에 실렸다가 약 50년 후
재발행된 기사에서 가져왔다. (Olsen, 1994)
Olsen, J. (1994, April 25). The very best act in town. Sports Illustrated, pp. 38-44.

9. 리더십 유연성에 관한 학문적 연구는 이 복잡한 문제의 외측 측면과 내적 측면을 모두
다뤄왔다. 내적 측면으로는 상황을 판단하고 가장 잘 반응하는 방법을 결정하는 인지적
과업이 있다. 외적 측면으로는 그러한 통찰력과 결정을 행동으로 실천하는 기술이 있
다. 예를 들어 조지 메이슨 대학의 스티븐 자카로의 연구는 어떻게 리더의 적응성이 사
회적 인지력과 행동적 유연성의 공동 작업인지를 보여준다. (Zaccaro, Gilbert, Thor,
& Mumford, 1991)
Zaccaro, S.J., Gilbert, J.A., Thor, K.K., & Mumford, M.D. (1991). Leadership
and behavioral flexibility to leader effectiveness. Leadership Quarterly, 2,
317-342.

10. 나는 "많을수록 좋다"에 관한 이러한 지점에 관심을 갖게 해준 샌디 댄징어와 레베카 헨슨에게 감사를 표한다.

11. 정신분석학자 카렌 호나이(1950)는 "의무의 횡포(tyranny of the shoulds)"에 대해 쓴 적이 있다. 많은 사람들이 불가능하게 높은 기준과 기대를 내면화하고 이에 근거해 자신을 판단하면서, 과도하게 비판적인 자기평가와 이에 수반되는 부정적 감정을 가지게 된다.
Horney, K. (1950). Neurosis and human growth. New York: Norton.

12. 빈센트 포스터의 자살에 관한 이러한 해석은 예일대의 심리치료사이자 이론가 시드니 블랫의 글에서 가져왔다.
Blatt, S.J. (1995). The destructiveness of perfectionism: Implications for the treatment of depression. American Psychologist, 50, 1003-1020.

13. 드러커의 인용은 Now, discover your strengths(Buckingham & Clifton, 2001)라는 책의 추천의 말에서 가져온 것이다.
Buckingham, M., & Clifton, D.O. (2001). Now, discover your strengths. New York: Simon & Schuster.

14. 스탈린의 견제 받지 않는 독재에 관한 이 설명은 시몬 몬테피오레의 전기(2004)에서 가져왔다.
Montefiore, S. (2004). Stalin: The court of the red tsar. New York: Knopf.

15. Ibid, p. 527.


CHAPTER 8

1. 카네기는 이 일화를 그의 베스트셀러 『How to Stop Worrying and Start Living』(1975)에 연재한다.
Carnegie, D. (1975) How to stop worrying and start living. New York: Simon & Schuster.

2. 지그문트 프로이트는 미묘할지 모르나 강력한 억압의 효과에 대해 쓴 바 있다. 그의 말

에 따르면, "억압의 본질은 무언가를 의식으로부터 거부하고 거리를 두는 것 자체에 있다."(1915) 억압의 기제와 기능 방식을 정의하는 것은 심리학에 대한 그의 가장 지속적인 공헌 중 하나인 것으로 판명되었다.

Freud, S. (1915). Repression. In. J. Strachey (Ed. & trans.), The standard edition of the complete psychological works of Sigmund Freud (Vol. 14, pp, 143-158). London: Hogargth Press.


3. 체계적인 탈감작은 조셉 울프(1958)가 공포증과 불안을 치료하기 위해 개발한 기법이다. 원래는 실험실에서 외상을 입은 고양이들을 대상으로 실시되었다! 이후 그것은 수정을 거쳐 사람들에게 성공적으로 적용되기 시작한다. (가령 A. Lazarus, 1971을 보라.) 탈감작은 비행기나 지하철을 타고 있을 때, 또는 뱀이나 거미를 마주쳤을 때 느끼는 민감함을 줄이는 데 목적이 있다. 대부분의 연구자들은 자신이 두려워하는 상황에 그 사람을 점진적으로 노출시키면서 예상되는 재앙이 일어나지 않는다는 사실을 보여주는 것이 가장 중요한 요소라는 점에 동의한다. 이 기법의 중요한 부분은 먼저 이완 기법을 사용해 자신을 안정시키는 것이다. 시간이 흐르고 노출이 많아지면서 불안은 감소하게 된다. 이 기법은 불안과 공포를 치료하는데 놀랍도록 효과가 있는 것으로 판명되었다. 간혹 단 한 번의 시도만으로 효과가 나타나기도 하지만, 반복해서 실시함으로써 효과는 배가된다. 이 연구의 기초와 이 방법의 사용법에 대해 좀 더 알고 싶다면, 마틴 셀리그먼의 『What You Can Change and What You Can't』(1993)을 보라.

Lazarus, A.A. (1971). Behavior therapy and beyond, New York: McGraw-Hill.

Seligman, M. (1993). What you can change and what you can't New York: Knopf.

Wolpe, J. (1958). Psychotherapy by reciprocal inhibition. Palo Alto, CA: Stanford University Press.


4. 조직 심리학자 칼 와익은 대부분의 변화 노력이 애초에 불가능할 정도로 야심찬 목표를 설정함으로써 실패하게 되어있다고 말한다. 대신 그는 "작은 승리"의 심리학을 권한다. 이는 작게 시작하고 점점 더 목표를 키워나가는 정신적 동력을 쌓는 것이다. (Weick, 1984)

Weick, K.E. (1984). Small wins: Redefining the scale of socila problems. American Psychologist, 39, 40-49.

5. 목표 설정에 관한 다년간의 연구 결과, 목표 설정이야말로 수행 능력을 높이는데 알려진 가장 효과적인 기법 중 하나라는 것이 드러났다. 그러나 단순히 목표를 설정하는 것만으로는 부족하다. 특히 무언가를 회피하는 오래된 습관을 바꾸는 것처럼 복잡하고 어려운 임무일수록 더욱 그러하다. 피드백도 매우 중요하다. 목표를 향해 제대로 나아가고 있는지, 수행 향상 전략은 효과적인지에 대한 피드백 없이, 목표 설정의 효과는 거의 제로에 가깝다. (Locke & Latham, 1990)

Locke, E.A., & Latham, G.P. (1990). A theory of goal setting and task performance. Englewood Cliffs, NJ: Prentice Hall.

6. 콜롬비아 대학의 심리학자 E. 토리 히긴스(1997)는 개인이 목표 달성을 위해 자신의 행동을 규제하는 방법 중 예방 전략과 촉진 전략을 구분한다. 예방은 원치 않는 결과를 일으키지 않는 것이 목표이기 때문에 억제로 이어지는 반면, 촉진은 원하는 결과를 확실히 얻기 위하여 자신이 할 수 있는 모든 것을 하는 것이 관심사이기 때문에 강압적 충동으로 이어진다.

Higgins, E.T. (1997). Beyond pleasure and pain. Amenrican Psychologist, 52, 1280-1300.

7. 우리가 사용하는 언어가 우리가 생각하는 방식과 내용을 반영한다는 관념은 오랜 역사를 가지고 있다. 이 관념의 역사와 함께, 어떻게 우리의 언어 사용이 심리적 성숙도를 가리키는지를 설명하는 이론적 모델에 대해서는 Susanne Cook-Greuter의 하버드 교육 대학원 박사 논문(1999)을 보라.

Cook-Greuter, S.R. (1999). Postautonomous ego development: A s셔요 of its nature and measurement. Thesis presented to the Faculty of the Graudate School of Education of Harvard University.

8. 이는 7장 주 11번에서 설명한 정신분석학자 카렌 호나이(1950)가 "의무의 횡포(tyranny of the shoulds)"라 부르는 것의 또 다른 예이다.

Horney, K. (1950). Neurosis and human growth. New York: Norton.

9. 키건과 라히는 "칼럼 연습"으로 알려진 이 자아발견 기법을 그들의 매우 흥미로운 책 『How the Way We Talk Can Change the Way We Work』(2001a))과 그들의 〈하버드 비즈니스 리뷰〉 논문에서 설명한다. 이 기법은 매니저들이 그들의 직원들과 함께 사용하도록 되어있다. (Kegan & Lahey, 2001b)

Kegan, R., & Lahey, L.L. (2001a). How the way we talk can change the way we work: Seven languages for transformation. San Francisco: Jossey-Bass.
Kegan, R., & Lahey, L.L. (2001b). The real reason people won't change. Harvard Business Review, 79(5), 85-92.

10. 나는 이전에 이러한 종류의 발전을 "성격 변화"라는 개념으로 설명한 적이 있다. (Kaplan, 1990; Kaplan, 1991) 혁명까지는 아니더라도 그러한 변화는 상당한 내적 변화를 의미한다. "Freer to Be Me"라는 제목의 논문에서 내 동료 드니스 리온스는 어떻게 중년의 남성 및 여성들이 여기에 예로 든 릭 프리드처럼 종합적인 피드백과 평가 과정을 해방적인 것으로 여기는지에 대해 묘사한다. 놀라운 것은 이 다양한 연구에 등장하는 모든 매니저들이 자기 자신이 될 수 있다는 사실에 큰 만족을 얻는다고 대답한다는 것이다. 드니스의 연구에 기반 한 좀 더 축약된 논문으로는 Lyons(2002)를 보라. Kaplan, R.E. (1990). Character change in executives as "reform" in the pursuit of self-worth. Journal of Applied Behavioral Science, 26, 461-481.
Kaplan, R.E. (with W.H. Drath & J.R. Kofodimos). (1991). Beyond ambition: How driven managers can lead better live better. San Francisco: Jossy-Bass.
Lyons, D. (2002). Freer to be me: The development of executives at mid-life. Consulting Psychology Journal: Practice and Research, 54, 15-27.

## CHAPTER 9

1. 인간 발달의 한 모델에 따르면, 발달이란 개인이 자신에 대한 지향과 타인에 대한 지향을 번갈아 가며 취하는 상방향의 나선이라고 한다.(Blatt, 1990; Kegan, 1982) 보통 많은 성인들이 자신의 정체성을 다른 사람과의 관계에서 찾는 대인 단계에서 나아가, 자신의 정체성을 무언가 독자적이고, 관계에서 독립적인 것으로 여기고, 스스로가 자신의 주인이자 판단자가 되는 자율적인 단계로 변화하는 것을 한 발자국 발달하는 것으로 여긴다.
Blatt, S.J. (1990). Interpersonal relatedness and self-definition: Two personality configurations and their implications for psychopathology and psychotherapy. In J.L. Singer (Ed.), Repression and dissociation: Implications for personality theory, psychopathology and health (pp. 299-335). Chicago: University of Chicago Press.
human development. Cambridge, MA: Harvard Business Press.

2. 개인의 권력 사용이 어느 정도나 "사회화"되는지에 초점을 맞춘 성격 모델로 두 가지가 있다. 데이브드 맥글랜드(1985)는 권력에 대한 "개인화된" 필요와 "사회화된" 필요를 구분한다. 개인화의 정도가 높은 권력은 자아 중심적이고 자기 통제나 금지와 관련성이 거의 없다. 반면 사회화의 정도가 높은 권력은 타인에게 봉사하고, 영향력과 권위를 공유하며, 무언가를 하지 못하게 하는 금지와 가까워질 수 있다. 잭 블록(Block & Block, 1980)은 자기 통제에 관한 논의에서 통제력의 부족을 부적절한 사회화의 결과로, 통제력의 과잉을 개인의 욕구에 대한 지나친 억압의 산물로 설명한다. [3장 주 4번에서 설명한 E.T. 히긴스(1999)의 작업도 참조하라.]

Block, J.H., & Block, J. (1980). The role of ego-control and ego-resiliency in the organization of behavior. In W.A. Collins (Ed.), The Minnesota Symposia on Child Psychology, 13, 39-101.

Hillsdale, NJ: Lawrence Erlbaum.

McClelland, D.C. (1975). Power: The inner experience. New York: Irvington.

3. 4장에서 통증 유발점을 다룬 부분에 보면, 투쟁 또는 도주 반응에 대한 얘기가 나온다.

4. John Laha. Commencement address, Riverdale Country School, June 2004.

5. 이는 "확장업무(stretch assignment)"의 한 예이다. (McCauley, Eastman, & Ohlott, 1995) 하지만 이 경우에 상급자보다는 매니저가 결정을 내린다.

McCauley, C.D., Eastman, L.J., & Ohlott, P.J. (1995). Linking management selection and development through seretch assignment. Human Resource Management, 34(1). 93-115.

6. 최근 신경과학에 일어난 혁신적 발견들은 두뇌에서 두뇌 대부분의 기능을 책임지는 신체 부위를 찾아냈다. (특히 두려움과 관련하여) 대부분의 감정적 기능은 뇌의 편도라 불리는 부위에 있는 변연계에 위치한 것으로 보인다. 이 아몬드 모양의 작은 기관은 뇌간 바로 위에 있고 모든 척추동물이 공유하는 모든 신경 시스템의 일부이다. (Damacio, 1994)

Damasio, A. (1994). Descartes' error. New York: Grossert-Putnam.

7. Amery, J. (1980). At the mind's limits: Contemplations by a survivor on Auschwitz and its realities (translated by S. Rosenfeld & S. Rosenfeld).

Bloomington, IN: Indiana University Press.

8. 서로 중복되는 두 개의 논문에서 롭 카이저와 나는 어떻게 매니저들이 지나치게 민감해질 수 있는지 논의한다. (2003; Kaiser & Kaplan, in press)

Kaplan, R.E., & Kaiser, R.B. (2003). The turbulence within: How sensitivities throw off performance in executives. In R.J. Burke and C.L. Cooper (Eds.), Leading in turbulent times (Chapter 2, pp. 31-53). Oxford: Blackwell.

Kaiser, R.B., & Kaplan, R.E. (in press). Outgrowing sensitivities: The deeper work of executive development. Academy of Management Learning and Education.

## CHAPTER 10

1. 내가 "읽고 대답하기"라 부르는 것은 각각 로버트 후이버그(1996)가 "행동 차별화" 및 "행동 레퍼토리"라 부른 것과, 스티브 자카로가 사회적 인지력과 행동적 유연성으로 식별한 것에 상응한다. (Zaccaro,, Gilbert, Thor, & Mumford, 1991)

Hooijiberg, R. (1996). A multi-directional approach toward leadership: An extension of the concept of behavioral flexibility. Human Relations, 49, 917-946.

Zaccaro, S.J., Gilbert, J.A., Thor, K.K., & Munford, M.D. (1991). Leadership and social intelligence: Linking social perceptiveness and behavioral flexibility to leader effectiveness. Leadership Quarterly, 2, 317-342.

2. 복합 순환 모델들의 기원은 적어도 대인관계에 관한 이론가 해리 스택 설리번(1953)에게까지 거슬러 올라간다. 이 모델들은 대인 관계의 구조를 그리거나, 문제가 있는 관계에 교정 조치를 내리는 것 모두에 놀랍도록 효과적인 것으로 드러났다. (Leary, 1957; Wiggins, 1982)

Leary, T. (1957). The interpersonal diagnosis of personality. New York: Ronald.

Sullivan, H.S. (1953). The interpersonal theory of psychiatry. New York: Norton.

Wiggins, J.S. (1982). Circuplex models of interpersonal behavior in clinical psychology. In P.C. Kendall & J.N. Butcher (Eds.), Handbook of research methods in clinical psychology (pp. 183-221). New York: John Wiley & Sons.

3. "신경증(neuroticism)"이나 "감정적 불안정"에 관한 최근 연구는 이 짧은 묘사와 (실제로 사용된 언어에 이르기까지) 완벽하게 일치한다. 특히 연구자들은 자기의심과 변덕스러운 기분 전환, 그리고 만성적인 걱정(즉 신경증적 성향)으로 가득한 개인들의 불안정한 수행이 "정신적 소음(mental noise)"의 결과라는 판정을 내렸다. 여기서 내적 소음이란 상황 파악과 그에 대한 반응을 통제하는 것으로부터 주의를 빼앗는 재앙적 이미지, 비판, 사후추론들의 합창을 만들어내는 내적 목소리를 뜻한다. 신경증적 사람들은 감정적으로 안정된 사람들과 비교해볼 때 그들과 똑같이 노력하지만 편차가 큰 수행결과와 낮은 효과성, 그리고 스트레스를 상대함에 있어서도 낮은 효과성을 보여주는데, "정신적 소음"이 그 원인인 것으로 보인다.
Robinson, M.D., & Tamir, M. (2005). Neuroticism as mental noise: A relation between neuroticism and reaction time standard deviations. Journal of Personality and Social Psychology, 89, 107-114.

4. 이 점(감정이 리더십에서 핵심적이라는 것)이 항상 지배적인 시각이었던 것은 아니다. 하지만 리더가 어떻게 부하들을 변화시키는지에 관한 학문적 움직임과, 직장 내에서 "감성적 지성"의 인기가 상승하는 덕분에 감정의 역할에 대해 예전보다 훨씬 더 많은 관심이 기울여지고 있기는 하다.

5. Lucretius (undated), De Rerum Natura. Translated by C.D.N. Costa (1984). Oxford: Oxford University Press.

6. 이 구절은 최고 수행에 관한 칙센미하일의 책 『Flow』(1990)에서 나왔다.
Csikszentmihalyi, M. (1990). Flow: The psychology of optmal experience. New York: Haper & Row.

7. 조 모건은 그의 자서전 4장에서 이 이야기를 한다. (Morgan & Falkner, 1993)
Morgan, J., & Falkner, D. (1993). Joe Morgan: A life in baseball. New York: W.W. Norton.

8. 신경학자 올리버 삭스(2004)는 최근 어떻게 사람들의 시간에 대한 내적 경험이 그들 주변에 일어나는 일을 "좀 더 받아들일 수 있도록" 급격히 느려질 수 있는지에 대해 설명한다. 이 일이 정확히 어떻게 일어나는지는 아직 분명하지 않지만, 증거에 의하면 이는 단순히 상상이 만들어낸 허구가 아니라 매우 현실적인 현상이라고 한다. 하버드 학자이자

리더십 전문가인 론 하이페이츠(1994)도 눈앞에 펼쳐지는 "춤"을 객관적인 관점에서 보기 위해 "발코니로 간다"는 그의 개념에서 이와 비슷한 일에 대해 언급한다.

Heifetz, R.A. (1994). Leadership without easy answers. Cambridge, MA: Belknap Press.

9. "정신적으로 고통 받는 예술가"란 개념은 널리 퍼진 관념이긴 하지만, 이를 뒷받침하는 경험적 증거는 별로 없다. (Rothenberg, 1990) 실비아 플레스, 반 고흐, 잭슨 폴락과 같은 특기할 만한 예외들이 우리에게 위대한 예술가는 반드시 정신적으로 고통 받는 사람들이어야 한다는 과장된 느낌을 만들어내는 것처럼 보인다.

Rothenberg, A. (1990). Creativity and madness: New findings and old stereotypes. Baltmore, MD: Johns Hopkins University Press.

10. 조지 마셜 장군에 대한 이러한 묘사는 그의 전기 『General of the Army』(Cray, 1990)에 기초하고 있다.

Cray, E. (1990). General of the army: George C. Marshall, soldier and statement. New York. W.W. Norton.

11. 이 아이디어에 대한 영감은 찰스 다윈의 전기에서 나왔다. (Browne, 1995)

Browne, J. (1995). Charles Darwin: Voyaging. Princeton, NJ: Knopf.)

Learn² 는 고객의 성과향상에 기여함으로써 고객이 가장 선호하는
국내 최고의 HRD솔루션 개발 파트너가 된다"는 비전을 가지고 있는
과정개발전문집단이 설립한 회사입니다.

www.learn2.co.kr

## OUR Business Domain

Learn²는 리더십, 조직개발, 변화와 혁신, 고객서비스의 주요 영역
에 대한 성과향상 컨설팅(Performance Consulting), 성과요인 규명
(Assessment), 학습방법론의 제공(Learning)의 3대 서비스를 통하
여 고객의 가치창출을 위한 전략적 파트너로서 미션을 수행합니다.

## OUR Learning Solution

Learn² 는 리더십, 조직개발, 변화와 혁신, 서비스 영역에서 자체개발 및 해외도입 프로그램을 제공하고 있습니다.

| 대상 ＼ 영역 | Leadership | | | | | Change & Innovation | | | OD | | | | | | Service | | | | Global | |
|---|---|---|---|---|---|---|---|---|---|---|---|---|---|---|---|---|---|---|---|---|
| 비전의 관리자 (Org Leader) | Leadership 카페테리아 (22개 역량) | 팀퍼포먼스리더십 | Versatile Leadership | Coaching Leadership | EQ Leadership(감성 리더십) | 창조적 혁신을 위한 Innovator's DNA | Reframing | Leading Change | OD 카페테리아 (16 Value) | 행복습관(Happy Habit) | Trust Sweet Spot | People Smart | 비전 및 핵심가치 내재화 과정 | 팀 스퀘어(Team²) | Service Value Star(서비스 벨류 스타) | CS조회 15분 완전정복 | 서비스온센터(코치) | 서비스온센터(과정) | CEM Director | Global Leadership (주.재원 사전과정) | 현재인관리자과정 (connecting Leadership) |
| 타인의 관리자 (Local Leader) | | 퍼실리테이팅 리더십 | | | Passion Plan(셀피리더십) | | | | | | | | | | | | | 행복한 서비스 | CEM Design | | |
| 과업의 관리자 (Facilitative Leader) | Be the Gold Color | | | | | | | | | | | | | | | | | | CEM Imagineering | | |
| 독립적 수행자 (Self Leader) | | | | | | | | | | | | | | | | | | | | | |
| 의존적수행자 | | | | | | | | | | | | | | | | | | | | | |

## 1. LEADERSHIP CAFETERIA™

Leadership CAFETERIA는 리더십교육의 효과성과 자사화를 위하여 국내 유수기업의 리더십 역량과 글로벌 HR컨설팅사의 역량모델을 분석하여 22개의 표준역량을 도출하고 이를 Ready Made형태로 모듈화 한 것입니다.

본 프로그램은 행동의 근원적 변화를 위해 Analysis-Challenge-Support 구조로 프로그램이 구성되어 있습니다. 사전진단을 통해 리더십 역량을 진단(A)하고, 교육과정에서 리더십 역량개발에 필요한 KSA를 학습한 후, 행동변화계획(C)을 수립합니다. 또한 행동변화의 지속성을 지원(S)하기 위해 교육 후 사후진단을 통해 행동변화를 측정, 관리하게 됩니다.

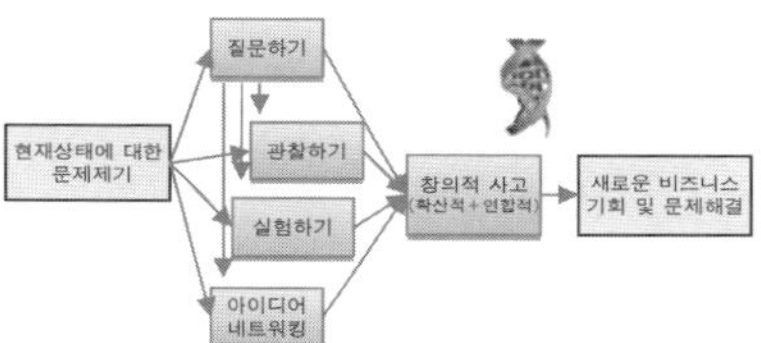

## 2. INNOVATOR'S DNA™

본 과정은 세계적인 혁신기업 25사의 CEO 및 혁신리더를 대상으로 한연구를 통해 도출 된 혁신자의 행동 Skill(창의적 사고, 질문하기, 관찰하기, 실험·탐구하기, 아이디어네트워킹)을 체화(Habit)하는 프로그램입니다.

단순히 혁신의 필요성을 강조하는 것이 아니라 현업에서 적용할 수 있는 다양한 아이디어 발상기법의 실습을 통하여 학습자의 현업적용을 촉진시킵니다. (美 innovator's DNA사 제휴프로그램)

## 3. OD CAFETERIA™

OD CAFETERIA는 성과지향의 조직개발 교육 요구와 자사화, 스피드화, 경제성의 과정개발 요구를 반영하기 위하여 국내 30대 그룹 100대기업의 핵심가치, 조직역량, 경영이념, 인재상의 조사와 담당자의 인터뷰를 통한 16개의 핵심 OD Item을 추출하여 이를 모듈화 한 것임.각 모듈은 학습자 참여 중심의 경험적 학습방법으로 4~8시간으로 구성되어 있으며, 회사의 요구에 따라 모듈을 재구성하고, 고객사에 맞는 사례 개발을 통하여 자사화하여 과정을 운영합니다.

## 4. CUSTOMER EXPERIENCE MANAGEMENT™

CEM(고객경험관리)은 기업이 고객에게 제공하고자 하는 고객가치를 제대로 경험하는지에 대한 체계적인 진단과 인적자원개발을 통해 고객서비스에 대한 새로운 시각과 경쟁력을 제공합니다.

본 CEM 프로그램은 단순 고객에 대한 태도와 마인드 교육을 벗어나 고객가치 혁신의 'How To'에 대한 실천적인 대안을 학습자 스스로 찾을 수 있게 도와 줍니다. (美 STRATIVITY GROUP사 제휴프로그램)

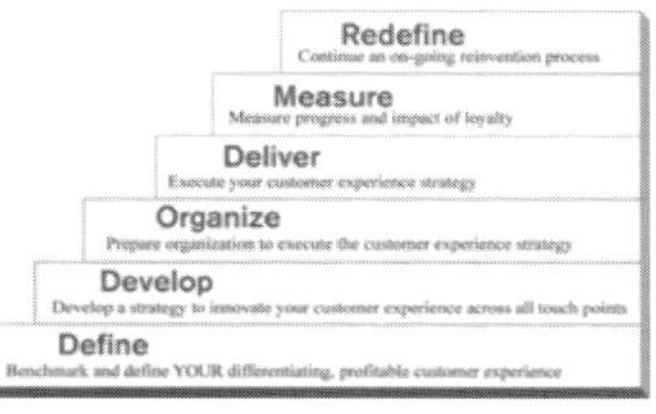

美 STRATIVITY GROUP CEM Process

"리더십이라는 해협을 끊임없이 항해해나가기 위해서는 한편에서는 결핍의 여울을 피해가고
다른 한편에서는 과잉의 바위를 피해가야 하는 것이다."

| | |
|---|---|
| **진단 및 교육대상** | • 팀장 및 임원진, 관리자 후보자 |
| **진단방법** | • On/Off Line / 60문항 |
| **리포트피드백** | • 리더십 행동의 전반적인 균형성과 편향성(과잉 & 결핍)<br>• 리더십 행동 별 강점 및 약점<br>• 개인별 강점과 약점 그리고 과잉행동에 대한 피드백 및 코칭 |



## Scale의 특징

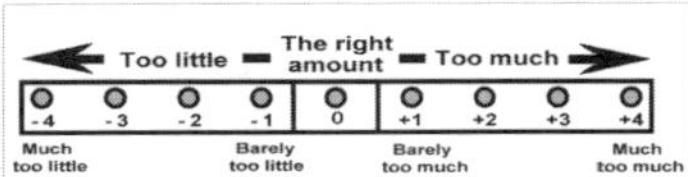



"LVI(Leadership Versatile Index)™는 기존의 리더십진단에서 간과하고 있는 과잉행동을 측정한다. 0점이 가장 균형적으로 리더십역량을 발휘하고 있는 것이며 -1∼-4의 척도는 결핍행동(Underdoing)을 +1∼+4까지 척도는 과잉행동(Overdoing)을 나타내는 것이다.

| | |
|---|---|
| **코칭** | • 1:1 코칭(Debriefing, 개선점, Action Plan)<br>• 1: 1 e-coaching |
| **Training** | • 8∼16시간 |

• Versatile Leadership Training은 리더가 일을 처리하는 방식(How)을 강압적(Force) & 허용적(Enabling)리더십으로 구분하고, 리더가 수행하는 일(What)을 전략적(Strategic) & 운영적(Operational) 리더십의 상반되는 관점으로 구분하여, 균형잡인 강점 리더십개발을 위한 시사점을 제공합니다.

• 다양한 진단과 학습자 중심의 체험활동을 통해 학습 몰입도를 촉진시킵니다.